Las mejores cosas de la vida son GRATIS

LA GUÍA INFALIBLE PARA VIAJAR BARATO

geoPlaneta

ARTE Y CULTURA

DEPORTES Y OCIO

MÚSICA Y CINE

ARTE Y CULTURA

SUMARIO

ARTE Y CULTURA

DEPORTE Y OCIO

COMIDA Y BEBIDA

FIESTAS Y CELEBRACIONES

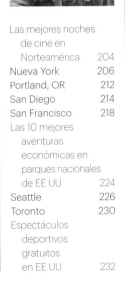

SUMARIO

INTRODUCCIÓN

El año pasado, cuando llevamos a nuestros hijos por primera vez a África, visitamos Marrakech (Marruecos). La primera noche fuimos a la famosa plaza Yamaa el-Fna (p. 16). Fue como entrar en otro mundo: el humo y los olores de los puestos de comida, el sonido de los tambores, el clamor de la gente gritando, cantando y pregonando sus mercancías... Todos los presentes miraban asombrados, con los sentidos acelerados. Me preocupaba que aquello fuera demasiado para los niños, pero pidieron volver a la noche siguiente. Uno de los momentos más memorables que he vivido en mis viajes no me costó nada: bastó la feliz idea de entrar en aquella plaza aquella noche.

El valor monetario implícito en la palabra *gratis* podría distorsionar el sentido de lo que se ofrece en estas páginas; después de todo, la calidad de una experiencia no viene etiquetada con un precio. Muchas de las sugerencias que aquí se hacen implican descubrir las maravillas secretas del mundo, ya sea nadar en las piscinas naturales de Sídney (p. 267) o pasear por las tumbas y monumentos de los Jardines Lodi de Delhi (p. 37). Los senderistas que recorren las grandes rutas de Nueva Zelanda (p. 260) se aproximan más al alma de esas hermosas islas.

Para muchos de nosotros, cuando damos los primeros pasos como viajeros, las cosas gratuitas no solo son apetecibles, sino también imprescindibles si queremos que nuestros días como mochileros se alarguen lo más posible. Y no se trata únicamente de viajes de formación: muchos episodios inolvidables de libertad y descubrimiento suelen ser económicos, y uno no tarda en darse cuenta de que lo barato puede ser muchísimo mejor. Ninguna cena en Roma podrá compararse con el pan y el queso del pícnic en Villa Celimontana, cerca del Coliseo, de mi primera visita a la Ciudad Eterna. Y si hablamos de lecciones vitales, pocas experiencias ilustran tanto sobre la condición humana como compartir un dormitorio con viajeros de todo el mundo.

Todos los países reconocen la importancia de hacer accesibles las maravillas que administran. ¿Cinco mil años de historia china? Gratis (Museo Nacional de China, p. 28). ¿Nueve museos y galerías de Washington, DC? Gratis (Instituto Smithsoniano, p. 242). ¿Los parques nacionales de Gran Bretaña? Todos gratis. Siempre se admiten donativos, claro está. Y si se quiere disfrutar al máximo de todos esos lugares tan conocidos, lo mejor es levantarse temprano para llegar antes que la multitud. Además, la inestimable tranquilidad de las primeras horas de la mañana tampoco cuesta nada.

Como sería exagerado decir que todo lo bueno es gratuito, en este libro se encontrarán muchas cosas económicas que también salen muy a cuenta. Por unas monedas se puede disfrutar de deliciosa comida callejera, como un choripán (sándwich de chorizo) en Buenos Aires (p. 277), las mejores vistas del perfil urbano de Hong Kong desde el Star Ferry (p. 48) y un circuito por una fábrica de cerveza de Boston (p. 179). Magníficos recuerdos, una intensa sensación de felicidad y una cartera agradecida; después de hojear estas páginas quizá ya no se aspire de nuevo a los placeres de los viajes caros.

Tom Hall

ÁFRICA

De un vistazo
- Población: 3,75 millones de hab.
- Lo mejor: actividades al aire libre
- Moneda: rand sudafricano
  (R o ZAR)
- Presupuesto: 80 € diarios

Océano Atlántico

Bahía Table

PAROW

GOODWOOD

MARITIME CENTRE

PAARDEN ISLAND

MAITLAND

PINELANDS

SEA POINT

SOUTH AFRICAN MUSEUM AND PLANETARIUM

CLIFTON

SOUTH AFRICAN NATIONAL GALLERY

OBSERVATORY

De WAAL PARK

VREDEHOEK

MOWBRAY

LANGA

CAMPS BAY

RONDEBOSCH

ATHLONE

GUGULETHU

NEWLANDS

RONDEBOSCH EAST

RYLANDS ESTATE

NYANGA

Oudekraal

OUDEKRAAL

LLANDUDNO

WYNBERG

WETTON

Bahía Sandy

PLUMSTEAD

IMIZAMO YETHU

ELFINDALE

GRASSY PARK

HOUT BAY

CONSTANTIABERGE

RESERVA NATURAL RONDEVLEI

PUERTO DE HOUT BAY

Bahía Hout

TOKAI

LAVENDER HILL

Zeekoevlei

STRANDFONTEIN

CIUDAD DEL CABO

La "ciudad madre" de Sudáfrica, orgullosamente multicultural, está enclavada entre la Table Mountain, la montaña más emblemática de la Nación Arcoíris, y el cabo de Buena Esperanza, de apropiado nombre. Montaña y océano ofrecen mucha diversión gratuita, y Ciudad del Cabo se une a la fiesta con un sinfín de actividades y lugares interesantes.

ARTE Y CULTURA   MÚSICA Y CINE   DEPORTE Y OCIO   COMIDA Y BEBIDA   FIESTAS Y CELEBRACIONES

01 District Six

Fue un barrio con una población muy unida, compuesta históricamente por esclavos liberados, artesanos, obreros e inmigrantes; pero quedó destruido por el *apartheid*. En 1966 era zona blanca; 60 000 residentes fueron desalojados y sus casas demolidas. Además de explorar por cuenta propia las calles recuperadas, no hay que perderse el **District Six Museum** (*districtsix.co.za; 25a Buitenkant St; 9.00-16.00 lu-sa; 30 ZAR*), que también organiza los circuitos **Sunset Walking Tours** (*17.50 primavera-verano; 100 ZAR*), conducidos por antiguos vecinos.

02 Circuito de diamantes gratis

Sudáfrica es sinónimo de diamantes desde la década de 1840, como explica el **Cape Town Diamond Museum** (*cape towndiamondmuseum.org; Clock Tower, nivel 1, Waterfront; 9.00-21.00; 50 ZAR*). En **Shimansky** (*shimansky.com*) se puede descargar una invitación para una visita guiada gratuita. Incluso obsequian con una copa de vino sudafricano mientras se recorre la planta de tallado, el taller de manufactura y la sala de exposición de diamantes y tanzanitas. Salida por la tienda de regalos...

03 Catedral de St George

Aunque el viajero no tenga presupuesto para visitar la cárcel donde estuvieron Nelson Mandela y otros presos políticos, **Robben Island** (*robben-island.org.za; 300 ZAR*), no debe perderse la "catedral del pueblo" donde el arzobispo Desmond Tutu luchó durante décadas contra el *apartheid*. En ocasiones el coro da recitales gratuitos. El servicio principal es los domingos a las 9.30, pero los visitantes son bienvenidos siempre. También hay visitas guiadas por la iglesia, de estilo victoriano. *sgcathedral.co. za; 5 Wale St; gratis.*

04 Whatiftheworld Gallery

Esta galería vanguardista ocupa un espacio *cool* en una antigua sinagoga de Woodstock, y expone obras de artistas sudafricanos contemporáneos desde el 2008. Muchos de los artistas jóvenes a los que impulsó al principio ya forman parte del panorama artístico nacional, pero siempre llega alguna nueva ola. *Consúltense exposiciones en la página web. whatiftheworld.com; 1 Argyle St, Woodstock; 10.00-17.00 ma-vi, 10.00-14.00 sa; gratis.*

05 Playas

Las bellas playas de Ciudad del Cabo son legendarias. **Camps Bay** (5a) y **Clifton** (5b) son las opciones urbanas de moda; **Llandudno** (5c), que da al Atlántico, es para surfistas; la remota **Sandy Bay** (5d) para

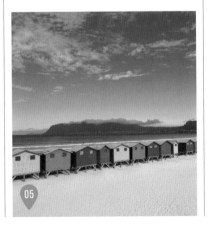

05

PUNTO DE VISTA AUTÓCTONO

"Las tiendas y las principales galerías de arte abren hasta tarde el primer jueves de mes, lo que es fantástico. Los pícnics en Signal Hill son sensacionales en verano, cuando también hay conciertos gratuitos en De Waal Park los domingos por la tarde. Yo soy de Hout Bay, y los domingos soleados suelo ir al mercado del puerto (tras saludar a Bob, la foca residente), donde hay buena comida, un bar y música en directo. Luego, disfruto de un vino en la playa o voy a Noordhoek Farm Village (*noordhoekvillage. co.za*) para escuchar más música en directo." Katie Owens, directora de empresa.

CIUDAD DEL CABO

nudistas; las resguardadas **Muizenberg** (5e) y **St James** (5f), en **False Bay**, son ideales para familias gracias a sus aguas caldeadas. Todas son gratuitas excepto **Boulders Beach**, en Simons Town *(5g; 8.00-18.30, más amplio en dic-ene; 60 ZAR)*, con 3000 pingüinos africanos en peligro de extinción.

06 Bo-Kaap

Situado en la ladera de la colina Signal Hill, el antiguo barrio malasio es famoso por sus calles, mezquitas y turismo gastronómico. Se puede pasear libremente por la calle, visitar el económico **Bo-Kaap Museum** *(6a; bokaap.co.za/museum; 71 Wale St; 10.00-17.00 lu-sa; 20 ZAR)* o hacer un **circuito/curso de cocina** *(bokaapcookingtour.co.za; 700 ZAR, cena incl.)*. La cercana **Long St** (6b) alberga la oferta de ocio *underground* de la ciudad, librerías de segunda mano y *boutiques* bohemias.

07 Aullarle al león

En el **Parque Nacional Table Mountain** (7a) hay cientos de senderos alrededor de los Twelve Apostles, Devil's Peak, Signal Hill y Table Mountain. En general son de acceso gratuito, pero hay cuatro puntos de pago. Varias rutas escalan el kilómetro vertical del Devil's Peak, pero si hay luna llena, es mejor unirse a los habitantes que suben con cervezas a **Lion's Head** (7b) para ver salir la luna sobre los montes Hottentots Holland.

08 Paseo marítimo de Sea Point

Amado por todos, desde corredores y patinadores hasta niños y parejas, este alegre tramo costero de 11 km salpicado por las olas está libre de coches y lleno de zonas de recreo y obras de arte al aire libre. Se puede nadar gratis en el embravecido Atlántico o refugiarse en una de las mejores piscinas públicas del mundo, el **Sea Point Pavilion** *(www.capetown.gov.za; 7.00-19.00 verano, 9.00-17.00 invierno; 21 ZAR)*,

IZIKO MUSEUMS

Iziko Museums of South Africa *(iziko.org.za)* es una colección de 11 museos y puntos de interés de Ciudad del Cabo, entre ellos: Bo-Kaap Museum, South African National Gallery *(Government Ave, Company's Garden; 10.00-17.00),* South African Museum y Planetarium *(25 Queen Victoria St; 10.00-17.00),* Maritime Centre *(Union-Castle House, Dock Rd, V&A Waterfront; 10.00-17.00)* y Groot Constantia Manor House *(Groot Constantia Estate; 10.00-17.00),* la finca vitivinícola más antigua del país. Suelen costar unos 30 ZAR, pero abren gratuitamente 8-9 días al año, normalmente festivos. Información actualizada en la página web.

al aire libre y equipado con trampolines, piscinas infantiles y dos olímpicas.

09 Victoria & Alfred Waterfront

El V&A es un antiguo muelle transformado en una elegante zona de ocio, compras y restauración a orillas del mar. Ofrece desde wifi gratis hasta encuentros con los activistas Nelson Mandela y Desmond Tutu... esculpidos en bronce. Las focas sí son de verdad; no se debe posar demasiado rato junto a ellas para hacerse un *selfi*. Los artistas callejeros entretienen, y hay eventos gratuitos todo el año. *Los circuitos a Robben Island parten desde este lugar.* waterfront.co.za; 9.00-21.00; gratis.

10 Visitar los barrios

Visitar un *township* es una experiencia esencial en Ciudad del Cabo. Combínese con una comida económica en **Mzoli's** (10a; *Gugulethu; 9.00-18.00; comidas 50-100 ZAR),* una carnicería de Gugs donde se puede comprar carne y hacer que la cocinen en una *braai* (barbacoa) tradicional, mientras se bebe cerveza y se bota a ritmo de *kwaito.* Hay circuitos excelentes *(laurastownshiptours.co.za; 400 ZAR)* y alojamiento en el humilde **Vicky's B&B** (10b; *Khayelitsha Township),* que incluye cocina casera estilo xhosa.

11 Cata de vino

Sudáfrica produce algunos de los vinos que resultan más agradables al paladar del mundo. Entre las ofertas, destacan: **Wine Concepts** (11a; *wineconcepts. co.za; 50 Kloof St)* que ofrece catas gratuitas hasta seis días a la semana *(16.00-19.00 lu-vi, 12.00-15.00 sa)* y **Tjing Tjing Rooftop Bar** (11b; *tjingtjing.co.za; 165 Longmarket St)* que las ofrece también pero solamente los miércoles de 17.00 a 19.00.

12 Carnaval de Ciudad del Cabo

Nació en Long St animado por la euforia que rodeó al Mundial de Fútbol del 2010, celebrado en Sudáfrica, y se ha convertido en una enorme reunión anual para celebrar la diversidad del país. Unas 50 000 personas observan y participan en las variadas y animadas celebraciones que invaden Green Point, con carrozas, música, baile y fiestas. *capetowncarnival.com; Fanwalk, Green Point; mar; gratis.*

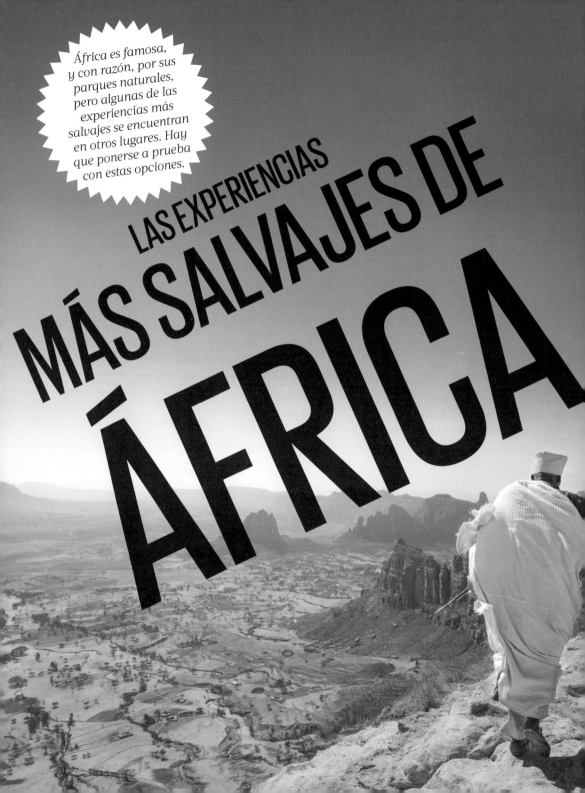

África es famosa, y con razón, por sus parques naturales, pero algunas de las experiencias más salvajes se encuentran en otros lugares. Hay que ponerse a prueba con estas opciones.

LAS EXPERIENCIAS MÁS SALVAJES DE ÁFRICA

SURF EN LIBERIA

Se puede cabalgar sobre algunas de las mejores olas del continente junto a cada vez más surfistas liberianos. Las playas se extienden hasta el horizonte y, de noche, las olas relucen fosforescentes. ¡Hay que llevar la tabla! *Robertsport, Liberia; gratis.*

PISAR DUNAS EN NAMIBIA

Gran parte de las famosas dunas del Namib están en parques nacionales, pero no las situadas al sur de Swakopmund. Basta tomar la carretera a Walvis Bay y explorar. Las características de la arena hacen que algunas dunas resuenen al caminar por sus crestas. *Swakopmund, Namibia; gratis.*

EL MAR DE JADE

El pueblo de Loiyangalani, en la orilla oriental del lago Turkana, está al final de un larguísimo e incómodo viaje en camión, pero los paisajes volcánicos, las vistas del mar de Jade y el vibrante pueblo turkana son extraordinarios. *Lago Turkana, Kenia; gratis.*

HIENAS DE HARAR

Los más osados pueden salir a los callejones del casco viejo de Harar por la noche para observar a las hienas de la ciudad. O pagar 2,50 US$ para ver cómo las alimentan cada noche fuera de las murallas del s. XVI; por el doble se les puede dar de comer personalmente... *Harar, Etiopía; noches; gratis.*

LA IGLESIA MÁS PELIGROSA DEL MUNDO

Para llegar a la iglesia de Abuna Yemata Guh, excavada en un acantilado siglos atrás, hay que escalar una pared vertical de 6 m sin cuerdas y caminar por una estrecha cornisa sobre un precipicio de 200 m. Se debe dar propina a los guías locales. *Abuna Yemata Guh, Tigray, Etiopía; 7 US$ más propina.*

FLORES SILVESTRES DE NAMAKWA

El semidesierto de Namakwa es un estallido de color cada primavera, cuando las flores silvestres cubren el paisaje. No es una exposición floral ni una versión ampliada del jardín de la abuela, sino uno de los espectáculos más impresionantes de África. *Namakwa, Sudáfrica; ago-sep; gratis.*

MARALAL INTERNATIONAL CAMEL DERBY

Hay que unirse a los espectadores de estas épicas carreras de camellos campo a través. Se puede socializar, asistir a fiestas de mala reputación e incluso alquilar un camello y competir en la carrera *amateur*. *www.kenyasafari. com/maralal-camel-derby.html; Maralal, Kenia; gratis.*

CHAPUZÓN EN DEVIL'S POOL

Es posible zambullirse en el río Zambeze y nadar en una poza natural al borde de las cataratas Victoria, mientras el agua pasa y cae 100 m en picado. Gratis no es, pero resulta tan impresionante que merece el gasto (incluye un desayuno increíble). *tongabezi. com; isla Livingstone, cataratas Victoria, Zambia; may-oct; 95 US$*

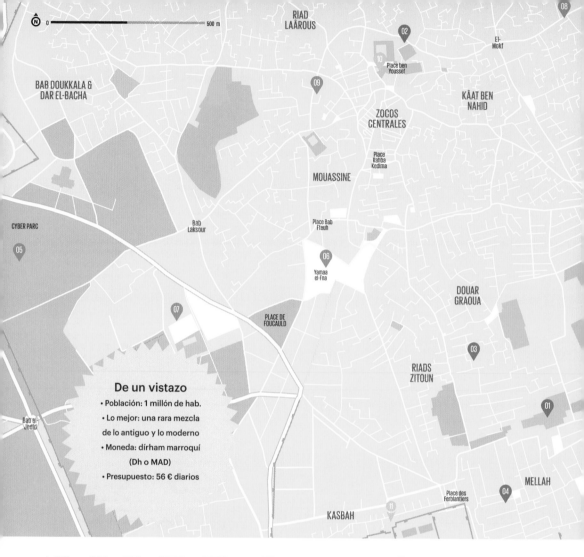

De un vistazo

- Población: 1 millón de hab.
- Lo mejor: una rara mezcla de lo antiguo y lo moderno
- Moneda: dírham marroquí (Dh o MAD)
- Presupuesto: 56 € diarios

MARRAKECH

Marrakech tal vez evoque imágenes de los Rolling Stones comprando media medina o estrellas de cine dando fiestas en las suites de La Mamounia; pero esta bulliciosa e inolvidable ciudad alberga muchos sitios de interés para los simples mortales donde no hará falta quedarse sin dírhams.

01 Palacio de la Bahía

La visita a este palacio construido a finales del s. XIX, es excepcional para su precio. Construido a lo largo de 15 años por el visir Ahmed Ibn Moussa como retiro para su harén, La Bahía ("palacio de la Bella") es un complejo de 160 habitaciones con decoración intrincada, techos de cedro, mármol, patios y 8 Ha de jardines. *Rue Riad Zitoun el-Jedid; 8.30-11.45 y 14.30-17.45 sa-ju, 8.30-11.30 y 15.00-17.45 vi; 10 MAD.*

02 Dar Bellarj

Esta fundación sin ánimo de lucro exhibe artesanía marroquí en un antiguo "hospital de cigüeñas" (literalmente, un hospicio para aves heridas). Es uno de los principales lugares de la ciudad dedicado a las artes materiales; organiza exposiciones de tejidos, pintura y otros géneros. Hay talleres infantiles de música marroquí tradicional y conciertos durante el Ramadán y la festividad de la Ashura. *9-7 Toualate Zaouiate Lahdar; 9.30-12.30 y 14.00-17.30 lu-sa; gratis.*

03 Dar Si Said

Es difícil saber qué resulta más impresionante: la milenaria colección de objetos marroquíes y bereberes o el palacio hispano-morisco que la alberga. Las armas enjoyadas, adornos de cobre batido, alfombras del Alto Atlas y suntuosos trajes antiguos compensan con creces el módico precio de entrada, al igual que el salón nupcial revestido de madera de cedro tallada por *máalems* (maestros artesanos) de Fez. *Derb Si Said; 9.00-16.45 mi-lu; adultos/niños 10/3 MAD.*

04 El Mellah

El barrio judío (s. XV) se caracteriza por el laberinto de *derbs* (callejuelas) y los edificios de barro. Quedan pocos judíos, pero su legado sobrevive en la **sinagoga Lazama** *(Derb Manchoura; se espera propina)* y el *miaâra* o **cementerio judío** *(Ave Taoulat El Miara; se espera propina)*. No hay que perderse el **mercado del Mellah** *(Ave Houmane el-Fetouaki; 8.00-13.00 y 15.00-19.00; gratis)* ni las salas de exposiciones de artesanos alrededor de la Place des Ferblantiers.

05 Cyber Parc

Este tranquilo jardín, cuyo nombre completo es Cyber Parc Arsat Moulay Abdeslam, no está lejos de Yamaa el-Fna. Lo creó el príncipe Moulay en el s. XVIII y originalmente era un huerto; en la década de 1920 se convirtió en jardín ornamental. La remodelación del 2005, que combina limoneros, olivos y granados, fuentes, caminos y wifi gratis, rinde homenaje a ambos antecedentes. *morocco.com; Ave Mohammed V; 9.00-19.00; gratis.*

01

UN DÍA GRATIS

Si el tiempo es tan limitado como el presupuesto, este miniitinerario abarca varios puntos en un día. Se empieza la mañana viendo una exposición en Dar Bellarj. Luego, se va hacia el sureste atravesando el laberinto de zocos de la medina hasta Yamaa el-Fna (p. 16), perfecta para tomar un tentempié y ver encantadores de serpientes. Un corto paseo hacia el sur conduce a la arquitectura judía del Mellah. Para terminar, cultura y hamburguesas de camello en el Café Clock (p. 17).

MARRAKECH

06 Yamaa el-Fna

Significa "asamblea de los muertos" y es la plaza pública más grande y famosa de Marruecos, declarada Patrimonio Cultural Inmaterial de la Humanidad por la Unesco. Creada en el 1050 como escenario de ejecuciones públicas, hoy está llena de encantadores de serpientes, magos y vendedores de zumos de naranja durante el día. De noche, se añaden a la fiesta vendedores de comida callejera, músicos, cuentacuentos, curanderos, danzantes y buhoneros. *9.00-1.00; gratis.*

07 Mezquita y jardines Koutoubia

Construida en el s. XII sobre una mezquita anterior que estaba mal alineada con La Meca, es uno de los principales monumentos de Marrakech. Solo se permite la entrada a musulmanes, pero siempre es posible admirarla por fuera. El minarete de 70 m, coronado por esferas de cobre, se aprecia mucho mejor si se da un paseo por los jardines llenos de palmeras que lo rodean. *Rue el-Koutoubia esq. Ave Mohammed V; jardines 8.00-20.00; gratis.*

08 Tenerías

Si se soporta el horrible olor, las curtidurías al aire libre son uno de los sitios gratuitos clásicos de Marrakech. Las pieles se tratan en cientos de tinas de hormigón mediante técnicas medievales que emplean cal viva, agua, sangre e incluso excrementos de paloma. Producir los cueros de colores es un trabajo sucio y agotador; por desgracia, ahora que se usan productos químicos, también es insalubre. *Ave Bab el-Debbagh; amanecer-atardecer; gratis.*

09 Le Jardin Secret

Desde hace más de cuatro siglos estos tranquilos jardines permiten escapar del bullicio de la medina. Cuentan con

PROTOCOLO EN LA MEDINA

Marrakech siempre ha sido una metrópolis comercial: conviene ir preparado si se quieren aprovechar los dírhams. Hay que mantenerse firme en los zocos, donde impera la venta agresiva. Los tenderos llegan a ser bastante osados, pero están dispuestos a regatear; solo hay que evitar extenderse en las negociaciones si no se tiene intención de comprar. A veces da la impresión de que los guías intentan llevar a los turistas a determinados puestos, y probablemente sea así; hay que fiarse del instinto e insistir educadamente en mirar en otros sitios antes de comprometerse a comprar.

plantas exóticas de todo el mundo y un jardín islámico, que observa todas las reglas geométricas para imponer orden en el caos de la naturaleza. *184 Rue Mouassin; 10.30-18.30 feb-mar, 10.30-20.00 abr-ago, 10.00-19.30 sep-oct, 9.30-17.30 nov-ene; 50 MAD.*

10 Ben Youssef Food Stall Qissaria

Los puestos de comida de este *qissaria* (mercado cubierto) suelen ser sitios diminutos donde todo se hace con habilidad y economía. Venden manjares tan poco ortodoxos como caracoles, cabezas de cordero y corazones a la parrilla. Tras estudiar la oferta (hay opciones menos intimidantes, como tayines, carnes a la brasa y ensaladas), uno se sienta en un banco para comer al fresco. *Junto a Souq Shaaria, cerca de Koubba Ba'adiyn; 11.30-15.30; gratis.*

11 Café Clock

La tradición marroquí se une con la modernidad multimedia en este original café. Los lunes, cuentacuentos tradicionales practican su arte (en inglés y árabe),

los miércoles hay *jam sessions* abiertas a cualquiera con un instrumento, los sábados son para artistas invitados y los domingos al atardecer hay conciertos de música gnawa. Exponen obras de arte y sirven fantásticas hamburguesas de camello. *cafeclock.com; 224 Derb Chtouka; 10.00-22.00; principales 55-80 MAD.*

12 Festival de Artes Populares

Este festival ilumina las calles de Marrakech cada mes de julio. Participan artistas internacionales junto a juglares bereberes, músicos gnawi, tragasables, acróbatas, bailarines, encantadores de serpientes y artistas callejeros de todo Marruecos. Hay actuaciones en varios lugares al aire libre durante los 10 días que dura el festival, centrado en los patios y jardines del palacio El Badi, cerca de la Place des Ferblantiers. El evento culmina con un embriagador desfile por Yamaa el-Fna. *morocco.com/theater/marrakech-popular-arts-festival; julio; gratis.*

MARRAKECH

$AFARIS ECONÓMICOS

Los safaris africanos pueden costar más de 1000 US$ por persona y día. He aquí algunos destinos donde la experiencia vivida supera con creces el precio.

SAFARI EN BICI – KENIA

Bajo los acantilados basálticos del paisaje volcánico viven cebras, jirafas, impalas y otras especies emblemáticas. Los grandes carnívoros escasean, así que es posible pasar un día caminando o montando en bici (se alquilan cerca por 6 US$ adicionales). Hay camping. kws.go.ke; Hell's Gate NP, Kenia; 30 US$.

OESTE AFRICANO – GHANA

Famosa por sus elefantes, la sabana también alberga búfalos, cobos, babuinos, facóqueros y numerosas especies de aves. Se puede compartir el alquiler de un vehículo del parque (20 US$/h) para ahorrar. Hay alojamiento económico. molemotelgh.com; Mole NP, Ghana; 8 US$, más guía 2,50 US$/h.

NAMIBIA

El entorno desértico que rodea la salina de Etosha es cautivador, pero lo que lo convierte en uno de los mejores parques de África son los animales salvajes que frecuentan las charcas. Como las carreteras son buenas, alquilar un coche pequeño es una opción, y es posible acampar. etoshanationalpark.org; Etosha NP, Namibia; 7 US$.

Ilustración | Owen Gatley

LOS CINCO GRANDES – SUDÁFRICA

Kruger es uno de los parques más maravillosos del mundo: en él viven los "Big Five" (los cinco grandes animales africanos) y muchas otras especies. Acceder por cuenta propia es pan comido, las opciones para acampar abundan y hay 19 485 km² de paisajes increíbles. *sanparks.org; Kruger NP, Sudáfrica; 20 US$.*

A PIE – TANZANIA

Mil hipopótamos compartiendo un baño de lodo: el parque cobra vida en la estación seca (ago-oct). Hay que acampar en Sitalike y compartir el coste del guía armado (20 US$ por grupo). *tanzaniaparks.com; Katavi NP, Tanzania; 80 US$ (incl. permiso de senderismo).*

EN 'MOKORO' POR EL OKAVANGO – BOTSUANA

Recorrer el delta del Okavango en canoa es una de las experiencias más maravillosas, y caras, de África. Sin embargo, el Old Bridge Backpackers ofrece opciones de acampada con derecho a cocina desde 70 US$ (1 día) hasta 140 US$ (4 días). *maun-backpackers. com; Old Bridge Backpackers, Maun, Botsuana; desde 70 US$.*

SAFARI – OESTE AFRICANO

La ciudad costera de St. Lucia está a la puerta de dos parques fantásticos: iSimangaliso *(isimangaliso.com)* y Hluhluwe-iMfolozi *(hluhluwegamereserve.com).* El segundo es un destino clásico para ver a los "Big Five". El primero alberga animales terrestres y acuáticos. Hay alojamiento y safaris económicos. *St Lucia, KwaZulu-Natal, Sudáfrica; desde 40 US$.*

BUSCAR GORILAS – UGANDA

El valor de compartir una mirada con un gorila en estado salvaje es incalculable. Si se visita Bwindi en temporada baja (abr, may y nov), los permisos cuestan 350 US$ en vez de 600 US$. En Ruanda cuestan 750 US$. *ugandawildlife.org; Bwindi Impenetrable NP, Uganda; desde 350 US$.*

ASIA

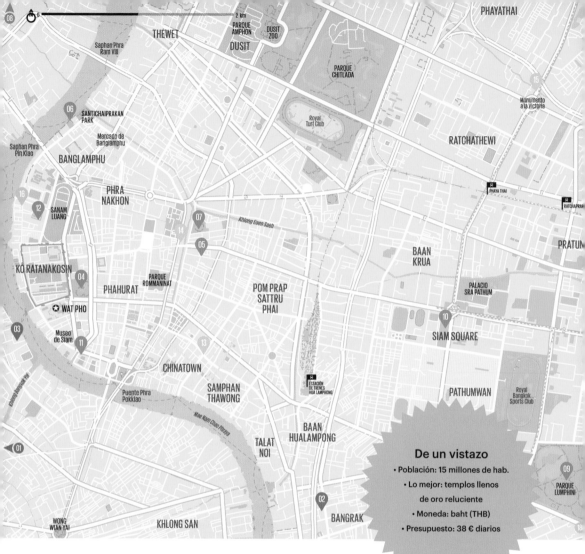

THEWET

PHAYATHAI

PARQUE AMPHON

DUSIT ZOO

DUSIT

Saphan Phra Ram VIII

PARQUE CHITLADA

08

06 SANTICHAIPRAKAN PARK

Mercado de Banglamphu

Royal Turf Club

RATCHATHEWI

Saphan Phra Pin Klao

BANGLAMPHU

15

Monumento a la Victoria

PHRA NAKHON

16

12 SANAM LUANG

07

Khlong Saen Saeb

PHAYA THAI

RATCHAPRAH

14

05

BAAN KRUA

PRATUM

KO RATANAKOSIN

04

PARQUE ROMMANINAT

PALACIO SRA PATHUM

PHAHURAT

POM PRAP SATTRU PHAI

WAT PHO

SIAM SQUARE

03

Museo de Siam

11

13

10

Khlong Bangkok Yai

CHINATOWN

PATHUMWAN

Royal Bangkok Sports Club

SAMPHAN THAWONG

ESTACIÓN DE TRENES HUA LAMPHONG

Puente Phra Pokklao

Mae Nam Chao Phraya

TALAT NOI

BAAN HUALAMPONG

01

De un vistazo

02

BANGRAK

WONG WIAN YAI

KHLONG SAN

09

PARQUE LUMPHINI

18

- Población: 15 millones de hab.
- Lo mejor: templos llenos de oro reluciente
- Moneda: baht (THB)
- Presupuesto: 38 € diarios

2 km

BANGKOK

En Bangkok es oro todo lo que reluce: a cada paso aparece un
resplandeciente chedi (stupa) o un buda. Lo mejor es que no es necesario
ser rico para ver estos tesoros; en la Ciudad de los Ángeles tailandesa se
puede comer como un rey y visitar lugares de interés por poco dinero.

01 Casa de artistas Baan Silapin

Oculta en un *klorng* (canal) de Thonburi, esta casa histórica de madera acoge a titiriteros tradicionales que enseñan a las nuevas generaciones este antiguo arte del sureste asiático. Todas las tardes a partir de las 14.00, los maestros marionetistas vestidos de negro representan leyendas tailandesas; es nostálgico y evocador. *Wat Thong Sala Ngam, Soi 28, Th Phet Kasem; 10.00-18.00; gratis.*

02 Museo Bangkokian

Este diminuto museo es una joya escondida en una ciudad donde la mayoría de los tesoros se exhiben con orgullo. Consta de unas casas como de muñecas cuyas habitaciones están llenas de efectos personales; parece como si los propietarios hubiesen salido a comprar fideos en 1960 y no hubieran regresado. *273 Soi 43, Th Charoen Krung; 10.00-16.00 mi-do; gratis.*

03 Wat Arun

El módico precio de entrada recompensa con unas experiencias inolvidables. Al acercarse desde el río, las altas *prangs* (torres de estilo jemer) del templo del Amanecer parecen de piedra tallada; de cerca, resultan ser mosaicos de flores hechos con fragmentos de porcelana china. Hay que inclinar la cabeza respetuosamente ante los *yaksha* (gigantes guardianes) al entrar a los jardines con estatuas. *watarun.net; junto a Th Arun Amarin; 8.00-18.00; 50 THB.*

04 Aeróbic en el parque Saranrom

Si se quiere hacer un poco de ejercicio, cada tarde el parque Saranrom se llena de resoplidos y ritmos pop al comenzar las clases gratuitas de aeróbic al aire libre. Todo el mundo es bienvenido; las mallas son opcionales. *Entre Th Ratchini, Th Charoen Krung y Th Sanam Chai; parque 5.00-21.00; gratis.*

05 Ban Baat

Los monjes tailandeses necesitan muchos cuencos para recoger limosnas para los pobres *(bàht)*, y este pueblecito urbano mantiene vivo el arte de su fabricación tradicional. Al bajar de la barca del *klorng* en Tha Phan Fah, se oirá el martilleo de los artesanos fabricando cuencos con ocho láminas de metales diferentes, que simbolizan el camino óctuple del budismo. *Soi Ban Baat; 8.00-17.00; gratis.*

06 Ferri rápido Chao Phraya

Por el precio de un cuenco de arroz, se puede disfrutar de una evocadora panorámica de Bangkok en una excursión fluvial. El mejor momento para embarcar en el ferri es al atardecer; hay que unirse a los monjes que esperan en el muelle de Tha Phra Athit y ver pasar algunos de los principales monumentos de Krung Thep al fresco de la brisa nocturna. *chaophrayaexpressboat.com; muelle de Th Phra Athit; 9.30-22.00; 10-40 THB.*

07 Monte Dorado (Wat Saket)

Ko Ratanakosin y Banglamphu son populares entre los visitantes, pero por su escasa altura tienen pocos puntos panorámicos. En cambio, el Monte Dorado, al este del Monumento a la Democracia, es una montaña artificial coronada por una terraza con un *chedi* dorado que ofrece vistas de pájaro de la ciudad. *Junto a Th Boriphat; 7.30-17.30; gratis.*

MASAJES BARATOS

El masaje forma parte de la cultura de Bangkok, pero encontrar uno económico y legal entre tantos *spas* caros y negocios poco fiables es complicado. Lo mejor es ir al origen: Wat Pho *(Th Sanam Chai; 8.30-18.30)* es a la vez un templo increíble y la cuna espiritual del masaje y la medicina tradicional tailandeses. En la famosa escuela de masajes, se puede disfrutar de una relajante sesión de 30 min a cargo de masajistas formados en el monasterio, bien en los pabellones del templo o en las instalaciones de fuera, por unos módicos 260 THB.

BANGKOK

© Preecha Makian; Jirawat Plekhongthu | 500px; © Matteo Colombo | Getty Images

ALCOHOL EN BANGKOK

En Bangkok, una botella de cerveza Chang puede costar más que una comida, y los vinos y licores vacían la cartera en un santiamén. Hay que imitar a los lugareños y comprar las bebidas en los 7-Eleven, reservando el sentarse a beber en sitios lujosos para ocasiones especiales. El balcón del hotel es el mejor sitio para una fiesta improvisada con alcohol; beber en público está mal visto, y directamente prohibido en parques y lugares religiosos, incluidos los terrenos de los monasterios.

08 Isla Ko Kret

Este pequeño enclave birmano de Bangkok parece un pueblo rural trasladado a los barrios del norte y escondido en un meandro del río Chao Phraya. Fundado en 1722, es una pequeña comunidad de alfareros que conserva el ritmo vital del s. XVIII. Las callejas entabladas discurren junto a talleres de alfarería y llevan a un pequeño y ladeado *chedi* de estilo mon a orillas del río. Los fines de semana hay un mercado con un bullicio más bien desagradable. *Nonthaburi; 24 h; gratis.*

09 Parque Lumphini

Antes de que Bangkok cobre vida cada mañana, tiene lugar un despertar más suave en el parque Lumphini, donde se reúnen ancianos a practicar taichí ante un público compuesto por varanos y algún octogenario haciendo *footing*. Por unas horas la ciudad parece flotar en una burbuja de calma, antes de que el ruido de los motores rompa la ilusión. *Entre Th Sarasin, Th Phra Ram IV, Th Witthayu y Th Ratchadamri; 4.30-21.00, gratis.*

10 Muay thai en MBK Center

El *muay thai* (boxeo tailandés) es un deporte para entendidos, lo que quizá explique el elevado precio de las entradas a los estadios. Quienes tengan poco presupuesto pueden ver la acción gratuitamente los miércoles a las 18.00, cuando tienen lugar ruidosas peleas en un *ring* al aire libre frente al centro comercial favorito de los adolescentes. *Th Rama I; desde 18.00 mi; gratis.*

11 Mercado de flores Pak Khlong Talat

Las flores no son solo para ocasiones especiales; los habitantes perfuman el aire con ellas como parte de su rutina diaria. En las festividades, el arreglo de las flores alcanza su cota máxima en espectaculares carrozas de flores y hojas de plátano para procesiones y altares domésticos. El mer-

UN DÍA GRATIS

Se empieza el día con una clase de meditación en Wat Mahathat a las 7.00; se necesitará esa calma interior para caminar entre riadas de mochileros hasta el muelle de Tha Phra Athit, de donde zarpa el ferri rápido Chao Phraya (p. 23). Se navega hasta el muelle de Tha Ratchawong y se pasea hasta Tha Yaowarat, en el barrio chino, para almorzar. A poca distancia hacia el norte, se encontrarán los callejones de Ban Baat (p. 23). Luego se ve la puesta de sol en lo alto del Monte Dorado (p. 23) y se cruza el *klorng* para tomar un cuenco del mejor *pàt tai* de la ciudad en Thip Samai.

cado de flores es sin duda el lugar más fragante de la ciudad. *Th Chakraphet; 24 h; gratis.*

12 Clases de meditación en Wat Mahathat

Mientras que los claustros de Wat Pho están abarrotados, se encontrará un poco de serenidad budista en el cercano Wat Mahathat, donde los devotos superan en número a los guías turísticos. Hay clases de meditación de 3 h todos los días (con donativo), y el *wí·hǎhn* (capilla principal) está rodeado de claustros umbríos llenos de budas que invitan a la reflexión. *3 Th Maha Rat; clases de meditación 7.00, 13.00 y 18.00; gratis.*

13 Comida callejera en Chinatown

Todos saben que la mejor comida de Bangkok se sirve en la calle, y el barrio chino es la mejor mesa. En las *sois* (calles laterales) a lo largo de Tha Yaowarat, abundan los fideos, el pescado nada en chile dulce, las gambas bucean en salsa caliente y los cangrejos en mares de curri. Es el festín callejero más sabroso y diverso de Bangkok, y a precios de ganga. *bangkok.com/chinatown; Th Yaowarat; 17.00-23.00; platos 30-50 THB.*

14 Thip Samai

Olvídese el *pàt tai* insípido y grasiento que se vende en Tha Khao San: los que saben van a Thip Samai para tomar cuenco tras cuenco de fideos Ghost Gate, el mejor *pàt tai* de Bangkok y, por extensión, del mundo. Thip Samai es modesto, de barrio y delicioso, como atestiguan las colas. *313 Th Mahachai; 17.30-1.30, cerrado mi alternos; principales 25-120 THB.*

15 "Fideos de barca"

La mayoría de los vendedores de sopa que operaban en los *klorng* de Bangkok colgaron los remos hace tiempo, pero la deliciosa "sopa de fideos de barca" que los

hizo famosos aún se encuentra en un estrecho callejón al norte del Monumento a la Victoria, a precios tan bajos que la gente pide tres cuencos a la vez. *Junto a Th Phaholyothin, Monumento a la Victoria; 11.00-18.00; sopa de fideos desde 11 THB.*

16 Mercado de amuletos

Los budistas tailandeses intercambian amuletos religiosos desde hace siglos. Los coleccionistas se congregan en los abarrotados puestos de la acera de Tha Maha Rat, regateando el precio de los artículos más codiciados, como tablillas budistas, objetos votivos y símbolos fálicos. Los aficionados más entusiastas van agobiados bajo el peso de todos sus amuletos. *Th Maha Rat; 7.00-17.00; gratis.*

17 Mercado de fin de semana de Chatuchak

Deja en la sombra prácticamente a todos los demás mercados de Tailandia. No es tanto un mercado como una ciudad de puestos, un laberinto de callejones donde se puede comprar (previo regateo) objetos lacados antiguos, palillos chinos, seda tailandesa y plata de las tribus de las colinas, o beber cócteles en un bar de un callejón trasero mientras se contempla el bullicio. *chatuchak.org; Th Phahonyothin; 9.00-18.00 sa y do; entrada gratuita.*

18 Mercado Rot Fai

Una estación de trenes abandonada parece el lugar ideal para un mercado *retro*. Los puestos están repletos de cazadoras moteras de segunda mano, Vespas antiguas y baquelita y melamina de mediados de siglo. Los bares móviles en furgonetas y los ejércitos de jóvenes *hipsters* tailandeses comprando ropa *vintage* aumentan el ambiente carnavalesco. *facebook.com/taradrodfi; Soi 51, Th Srinakharin; 18.00-24.00 mi y vi-do; entrada gratuita.*

🎈 ARTE Y CULTURA   🎈 MÚSICA Y CINE   🎈 DEPORTE Y OCIO   🎈 COMIDA Y BEBIDA   🎈 FIESTAS Y CELEBRACIONES

BEIJING

Las calles de esta megalópolis rebosan historia y, con frecuencia, las envuelve el aroma de la comida callejera. Los precios han subido recientemente y pocos visitantes se marcharán sin derrochar un dinerillo en la Ciudad Prohibida y el Palacio de Verano, pero hay muchas cosas que pueden verse gratis.

01 Distrito Artístico 798

Las mejores galerías de arte contemporáneo florecen en el esqueleto de hormigón de una fábrica militar en desuso. Recorrer los edificios Bauhaus del Distrito Artístico 798, donde aún pueden verse eslóganes maoístas en algunos arcos, es interesante, pero no hay que perderse el **Beijing Tokyo Art Projects** (BTAP) *(Tokyo-gallery.com; 10.00-18.00 ma-sa abr-oct, 10.00-17.00 nov-mar; gratis)* ni el **UCCA** *(ucca.org.cn; 10.00-19.00; gratis ju). Dà Shānzi; Jiuxianqiao Lu esq. Jiuxianqiao Beilu; gratis.*

02 Museo de Historia Natural de Beijing

Contiene más de 200000 piezas, desde insectos y un acuario hasta monstruos prehistóricos. Las estrellas de la exposición de dinosaurios son el *Mamenchisaurus jingyanensis*, un lagarto de 26 m que vivió en China a finales del Jurásico, y el cráneo de una enorme bestia prehistórica parecida a un elefante que existió en Asia. Resérvense las entradas gratuitas un día antes. *bmnh.org.cn; 126 Tianqiao Nandajie; 8.30-17.00 ma-do; gratis.*

PARQUE
FORESTAL
OLÍMPICO

N   0   5 km

WUDÀOKOU

10d   10c

01

Río Xibe

Universidad
Normal
de Beijing   PARQUE
LIUYÍN

PARQUE
RENDINGHÚ   PARQUE
QÍNGNIÁN HÚ

HAIDIÀN   Universidad
Jiaotong
de Beijing   PARQUE
DÌTÁN   Río Liangma

ZONA DE
EMBAJADAS
DE SANLITÚN

PARQUE
ZIZHÚYUÁN   Lago
Xíhǎi   GHOST ST (GUI JIE)   14b

07   06a   ★ ZHĀNGMĀMA   CHÁOYÁNG

XICHÉNG   08b

XIDAN   Lago
Běihǎi   05
PARQUE
JÌNGSHĀN

XICHÉNG   PARQUE
TUÁNJIÉHÚ

13b   12b   JARDÍN
IMPERIAL   09a   PARQUE
RÌTÁN   12a   10a

PARQUE
YÚYUÁNTÁN   Lago
Zhōnghǎi   Ciudad
Prohibida   17   13b

09b

03   Lago
Nánhǎi   Oriental
Plaza

10b   04   ESTACIÓN
DE TRENES
DE BEIJING   Río Tónghuì

XICHÉNG   ★ PLAZA DE TIANANMÉN

06d

DASHILAR

15

ESTACIÓN
DE TRENES DE
BEIJING OESTE

PARQUE
LIANHUACHI

NIU JIE SNACK STREET

De un vistazo
• Población: 20 millones de hab.
• Lo mejor: comida barata
y cultura antigua
• Moneda: yuan renminbi
(¥ o CNY)
• Presupuesto: 75 € diarios

02

PARQUE
DEL TEMPLO
DEL CIELO   11

PARQUE DE
ATRACCIONES
DE BEIJING   PARQUE
LÓNGTÁN

FENGTÁI   PARQUE
TÁORÀNTÍNG

ESTACIÓN
DE TRENES DE
BEIJING SUR   08a

03 Museo de la Capital

Este museo contemporáneo, en un edificio moderno, descubre la historia y la cultura de Beijing, incluidas sus tradiciones populares. Contiene una fantástica colección de estatuas budistas antiguas, una excelente exposición de porcelana china ornamentada, reliquias culturales de la Ópera de Beijing y antiguos bronces, jades, caligrafía y pinturas. En el 2º piso hay un salón de té (taza 15 CNY). *capitalmuseum.org.cn; 16 Fuxingmenwai Dajie; 9.00-17.00 ma-do; gratis.*

04 Museo Nacional de China

Explora 5000 años de historia, arte y cultura chinos con el sello de aprobación del Estado, mediante exposiciones permanentes como la excelente "China Antigua", que abarca desde la prehistoria hasta la dinastía Qing. La "Ruta del renacimiento" describe cómo el país cayó en un semifeudalismo tras la Guerra del Opio de 1840, antes de abrazar el marxismo y marchar por la senda de la "felicidad y prosperidad nacionales". Hay que presentar el pasaporte en la taquilla antes de las 15.30. *en.chnmuseum.cn; 16 East Chang'an Ave; 9.00-17.00; gratis.*

05 Parque Běihǎi

Con una historia que abarca cinco dinastías, este apacible parque imperial isleño tiene mil años antigüedad. Contiene templos budistas, motivos de dragones, paisajes preciosos, pabellones pintorescos y vistas ribereñas. Los emperadores se retiraban a los estanques con nenúfares de la sala Jingxin (sala del Corazón Calmado), un jardín dentro del jardín, para reflexionar y relajarse. *beihaipark.com.cn; 1 Wenjin St, Xichéng; 6.00-20.30 abr-may y sep-oct, 6.00-22.00 jun-ago, 6.00-20.00 ene-mar y nov-dic; entrada temporada alta/baja 10/5 CNY.*

UN DÍA GRATIS

Tiananmén, una de las mayores plazas públicas del mundo, ocupa 440 000 m² (73 campos de fútbol), pero no tiene ningún sitio para sentarse. Por suerte, hay muchas cosas que ver gratis, como el Monumento a los Héroes del Pueblo (obelisco de 10 pisos), el Gran Salón del Pueblo, el Museo Nacional de China y el Mausoleo de Mao (que contiene su cuerpo embalsamado). Por la plaza patrullan policías montados en Segway y, cada mañana, durante la ceremonia del izado de bandera, una tropa de soldados aparece por la puerta de la Paz Celestial y cruza la plaza, dando 108 pasos por minuto en zancadas de 75 cm.

06 Recorrer 'hutong'

Bajo nidos de pájaro y rascacielos, el corazón de Beijing aún late en los *hutong*, las laberínticas callejas antiguas. Puede disfrutarse de una experiencia en vías de extinción explorando los callejones alrededor de la Torre del Tambor (como **Nanluoguxiang**, 6a) y en Dashilan, al suroeste de la plaza de Tiananmén, donde se encuentra el angosto **Qianshi Hútòng** (6b; *junto a Zhubaoshi Jie*). O bien en los patios de *hutong* imperiales al noreste del parque Jǐngshān, donde vivían los eunucos reales. *24 h; gratis.*

07 Lago Houhai

Nadar en un lago no es la primera actividad que uno planee hacer en Beijing, pero darse un chapuzón matutino es un ritual para algunos habitantes de la gran urbe, que se zambullen en el abrazo gélido del Houhai haga el tiempo que haga. La temperatura puede ser un problema –el lago se congela en invierno y se puede patinar en vez de nadar–, pero como espectáculo es entretenido. *24 h; gratis.*

08 Tendencias de mercado

El **mercado de la Seda** (*14 Dongdaqiao Lu; 9.30-21.00*) es un sitio sobrevalorado para turistas, donde hay que abrirse paso entre las multitudes que compran falsificaciones para llegar hasta los duros vendedores de seda del 3ᵉʳ piso. Son preferibles el **mercado de telas Muxiyuan** (8a; *23 Dahongmen Lu, distrito Fengtái; 8.00-17.00*) y el **mercado de productos Tiān Yi** (8b; *158 Di'anmen Waidajie; 9.00-19.30*), donde se encontrarán ofertas mejores. *Entrada gratuita.*

09 Ciudad no prohibida

Cuesta dinero atravesar la puerta del Mediodía y entrar al **Museo del Palacio** (9a; *40-60 CNY*), pero puede apreciarse su enormidad imperial gratis. Basta acercarse desde la plaza de Tiananmén, pasar bajo el retrato de Mao y contemplar el patio exterior. El **parque Zhōngshān** (9b; *adultos 3 CNY*), que formaba parte de la ciudad imperial, está hoy abierto al público; entre sus pabellones y templos se cuenta el Altar de la Tierra y las Cosechas (1421). *24 h; gratis.*

10 Pantalones grandes y nidos de pájaro

Beijing ostenta ejemplos extraordinarios de arquitectura contemporánea, como la **sede de la CCTV** (234 m) (10a; *32 Dongsanhuan Zhonglu*), que los habitantes llaman Dà Kùchǎ ("pantalones grandes") por su forma, y el **Centro Nacional de Artes Escénicas** (10b; *2 West Chang'an Ave*). Se puede pagar para visitar el **Estadio Nacional** (10c; Nido de Pájaro) y el **Centro Acuático Nacional** (10d; Cubo de Agua) (*ambos en el Olympic Sports Centre*), pero la mejor perspectiva es gratis y de noche, cuando se iluminan con energía solar. *24 h; gratis.*

11 Mercado Pānjiāyuán

Conviene ser buen regateador para internarse en el caos abarrotado y cacofónico del mercado Pānjiāyuán, donde unos 3000 comerciantes y 50000 cazadores de tesoros batallan por la posesión de *yìshù* (arte), *gōngyì* (artesanía) y *gǔwán* (antigüedades). Es el mejor lugar de Beijing para encontrar gangas y tiene de todo, desde artículos *retro* de la Revolución Cultural hasta recuerdos de la Nación del Centro. Es mejor los fines de semana. *Caveat emptor*, obviamente. *Al oeste de Pānjiāyuán Qiao; 8.30-18.00 lu-vi, 4.30-18.00 sa y do; entrada gratuita.*

12 Templo del Sol

A primera hora se ven ciudadanos de todas las edades haciendo taichí en los bellos parques de Beijing. En el **parque Rìtán** (12a), se encontrará además un altar construido originalmente por un emperador de la dinastía Ming en 1530, y usado para ofrecer sacrificios rituales al sol. El Templo de la Luna está al otro lado de la ciudad, en el **parque Yuetan** (12b). *Parque Rìtán; 6.00-21.00; gratis.*

13 **Bar con vistas**
El acceso a la **plataforma de observación de la Torre CCTV** (13a) cuesta 70 CNY. En cambio, sentándose junto a la ventana en el **Atmosphere Bar** del Shangri-La (13b; *hasta 2.00 diariamente*), en el piso 80 del China World Trade Centre, podrán contemplarse las vistas por el precio de una cerveza. Si desciende la niebla típica de Beijing no se verá nada, pero se tendrán 70 CNY para cerveza.

14 **'Happy hour'**
El alcohol vaciará los bolsillos rápidamente, sobre todo si gustan las cervezas europeas. Lo mejor es limitarse a las marcas chinas y buscar precios mejores en los bares de las calles secundarias. La **Sanlitún Bar Street** (14a; *Chaoyang District*) es buen sitio; en **Mojito Man** (*43 Sanlitún N St*) los mojitos cuestan 15 CNY. El popular **El Nido** (14b; *59 Fangjia Hútòng*) vende cerveza Harbin por solo 10 CNY la botella y vino (una rareza en Beijing) por 25 CNY la copa.

15 **Jīngzūn Peking Duck**
Ir a la ciudad antes conocida como Pekín y no probar el pato pekinés es como saltarse la Ciudad Prohibida. Es un plato caro en algunos restaurantes para turistas, pero este local de barrio, popular entre los expatriados, sirve un delicioso pato con guarnición por solo 128 CNY. El ambiente es excelente y hay una terraza de madera para sentarse entre farolillos rojos. *6 Chunxiu Lu; 11.00-22.00.*

16 **Mercado de Té Mǎliándào**
Quien sepa distinguir el *pu-erh* del *oolong* disfrutará con una excursión a Mǎliándào, donde se puede ver, oler y catar prácticamente todo el té de China.

COMIDA CALLEJERA

Cenar fuera en Beijing es una aventura y cuesta muy poco comer sumamente bien en esta sabrosa ciudad. La gastronomía de las minorías étnicas musulmanas, como los hui y los uigures, es increíblemente barata; se encontrarán opciones excelentes en la calle Niu Jie Snack. Zhāng Māma *(76 Jiaodaokou Nandajie; 10.30-22.30; principales 10-20 CNY)* es ideal para tomar tentempiés picantes de Sichuan, en especial *málà xiāngguō*, un caldo con chile. Ghost Street *(Gui Jie)*, una calle de 1,4 km con más de 150 restaurantes, es el mejor sitio para tomar un bocado a las tantas, sobre todo si apetece langosta picante.

16

Está principalmente indicado para mayoristas, pero casi todos los vendedores ofrecen muestras gratuitas, y luego se puede beber mucho más en los salones de té. También venden juegos de té, si hay suerte, se encuentran a precio de ganga. *11 Mǎliándào Lu; 8.30-18.00; entrada gratuita.*

17 Wángfǔjǐng Snack Street

Los más atrevidos descubrirán que hay pocas cosas que no se puedan comer en China, particularmente en esta concurrida calle peatonal, detrás de un ornamentado *paifang* (arco antiguo) al noreste de la plaza de Tiananmén. Se encontrarán estrellas de mar y escorpiones fritos y brochetas de caballitos de mar, además de opciones menos intimidantes de toda China, p. ej. *zhájiàng-*

miàn (fideos de Beijing con salsa de habas fritas) y sopas picantes de Sichuan como la *mǎlà tang. Bocacalle al oeste de Wángfǔjǐng Dajie; 9.30-22.00; casi todos los platos 10 CNY.*

18 Festival Internacional de Cometas de Beijing

Este festival, que se celebra cada año durante dos días, está dedicado a un clásico pasatiempo tradicional chino con cientos de años de antigüedad. Durante el fin de semana, sobrevuelan el cielo de Beijing creaciones muy coloridas y frecuentemente complejas, incluidas algunas cometas antiguas. La anárquica acción aerodinámica atrae a entusiastas del mundo entero. *Běijīng Garden Expo, distrito de Fengtai y Olympic Green, distrito de Tongzhou; abr; gratis.*

CONSEJOS

• Casi todos los albergues y cafeterías tienen wifi gratis. No se puede acceder a Facebook, Twitter ni Gmail, pero Skype y WhatsApp funcionan.

• El metro tiene letreros y anuncios en inglés. La mayoría de los viajes cuestan de 3 a 6 CNY.

• Los autobuses son un reto, pero están bien para orientarse y con la Běijīng Transportation Smart Card (*travelchinaguide. com/cityguides/ beijing/transporta tion/smart-card. htm*) cuestan la mitad (1 CNY).

• Los 7-Eleven venden alcohol, y son perfectos para los pícnics en los parques.

• Si se pide demasiada comida en un restaurante, se puede solicitar a los camareros *dǎbāo* (envasar las sobras).

ARTE Y CULTURA　　MÚSICA Y CINE　　DEPORTE Y OCIO　　COMIDA Y BEBIDA　　FIESTAS Y CELEBRACIONES

BEIRUT

Conocida en otro tiempo como "el París de Oriente", la capital del Líbano ha evolucionado con los años hasta convertirse en una ciudad fascinante y culturalmente compleja, donde las influencias orientales coexisten con las occidentales y la historia resuena tan poderosa y seductora como en todo el mágico Oriente Medio.

04

02 Distrito Central de Beirut (BCD)

Más de un cuarto de siglo ha tardado el centro de Beirut en recuperarse de los bombardeos de la guerra civil, pero un excelente programa de restauración urbana le ha devuelto la sofisticación que tanto amaba la *jet set* de los años sesenta. Paseando por las calles cercanas a la Place de l'Etoile, se verán edificios construidos durante las dominaciones otomana y francesa, ruinas arqueológicas y mezquitas, sinagogas e iglesias históricas. *24 h; gratis.*

01 Museo Arqueológico de la American University of Beirut

Situado en los jardines de la universidad más prestigiosa de Beirut, exhibe una colección de tamaño modesto, pero de calidad fantástica. Destacan la colección de piezas fenicias (monedas, vidrio, estelas) y los conmovedores bustos funerarios de Palmira (ss. II-III d.C.). *aub.edu.lb/; Bliss St, Hamra; 9.00-17.00 lu-vi invierno, 9.00-16.00 verano; gratis.*

03 Museo Sursock

Beirut cuenta con un panorama artístico contemporáneo de vanguardia, y este museo recién reabierto es una de las joyas de la corona. Ocupa una mansión ornamentada de 1902 que ha sido reformada por los arquitectos Jean-Michel Wilmotte y Jacques Aboukhaled. Ofrece tanto exposiciones temporales como una colección permanente dedicada al arte moderno y contemporáneo. *Rue Sursock, Achrafiye; 10.00-18.00 mi y vi-lu, 12.00-21.00 ju; gratis.*

BEIRUT

Mar Mediterráneo

Bahía de St George

0   1 km

04

Estadio

Universidad Americana de Beirut (AUB)

RAS BEIRUT

01

AIN AL-MREISSE

MINET AL-HOSN

DISTRITO CENTRAL DE BEIRUT (CENTRO)

06

Zocos de Beirut

ORIENT 499

HAMRA

KANTARI

02

Pl des Martyrs

NARA

RMEIL

L'ARTISAN DU LIBAN

03

JARDÍN PÚBLICO SANAYEH

Universidad Libanesa Americana

De un vistazo

- Población: 2 millones de hab.
- Lo mejor: Comida y fiesta
- Moneda: libra libanesa (LBP)
- Presupuesto: 190 € diarios

05

Universidad de San José de Beirut

RAOUCHÉ

VERDUN

HECHO EN BEIRUT

El Líbano es conocido en todo Oriente Medio por la excelencia de su gastronomía, pero su artesanía es igual de atractiva –aunque menos famosa– para los visitantes. La calidad de la ropa, los tejidos y los artículos del hogar diseñados en el país es impresionante y los precios son muy asequibles, por lo que es un destino excelente para ir de compras. En la preciosa tienda de diseño Orient 499 *(499 Omar Daouk St, Mina El Hosn; 10.30-19.00 lu-sa)* y en el centro de artesanía L'Artisan du Liban *(Centre Saint Antoine, Rue Gouraud, Gemmayzeh; 9.30-19.00 lu-vi, 9.30-17.00 sa)* se podrá comprar un fantástico surtido de recuerdos, o simplemente admirar los productos.

04 Corniche

Con tiempo cálido, pasear al atardecer por la Corniche (paseo marítimo) es la experiencia clásica de la ciudad. Hay que comenzar en el puerto deportivo de Zaitunay Bay y seguir en dirección este hacia las icónicas Pigeon Rocks (rocas de las palomas), pasando junto a lujosos clubes de playa por el camino. Cerca del final, uno se puede recompensar con un café en el **Al-Rawda Cafe** *(Chouran St; 7.00-24.00)* junto al Luna Park, un parque de atracciones maravillosamente *retro*.

05 La calle del 'falafel'

La calle Beshara al-Khoury formaba parte de la tristemente célebre Línea Verde que separaba el este y el oeste de Beirut durante la guerra civil. Hoy, es un lugar que reúne a todos los beirutíes gracias a sus fabulosos locales de *falafel*. El más antiguo es el **Falafel Sahyoun** *(falafels-ahyoun.com; St 17; 10.00-23.00)*, fundado en la década de 1930. Otros son el **Falafel Tabboush** *(St 17; 10.00-24.00)* y el **Arax** *(edificio Al Maliyah, St 17; 10.00-24.00)*. 3000-13500 LBP aprox.

06 Mercado de productores Souk el Tayeb

Se celebra los sábados y hace honor a su nombre, que significa "el buen mercado". Situado frente a los zocos de Beirut en el distrito centro, se fundó en el 2004 para reconciliar a comunidades separadas compartiendo comida, tradiciones y hospitalidad, y no ha dejado de crecer. Pequeños agricultores (en muchos casos ecológicos), productores de alimentos y artesanos locales venden productos frescos, tentempiés y artesanía. *soukeltayeb.com; zocos de Beirut; 9.00-14.00 sa; entrada gratuita.*

LAS MEJORES PUESTAS DE SOL GRATIS

01

BAHÍA DE MANILA - FILIPINAS

La polución y la geografía conspiran para crear una gran belleza sobre la bahía de Manila, escenario de algunas de las puestas de sol más espectaculares de Asia. Hay que llegar temprano y apostarse cerca del parque de atracciones del Mall of Asia, equivalente manileño al muelle de Santa Mónica. *Seaside Blvd, Manila; gratis.*

02

SARANGKOT - NEPAL

Con su lago-espejo y montañas circundantes, Pokhara ofrece unas puestas de sol espectaculares. Se aconseja subir a Sarangkot, en la cresta sobre el Phewa Tal, para disfrutar de las luces del crepúsculo sobre el monte Machhapuchhare y el macizo del Annapurna. *30 NPR.*

03

PASEO TSIM SHA TSUI ESTE - HONG KONG

Tras la cena, el anochecer ofrece un espectáculo en el paseo marítimo de Tsim Sha Tsui. Después de dar un paseo por la Avenida de las Estrellas (saludando a Jet Li y Jackie Chan), uno se sienta frente al agua a esperar la puesta del sol y la Sinfonía de Luces. *Salisbury Rd, Hong Kong; gratis.*

04

EDIFICIO DEL GOBIERNO METROPOLITANO DE TOKIO - JAPÓN

En las ciudades, las puestas de sol hay que verlas desde las alturas; lo difícil es encontrar un mirador que no cueste un dineral. Este edificio de Tokio ofrece vistas gratis desde el piso 45. *2-8-1 Nishi Shinjuku, Tokio; gratis.*

05

07

06

08

05

PUENTE U BEIN – MYANMAR (BIRMANIA)

Algunos sitios son más bonitos vistos como siluetas, y U Bein es uno de ellos; su momento más bello es cuando el sol se esconde tras el lago Taungthaman. En las últimas horas de luz, el puente de teca más largo del mundo está lleno de monjes, bicicletas y lugareños ocupándose de sus pintorescos asuntos. *Amarapura; gratis.*

TEMPLO DORADO – INDIA

Los peregrinos abarrotan el templo a todas horas, pero una magia especial envuelve el lugar más sagrado del sijismo al atardecer, cuando el elegante Harmandir Sahib, incrustado de oro, reluce como un ascua reflejada en el mar. *Amritsar; gratis.*

07

PLAYA DE JIMBARAN – BALI

Puestas de sol, arena, frutos del mar... Jimbaran lo tiene todo. Hay que sentarse en una mesa de la playa, pedir gambas, calamares, barracuda, pargo y cangrejo a la parrilla y darse un festín sensorial mientras el sol poniente tiñe el cielo por el oeste. *Bali, Indonesia; gratis.*

LAGO OCCIDENTAL – CHINA

El poeta Su Shi ya cantó loas al lago Occidental de Huangzhou en el s. XI y, por suerte, los mil años transcurridos no han disminuido su encanto. Hay que escoger un mirador junto a un puente y dejarse transportar al pasado por la puesta del sol. *Huangzhou; gratis.*

ARTE Y CULTURA   MÚSICA Y CINE   DEPORTE Y OCIO   COMIDA Y BEBIDA   FIESTAS Y CELEBRACIONES

DELHI

Delhi ofrece una seductora visión en miniatura de la India. Por poco dinero se pueden explorar monumentos mogoles y avenidas elegantes, o disfrutar del caos y del colorido de la ciudad antigua. Si al viajero le gusta dedicar tiempo y atención a los monumentos tanto como a su dinero merecidamente ganado, aquí podrá hacerlo.

01 Libros

Se encontrará frescor, cultura y cafeína en una Full Circle Bookstore. Estas librerías con aire acondicionado y cafetería son un paraíso gracias a las ediciones nacionales, y a menudo baratas, de escritores indios e internacionales; además ofrecen buenas secciones de historia, encuentros con escritores y cafeterías tranquilas. *fullcirclebooks.in; Khan Market (1a): librería y cafetería 9.30-21.30; Greater Kailash 1 (1b): librería 10.00-20.00, cafetería 9.30-20.30; entrada gratuita.*

02 Indian National Trust for Art and Cultural Heritage (INTACH)

El INTACH ofrece paseos de fin de semana para sumergirse en el pasado, dirigidos por apasionados historiadores y populares entre turistas y lugareños. Son una buena forma de ver la ciudad a través de los ojos de sus habitantes y conocer lugares que quizá no estén en el itinerario de un viajero independiente, como el Parque Arqueológico de Mehrauli. Hay que registrarse en internet. *intachdelhi chapter.org/heritage_walks.php; varias direcciones; detalles en la página web; 100 INR.*

03 Veladas en el India International Centre (IIC)

El IIC, situado en un entorno arbolado, es fantástico para ver actuaciones, producciones y presentaciones clásicas y contemporáneas. Rebosa energía cuando, dependiendo del evento, los académicos se codean con tipos modernos y los lugareños se mezclan con los visitantes antes y después de los conciertos. Casi todos los eventos están abiertos al público y hay una biblioteca enorme. *iicdel hi.nic.in; 40 Max Mueller Marg; gratis.*

06

DELHI

04 Zorros voladores

En los grandes árboles que bordean Janpath anidan los habitantes más dormilones de Delhi. Los zorros voladores, o murciélagos de la fruta, duermen colgados de los pies y van y vienen en bandadas al amanecer y al atardecer. Atención: cuando un animal no está con la cabeza hacia abajo significa que está a punto de hacer sus necesidades. *Janpath, cerca de Janpath Circle; en horas de luz; gratis.*

05 Jardines Lodi

Este idílico parque urbano de 36 Ha suele ser frecuentado por yoguis risueños, parejas acarameladas, paseadores de perros, gente dando de comer a las ardillas, corredores, ancianos paseando, jugadores de críquet, familias de pícnic y toda clase de fauna urbana. Todo ello en un fabuloso terreno ajardinado con tumbas medio desmoronadas y monumentos mogoles (y cómo no aves en los árboles). *Entrada por South End Rd; 6.00-20.00 oct-mar, 5.00-20.00 abr-sep; gratis.*

06 Desayunar té al estilo de Delhi

Se puede beber té al amanecer con los *chai-wallahs* de la vieja Delhi y ver el mundo despertar. Los conductores de los *ciclorickshaws* bostezan, los vecinos limpian su tramo de acera, los barrenderos se ponen en marcha y los vendedores callejeros pregonan su mercancía. Hay que seguir el olor del té azucarado y la leche hirviendo, sentarse en un banco con una taza y, junto a los lugareños, prepararse para un nuevo día. *Exterior del Fuerte Rojo, al norte de la entrada principal; amanecer; té desde 10 INR.*

De un vistazo

- Población: 24 millones de hab.
- Lo mejor: un ambiente en el que el pasado se une con un presente muy moderno
- Moneda: rupia india (Rs o INR ₹)
- Presupuesto: 37 € diarios

ARTE Y CULTURA   MÚSICA Y CINE   DEPORTE Y OCIO   COMIDA Y BEBIDA   FIESTAS Y CELEBRACIONES

DUBÁI

A primera vista, la ostentosa Dubái parece lujosa e indecentemente cara, pero bajo los excesos de la metrópolis moderna se esconde lo que fuera un modesto asentamiento de comerciantes de perlas, aún visible entre los colosales edificios y centros comerciales. Incluso en la nueva ciudad, hay cosas que ver y hacer, gratis o por poco dinero.

01 Ayyam Gallery
Desde su fundación en el 2006, la impresionante Ayyam Gallery, que tiene dos galerías de primera fila en Dubái y otra en Beirut, presenta fantásticas obras contemporáneas de artistas emergentes de Oriente Medio. La página web informa de las exposiciones, que generalmente son gratuitas e incitan a la reflexión. *ayyamgallery.com; Gate Village edificio 3, DIFC y unidad B11, Alserkal Ave, Al Quoz.*

02 Museo del camello
Beit Al Rekkab (casa de los camellos) rinde homenaje a estos animales, apodados "barcos del desierto", y a su papel en la historia, cultura y literatura árabes. Cuando Dubái no era más que un poblado a orillas del Creek, los camellos lo eran todo para los beduinos Bani Yas: bestias de carga, símbolos de estatus, proveedores de leche y medicina (su orina cura las úlceras y la alopecia, por lo visto) y animales de carreras. *Al Shindagha Historic Village; 8.00-14.00 do-ju; gratis.*

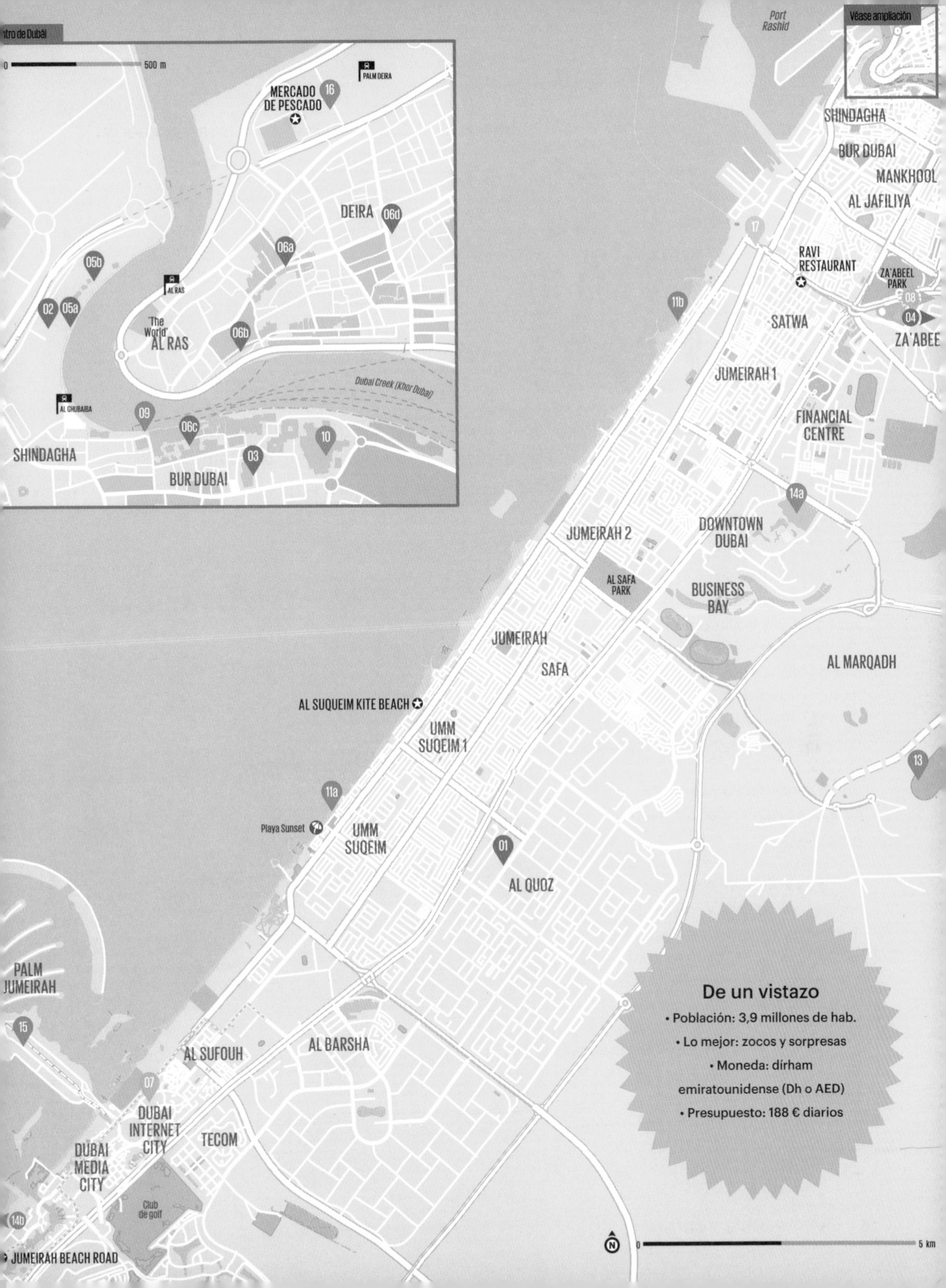

ntro de Dubái
0 500 m
PALM DEIRA
MERCADO DE PESCADO
16
DEIRA
06d
06a
05b
AL RAS
02
05a
'The World'
AL RAS
06b
Dubai Creek (Khor Dubai)
AL GHUBAIBA
09
06c
10
SHINDAGHA
03
BUR DUBAI
Port Rashid
Véase ampliación
SHINDAGHA
BUR DUBAI
MANKHOOL
AL JAFILIYA
17
RAVI RESTAURANT
ZA'ABEEL PARK
08
04
ZA'ABEE
11b
SATWA
JUMEIRAH 1
FINANCIAL CENTRE
14a
JUMEIRAH 2
DOWNTOWN DUBAI
AL SAFA PARK
BUSINESS BAY
JUMEIRAH
SAFA
AL MARQADH
AL SUQUEIM KITE BEACH
UMM SUQEIM 1
13
11a
Playa Sunset
UMM SUQEIM
01
AL QUOZ
PALM JUMEIRAH
15
AL SUFOUH
AL BARSHA
07
DUBAI INTERNET CITY
TECOM
DUBAI MEDIA CITY
Club de golf
14b
JUMEIRAH BEACH ROAD
N
0 5 km

De un vistazo

- Población: 3,9 millones de hab.
- Lo mejor: zocos y sorpresas
- Moneda: dírham emiratounidense (Dh o AED)
- Presupuesto: 188 € diarios

DUBÁI

03 Museo de Dubái

El fuerte Al Fahidi, completado en 1787, es la estructura más antigua de esta ciudad que evoluciona sin cesar; el antiguo palacio y prisión alberga hoy el Museo de Dubái. Explica el pasado de la ciudad como asentamiento de comerciantes de perlas y el increíble cambio que sufrió a partir de 1960, cuando la moderna metrópolis comenzó a surgir de la arena. Hay instrumentos, armas y exposiciones sobre los zocos, los *dhows* y la pesca de perlas.
Al Fahidi St; 8.30-20.30 sa-ju, 14.30-20.30 vi; 3 AED.

04 Astillero de 'dhows' de Jaddaf

No hay nada más típico de Arabia que un *dhow*, las características embarcaciones a vela que han surcado las aguas de la península durante siglos. Aún se construyen a mano en un astillero tradicional en Jaddaf, en la orilla opuesta al Dubai Festival City. Los artesanos hacen magia con madera de teca y *sheesham* –solo usan martillo, sierra, formón, taladro y cepillo– como han hecho desde tiempos inmemoriales.
Gratis.

05 Casa del jeque Saeed Al Maktoum

Este palacio fue la residencia del abuelo del actual emir de Dubái, y hoy es un museo (5a) con una fantástica exposición fotográfica que narra la metamorfosis de Dubái desde el poblado beduino hasta la metrópolis moderna. El edificio en sí es una joya arquitectónica y cuenta con un ingenioso sistema de refrigeración integrado. Cerca se encuentran los **Heritage y Diving Villages** (5b) que son exposiciones gratuitas que exploran la historia de la tradicional pesca de perlas en Dubái.
Al Shindagha Heritage Village, Bur Dubai; 8.00-20.30 sa-ju, 15.00-21.30 vi; adultos/ niños 3/1 AED.

© Andrew Mongomery | Lonely Planet Images. © Inspired by DUBÁI | 500px

PUNTO DE VISTA AUTÓCTONO

"Los zocos de Karma, Deira y Bur Dubai venden alimentos y ropa baratos, y se puede encontrar comida asiática increíble a precios de risa. Mi favorito es el Pakistani Ravi Restaurant *(local 245, Al Dhiyafa Rd, Satwa; 5.00-3.00),* que sirve el mejor curri de la ciudad. Estamos en el desierto, pero entrar a los parques verdes solo cuesta 4 AED y tienen pistas para correr, barbacoas y espacios para jugar al fútbol y hacer pícnic. En Jumeirah Beach Road hay muchas playas públicas y Al Suqeim Kite Beach tiene vistas al hotel de 7 estrellas Burj al Arab." Dave Spours, diseñador gráfico.

06 Zocos

La Arabia auténtica se deja ver en los zocos de Dubái, empezando por el reluciente **zoco del oro** (6a; *Sikkat Al Khail St; 10.00-13.00 y 15.00-22.00*) **y el zoco de las especias** (6b; *entre Baniyas Rd, Al Ras Rd y Al Abra St; 9.00-22.00 sa-ju, 16.00-22.00 vi*). También merecen un vistazo el **zoco de Bur Dubai** (6c; *entre Bur Dubai y Ali bin Abi Talib St*) y el **zoco cubierto** (6d; *entre Al Sabkha Rd, 107th St y Naif Rd*). *Entrada gratuita.*

07 Cine independiente

No a todo el mundo en Dubái le gusta ver películas comerciales en multicines sin personalidad. El Scene Club se reúne mensualmente para proyectar lo mejor del cine mundial, hablar de los temas de las películas y poner en contacto a personas interesadas e implicadas en el cine independiente. Las sesiones suelen tener lugar en el auditorio principal del palacio de congresos del Dubái Knowledge Village; hay que apuntarse al grupo por internet y registrarse para conseguir una entrada gratuita. *thesceneclub.com; gratis.*

08 Cine en las alturas

Los domingos, se proyectan películas gratis bajo las estrellas entre los jardines de la azotea del centro comercial egipcio. Las sesiones empiezan a las 20.30, pero conviene llegar pronto para hacerse con un puf y un buen sitio. Venden palomitas, perritos calientes y bebidas a precios desorbitados, pero al menos la película es gratis. *pyramidsrestaurant satwafi.com; Pyramids Rooftop Gardens, Wafi Mall, Oud Metha Rd; desde 20.30 do; gratis.*

09 'Abra' (cadabra)

Para transportarse por arte de magia al Dubái tradicional, hay que subir a un pequeño *abra* (taxi acuático) y cruzar al lado de Deira del Creek. La orilla norte es tradi-cionalmente un hervidero de actividad, pues allí arriban y descargan los comerciantes procedentes del golfo Pérsico; pero el trayecto en sí en un abarrotado *dhow* a motor es la experiencia más memorable, aunque hay que tener cuidado al subir a bordo. Creek de Dubái; 1 AED.

10 Distrito histórico Al Fahidi

Si el viajero se cansa de la ostentación futurista de la ciudad moderna, puede despejarse con un paseo por este barrio histórico, antes llamado Bastakia, y vislumbrar el pasado de Dubái. Esta zona árabe tradicional fue colonizada por ricos mercaderes de perlas y tejidos llegados de Bastak (Irán) a finales del s. xix. Sus callejas albergan hoy galerías de arte en casas restauradas, cafés animados y hoteles-*boutique*.

11 Playas

Quienes no se alojen en un hotel con playa pueden pagar por entrar en un club de playa o acudir a una pública, que suelen tener menos servicios. **Burj Beach** (11a) es gratuita y tiene buenas vistas del Burj Al Arab; **Jumeirah Beach** (11b) cuenta con un nuevo paseo marítimo de 14 km, perfecto para correr o pasear. Las playas públicas disponen de barbacoas (5 AED). *24 h; entrada gratuita.*

12 Clases de yoga

La realidad aumentada de la vida en esta ciudad árabe quizá le deje a uno necesitado de un reajuste mental. Una opción es la organización voluntaria Friends of Yoga, que organiza clases gratuitas de yoga todos los días a las 5.30 y 19.30 en 13 puntos de los EAU, entre ellos Deira Creek, Bur Dubai Creek, parque Zabeel, parque JLT e Internet City. Hay que registrarse en línea para encontrar la sesión más cercana. *friendsofyoga global.org; gratis.*

13 Carreras de caballos en el hipódromo de Meydan

El deporte de los reyes no está reservado exclusivamente a los jeques y no tiene por qué costar un ojo de la cara. Llegando temprano, se puede acceder gratuitamente a la zona general del Meydan Grandstand (el graderío) y ver los purasangres en acción. Hay disponibles asientos con buenas vistas, y es posible ver los caballos en el Parade Ring desde los lados de la zona pavimentada. *www.dubaiworldcup.com; Nad Al Sheba; nov-mar; gratis.*

14 Centros comerciales

Dubái ostenta numerosas e impresionantes catedrales del consumo y algunas son más parques de atracciones que centros comerciales. En el **Dubai Mall** (14a; *thedubaimall.com; Financial Centre Rd; 10.00-23.00 do-mi, 10.00-24.00 ju-sa*) pueden verse gratuitamente 30000 criaturas marinas en un espectacular acuario y con-

templar vistas del Burj Khalifa, el edificio más alto del mundo (830 m). El **Ibn Battuta Mall** (14b; *ibnbattutamall.com; Sheikh Zayed Rd; 10.00-22.00 do-mi, 10.00-24.00 ju-sa*) ofrece secciones temáticas decoradas al estilo de China, España, India, Persia, Egipto y Túnez. *24 h; entrada gratuita.*

15 Palm Jumeirah

Aunque el presupuesto sea bajo y no alcance para alojarse en los carísimos hoteles del Palm Jumeirah, siempre será posible pasear de isla en isla en este espectacular archipiélago artificial del golfo Pérsico. Es posible caminar gratis por él o gastar un poco en un billete de ida y vuelta para el **monorraíl** (*palm-monorail. com; 25 AED*) que circula por el tronco de esta maravilla artificial en forma de palmera.

16 Lucha 'pehlwani'

Los viernes, poco antes del anochecer, una multitud de obreros de la construcción se reúne en la parcela que queda detrás del mercado de pescado de Deira para ver y

UN DÍA GRATIS

El antídoto perfecto al centro de Dubái es un paseo a lo largo del Creek, a través de los barrios antiguos. Primero se recorren los callejones laberínticos de Al Fahidi (p. 41). Se pasa junto a la moderna Gran Mezquita, donde los no musulmanes solo pueden entrar al minarete, y luego se practica el regateo en los zocos de Bur Dubai (p. 41). Hay que continuar a orillas del Creek para explorar los Heritage Villages de Al Shindagha (p. 40) o cruzar en *abra* (p. 41) a Deira, donde esperan más zocos. Continuando por Corniche Rd se encontrará el frenético mercado de alimentación, que vende los frutos del golfo Pérsico (incluidos tiburones).

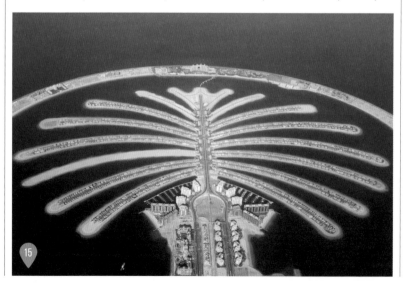

DUBÁI

participar en combates. La lucha libre *pehlwani* es un deporte del sureste asiático (de donde procede la mayoría de los trabajadores) en el que dos hombres en taparrabos intentan derribarse mutuamente. El público es excitable, pero amistoso; se aconseja vestir recatadamente. *Deira; 17.00 vi; gratis.*

17 2nd of December

La calle antes conocida como Al Dhiyafah Rd se llama ahora 2nd of December (día de la fiesta nacional de los EAU), pero puede visitarse cualquier otro día para darse un festín de comida callejera barata. Los expatriados se mezclan con obreros y turistas para oler y degustar platos de otros países como Irán, la India, el Líbano y otros africanos. *24 h; entrada gratuita.*

18 Street Nights

Este galardonado festival de cultura urbana es una iniciativa vecinal que, cada año, se embarca en la misión de sacar a la gente de los centros comerciales y llevarlos al aire libre, atrayéndolos con música en directo, comida callejera y la mayor reunión de artistas de EAU, que hacen de paredes y vallas su lienzo. Su página de facebook ofrece información sobre el próximo festival. *facebook.com/streetnightsdxb; gratis.*

CONSEJOS

• Al comprar gangas y comida callejera –ya sea en los zocos (p. 41), en el mercado de pescado o en 2nd of December St– hay que llevar efectivo a mano (incluidos billetes pequeños) y regatear mucho por las baratijas.
• Si se está un tiempo en la ciudad, hay que imitar a los lugareños y comprar el libro/aplicación de The Entertainer (*theentertainerme.com/tryapp; 450 AED*). Da ofertas de 2 por 1 en restaurantes, cafés, parques temáticos, *spas*, etc. y, si se usa mucho, compensa el gasto inicial, incluso durante unas vacaciones.
• La población extranjera de Dubái tiene un sistema de reciclaje a través de Dubizzle (*dubizzle.com*), una página de anuncios con una amplia sección "Free Stuff" (cosas gratis).

ARTE Y CULTURA   MÚSICA Y CINE   DEPORTE Y OCIO   COMIDA Y BEBIDA   FIESTAS Y CELEBRACIONES

HONG KONG

Disfrutar de Hong Kong no tiene por qué costar una fortuna; poniéndole imaginación, la ciudad puede ser un paraíso para los menos pudientes tanto como para los magnates. Además, con un sencillo y económico trayecto en autobús se encuentra naturaleza salvaje.

01 Affordable Art Fair

Si al viajero le gusta el arte, esta feria es la opción más económica. Y es buena. Se verán miles de obras originales, algunas de artistas de renombre como Nobuyoshi Araki. Los precios oscilan entre 1000 y 100 000 HK$, asequibles para lo que es el mundo del arte, como el precio de la entrada. *affordableartfair.com/hongkong/; la dirección varía; may; entrada 160 HK$.*

02 Miércoles gratis en museos

Varios museos son gratuitos los miércoles (*museums.gov.hk*). Los de **Historia** (2a; *100 Chatham Rd S; 9.30-12.45, 14.00-17.00 lu-vi, 9.30-12.00 sa*) y **Patrimonio** (2b; *1 Man Lam Rd; 10.00-18.00 lu y mi-vi, 10.00-19.00 sa y do*) muestran aspectos sobre Hong Kong. El **Flagstaff House Museum of Tea Ware** (museo del té) (2c; *hk.art.museum; 10 Cotton Tree Dr; 10.00-18.00 mi-lu*) y el **Museo del Ferrocarril** (2d; *www.heritagemuseum.gov.hk; 13 Shung Tak St; 9.00-18.00 mi-lu*) son gratis siempre.

11
09

NAM
CHEONG
PARK

02d

PRINCE
EDWARD

KOWLOON CITY

02b

MONG KOK EAST

MONG
KOK

MONG KOK

MA TAU
WAI

Aeropuerto
Internacional
de Hong Kong

TAI KOK
TSUI

OLYMPIC

OLYMPIC
CITY

PARK
AVENUE

YAU MA TEI

HO MAN
TIN

KO SHAN
ROAD PARK

TO KWA
WAN

HOI FU
COURT

Bahía
Sandy

YAU MA
TEI

KING'S
PARK

05

KING'S PARK

KING'S
PARK

Bahía de
Kowloon

KOWLOON (ESTACIÓN DEL
EXPRESO DEL
AEROPUERTO)

AUSTIN

JORDAN

HUNG HOM

HUNG HOM

17

TSIM SHA TSUI

PARQUE
KOWLOON

02a

TSIM
SHA TSUI
EAST

TSIM SHA TSUI

HARBOUR
CITY

TSIM
SHA TSUI

EAST TSIM
SHA TSUI

SIGNAL
HILL
GARDEN

★ MUELLE DE STAR FERRY

03

Puerto
Victoria

NORTH POINT

FORTRESS HILL

SHEUNG WAN

HONG KONG (ESTACIÓN DEL
EXPRESO DEL AEROPUERTO)

Bahía
Causeway

TAI HANG

04 **08** **06**

CENTRAL

CENTRAL

PARQUE
VICTORIA

TIN HAU

SOHO

LAN
KWAI
FONG

07a

WAN CHAI

CAUSEWAY BAY

THE MID
LEVELS

ADMIRALTY

CAUSEWAY BAY

PEAK TRAM
LOWER TERMINUS

02c

HONG KONG PARK

WAN CHAI

07b

CAROLINE
HILL

SO KON PO

ADMIRALTY

MORRISON HILL

16a

07c

13

10

LEIGHTON
HILL

TAI
HANG

De un vistazo

• Población: 7,2 millones de hab.

• Lo mejor: comer y aprovechar la
  proximidad entre ciudad y campo

• Moneda: dólar hongkonés (HK$ o HKD)

• Presupuesto: 140 € diarios

Hipódromo
del Valle
Feliz

TAI TAM
COUNTRY
PARK

16b

ABERDEEN
COUNTRY
PARK

Tai
Reserv

14

N 0   2 km

03 Para Site Art Space

Es una de las instituciones artísticas más antiguas y activas de Hong Kong (y de Asia). Tiene reputación de ser a la vez crítica e innovadora en la organización de exposiciones y la mezcla de medios. Las exposiciones son provocadoras, suelen tratar temas urbanos contemporáneos y hacen pensar. *para-site. org.hk; 22º piso, Wing Wah Industrial Building, 677 King's Rd; 12.00-19.00 mi-do; gratis.*

04 PMQ

Aunque se anuncia como centro de artes, el Police Married Quarters (PMQ) se centra en el diseño local con inclinación comercial. Las tiendas, principalmente de moda y artículos del hogar, merecen un vistazo aunque no se vaya a comprar nada, y siempre hay una exposición interesante en alguno de los estudios. Los amplios pasillos y patios son agradables. *pmq.org.hk; 35 Aberdeen St, Soho; sede 7.00-23.00, tiendas 11.00-19.00; gratis.*

05 Ópera cantonesa, mercado nocturno de Temple Street

No hace falta saber de ópera cantonesa para disfrutar del espectáculo. El mercado nocturno más animado de Hong Kong es un hervidero de vendedores ambulantes, adivinos y aromas de restaurantes al aire libre. Hay que detenerse un momento y dejar que los címbalos, el canto y los gestos estilizados cautiven los sentidos. Quizá en unos años, al volver a oír esos exóticos compases, se recuerde el feliz viaje a Hong Kong. *Temple St, Yau Ma Tei; 18.00-23.00; gratis.*

06 Música en Sense99

Este local ocupa un extravagante apartamento con paredes rojas, arañas y sofás Chesterfield falsos, y se abre cada fin

HONG KONG

PUNTO DE VISTA AUTÓCTONO

"Las farmacias y mercados son más baratos que los supermercados. Las tiendas y cafés que están en pisos cobran menos que los situados a pie de calle." Angela Chan, novelista.

"Para llegar al aeropuerto, lo más barato es ir en el MTR hasta Tung Chung y allí tomar el autobús. Las piscinas públicas cobran 17 HK$ por baño. Los supermercados tienen precios diferentes según el día. El Parkn Shop es más barato los lunes. Casi todos los supermercados tienen un estante de productos a precio reducido." Janine Cheung, abogada.

"Las películas del festival de cine (hkiff.org.hk) son más baratas que las comerciales. En cuanto a artes escénicas, hay que evitar los festivales grandes." Gérard Henri, crítico cultural.

de semana para un público bohemio sin pretensiones. En la planta alta hay una batería y una guitarra eléctrica listas para las *jam sessions*. Según la suerte, los participantes pueden ser músicos profesionales, amigos borrachos o el propio viajero. Recuérdese llevar un instrumento. *sense99. com; 2ª y 3ª plantas, 99 Wellington St; 21.00-4.00 vi y sa; gratis.*

Street Music Series

Estos conciertos logran el equilibrio ideal entre la preparación profesional y la espontaneidad. Los géneros van desde *rock* independiente hasta ópera cantonesa. Todos encontrarán algo de su gusto, aunque sea el ambiente. Tienen lugar mensualmente en **Arts Centre** (7a; *2 Harbour Rd, Wan Chai; 17.30-20.00, 3er sa*), **Comix Home Base** (7b; *7 Mallory St, Wan Chai; 15.00-16.30, 4º do*) y **Blue House** (7c; *72 Stone Nullah Ln; 19.30-21.00, 2º ju*). *hk streetmusic.com; gratis.*

08 Visage One

Peluquería de día y sala de *jazz* de noche, tiene aire de sociedad secreta. Nadie sabe quién va a tocar y a nadie le importa, porque todos se fían de Benki, el propietario. Los sábados, los seguidores entran y se sientan con reverencia detrás de los músicos, en las escaleras o en las sillas de peluquería y esperan la primera nota. *Edificio Po Lung, 93 Hollywood Rd, Soho; 20.30-23.30 sa; gratis.*

09 Excursionismo por el MacLehose Trail

Las bahías recónditas, las rocas volcánicas, los picos envueltos en nubes y los pueblos antiguos son algunos de los increíbles y variados reclamos del MacLehose Trail. Este sendero, de 100 km y 10 secciones, comienza al este en Pak Tam Chung, en Sai Kung, y termina al

oeste en Tuen Mun. Casi todas las secciones tienen salidas desde las que el transporte público lleva a la ciudad más cercana en 1 h como máximo. *hiking.gov.hk; 24 h; gratis.*

10 Carreras de caballos en el hipódromo de Happy Valley

Por solo 10 HK$ se puede pasar una velada disfrutando del deporte espectáculo más popular de la ciudad en un hipódromo iluminado. Uno puede limitarse a animar, o, para hacerlo más interesante, puede decidirse a apostar. Conviene llevar comida (y también alcohol), ya que dentro del recinto ecuestre todo cuesta un dineral. *hkjc.com; Wong Nai Chung Rd, Happy Valley; 19.30-22.30 mi, sep-jun; 10 HK$.*

11 Ping Shan Heritage Trail

El Hong Kong rural contemporáneo y el precolonial se unen en este sendero de 1 km. Pasa por una docena de edificios históricos pertenecientes a los poderosos Tang, fundadores de este animado pueblo de cinco siglos de antigüedad. La bonita sala ancestral ha albergado banquetes y desfiles de moda (William Tang es diseñador). Tsui Sing Lau es la pagoda más antigua que se conserva en Hong Kong. *Ping Shan, Yuen Long; salas y pagoda 9.00-13.00 y 14.00-17.00; cerrado ma; gratis.*

12 Barbacoa al estilo hongkonés

La clave de esta económica y alegre actividad es la carne adobada (chuletas de cerdo, alitas de pollo, salchichas), las verduras y, por supuesto, los malvaviscos. También se necesitan unos tridentes de dos puntas llamados *BBQ forks*, platos de cartón (u hojas de lechuga), carbón y un encendedor. Hay que comprarlos en un supermercado, dirigirse a una playa o parque y hacerse con una barbacoa. Es fácil. Lo difícil es encender el fuego...

HONG KONG

13 Templo sij Khalsa Diwan

No se trata de un banco de alimentos, pero el mayor templo sij de Hong Kong reparte comidas vegetarianas gratuitas *(11.30-20.30)* a cualquiera que entre por la puerta, sin importar su "fe, casta, color o país de origen". A cambio de la ración de *dal* o *sabzi*, se puede colaborar fregando los platos. Las oraciones del domingo *(9.00-13.30)* y las diarias *(6.00-8.30, 18.30-20.00)* también están abiertas a todo el mundo. *khalsa diwan.com; 371 Queen's Rd E, Wan Chai; gratis.*

14 Festival de los Bollos de Cheung Chau

En esta curiosa y secular competición, los participantes escalan una torre cubierta de "bollitos de la suerte" e intentan meter en una bolsa todos los que puedan. Es una de las muchas recreaciones de un ritual de tiempos de la dinastía Qing con motivo del cumpleaños de Buda. Otra es el desfile de carrozas (Parade of Floats), donde participan niños disfrazados de deidades o, cada vez más, de políticos; rituales que servían para ahuyentar a los piratas abordan hoy temas ideológicos. *cheungchau.org; los lugares y fechas cambian; gratis.*

15 Carreras de barcos dragón

Ver barcos dragón contra un fondo de juncos pesqueros decorados, mientras la gente quema billetes falsos y los arroja al agua, es una experiencia enriquecedora. Hay 2-4 carreras mensuales de marzo a octubre. Entre las más espectaculares, las de Stanley y Tai O en el Festival de Barcos Dragón y las de Lamma y Po Toi en el cumpleaños de Tin Hau. *hong-kong-traveller.com; lugares y fechas variables; gratis.*

16 Danza del dragón de fuego, Festival de Mediados de Otoño

Durante tres noches, un dragón de paja de 67 m decorado con 70000 palitos de incienso encendidos es llevado en procesión por cientos de hombres exaltados en el barrio de **Tai Hang**, en la zona de Causeway Bay *(16a; taihangfiredragon.hk; gratis)*. El humeante ritual conmemora la ocasión en que, hace unos cien años, se celebró la

TRANSPORTE ECONÓMICO

El tranvía *(hktramways.com)* y el Star Ferry *(www.starferry. com.hk)* son valiosos elementos del patrimonio móvil hongkonés. Combinar viajes en ambos con desplazamientos a pie es una forma asequible, bonita y ecológica de explorar la ciudad. Por una tarifa plana de solo 2,30 HK$, la mayor flota mundial de tranvías de dos pisos aún en funcionamiento (c. 1904) permite viajar tan lejos como se desee por los 16 km de vías de la isla de Hong Kong. El trayecto de 12 min a bordo del Star Ferry (c. 1880), con vistas de postal del puerto Victoria, solo cuesta 2,50 HK$.

danza bajo la misma luna llena para acabar con una peste y un tifón. Otro dragón de fuego danza en el pueblo de **Pok Fu Lam** (16b; *hong-kong-traveller.com; gratis*). Conviene llegar temprano, pues se abarrota.

 Freespace Happening, West Kowloon

¿Por qué no pasar un domingo relajado en compañía de los jóvenes líderes del círculo cultural de Hong Kong? Este evento mensual, que se ha comenzado a celebrar recientemente, abarca actividades muy diversas: música en directo, cine, danza, *parkour*, artesanía, etc. Para disfrutar del acontecimiento, basta llevar un *frisbee* y comida para un pícnic; hay césped y agradables vistas al mar de sobra para relajarse.

westkowloon.hk; Nursery Park, West Kowloon Promenade; 14.00-19.00, 2º do de mes; gratis.

 Festival de los Fantasmas Hambrientos

Para apaciguar a los espíritus errantes durante el séptimo mes lunar, cuando se cree que las puertas del infierno se abren, la gente realiza ofrendas de comida y dinero falso al borde de la carretera, mientras los barrios instalan escenarios de bambú para ceremonias religiosas (budistas y taoístas) y óperas chinas. La festividad dura un mes y termina con la quema de una efigie de papel del dios del Hades, con puño cerrado y ojos saltones. *discoverhong kong.com; gratis.*

16

CIRCUITOS A BUEN PRECIO

Estos enclaves históricos ofrecen circuitos gratuitos (en inglés):
• Asia Society *(asiasociety.org)*, institución de origen estadounidense con exposiciones excelentes.
• El Mei Ho House Youth Hostel *(yha.org.hk)* y museo es una antigua vivienda social destruida por el fuego.
• El Tai O Heritage Hotel *(taioheritage-hotel.com)* protegía la costa de los piratas.
• Las galerías de la Jao Tsung-I Academy *(jtia.hk)* explican su extraña historia.

Solo pueden visitarse apuntándose a un circuito:
• North Kowloon Magistracy *(visits cadhk.hk)*, hoy escuela.
• Monasterio de Tsz Shan *(tszshan.org)*, moderno pero inspirado en la Antigüedad.
• Hay que apuntarse a cualquier circuito para ver la clínica de medicina china Lui Seng Chun *(scm.hkbu.edu.hk)*. Los días de consulta gratuita, los médicos toman el pulso gratis.

● ARTE Y CULTURA   ● MÚSICA Y CINE   ● DEPORTE Y OCIO   ● COMIDA Y BEBIDA   ● FIESTAS Y CELEBRACIONES

BOMBAY

La India sigue siendo un país relativamente económico para viajar, pero Bombay (Mumbái), sede de Bollywood y la metrópolis más grande, ajetreada, rica y cosmopolita del país, es probablemente el lugar más caro. Sin embargo, hay muchas opciones económicas que permitirán disfrutar de su sabor sin gastar un dineral.

01 India británica

Es gratis ver gárgolas en la estación de ferrocarril victoriana **Chhatrapati Shivaji Terminus** (1a), la más transitada del mundo. El **Gateway of India** (1b) –un arco construido para conmemorar la visita de Jorge V en 1911– es ideal para observar gente, sobre todo durante el Elephanta Festival. De este lugar zarpan barcos a las **Grutas de Elefanta** *(250 INR)*, unos templos rupestres de hace 1300 años declarados Patrimonio Mundial por la Unesco.

02 Arte en Kala Ghoda

La entrada a la **National Gallery of Modern Art** *(ngmaindia.gov.in; 11.00-18.00 ma-do; 500 INR)* cuesta dinero, pero Kala Ghoda también contiene la **Jehangir Art Gallery** *(2a; jehangirartgallery.com; Mahatma Gandhi Rd; 11.00-19.00; gratis)*, con obras de artistas modernos de la India. El **Kala Ghoda Festival** *(kalaghodaassociation.com; gratis)* se celebra durante nueve días en enero o febrero y está dedicado al arte y el multiculturalismo. **Project 88 Gallery** *(2b; project88.in; edificio BMP, NA Sawant Marg, Colaba; 11.00-19.00 ma-sa; gratis)* exhibe más obras vanguardistas.

ISLA ELEFANTA

GAMDEVI

KUMBHARWADA

MUMBAI CENTRAL

Bahía Back

CHHATRAPATI SHIVAJI TERMINUS (VICTORIA TERMINUS)

CHURCHGATE

KALA GHODA

FORT

Puerto de Bombay

LEOPOLD CAFE

SALVATION ARMY RED SHIELD HOSTEL

COLABA

OYSTER ROCK

N 0 _____ 5 km

De un vistazo
- Población: 21 millones de hab.
- Lo mejor: ver gente y mezclas multiculturales
- Moneda: rupia india (R o INR)
- Presupuesto: 42 € diarios

SER UNA ESTRELLA DE BOLLYWOOD

Bombay es la sede de Bollywood, la industria cinematográfica en hindi que produce el doble de películas que Hollywood. Con frecuencia se necesitan extras extranjeros para estas producciones maravillosamente desmesuradas, y los cazatalentos rondan lugares frecuentados por mochileros en Colaba y alredededores, como el Leopold Cafe (leopoldcafe.com; Colaba Causeway esq. Nawroji F Rd) y el Salvation Army Red Shield Hostel (Ormiston Rd), donde uno puede apuntarse como interesado en recepción. El viajero debe tener cautela si le abordan estando solo, aunque las estafas son raras. Es una experiencia memorable, y quizá la paga cubra el coste de una visita a la Film City (mumbaifilmcity tours.com; Goregaon; 10.00-17.00; circuitos desde 600 INR).

03 Mani Bhavan
Mahatma Gandhi visitaba Bombay regularmente y se alojaba en esta casa, donde perfeccionó la *satyagraha* o filosofía de la resistencia pacífica. El edificio es hoy un museo con objetos, fotos y cartas escritas por Gandhi. *gandhi-manib havan.org; 19 Laburnum Rd, Gamdevi; 9.30-18.00; gratis.*

04 Playas
La "ciudad de las islas" tiene varias playas que merecen la pena. **Juhu Beach (4a)**, al norte de la ciudad, está menos concurrida, pero la céntrica **Chowpatty Beach (4b)** es más interesante y está llena de familias jugando al críquet, vendedores y monos danzantes. De octubre a mayo, los hindúes celebran en esta playa el Ganesh Chaturthi sumergiendo en el mar efigies del dios de muchos brazos y cabeza de elefante. *24 h; gratis.*

05 Parque Nacional de Sanjay Gandhi
El "pulmón de Bombay", el parque nacional urbano más grande del mundo, no es gratuito, pero sí barato *(33 INR)* y de fácil acceso. Se puede montar en barca, ver cascadas y animales y explorar las milenarias grutas de Kanheri *(100 INR)*, talladas en un barranco por monjes budistas. *sanjaygan dhinationalpark.net; 7.30-18.00.*

06 Mercado de los ladrones
Se pueden comprar recuerdos a precio de ganga en el caótico y ruidoso Chor Bazaar (mercado de los ladrones), donde se vende desde carteles de Bollywood hasta chismes de la época del Raj. Examinar los tesoros y baratijas que se ofrecen es una experiencia esencial en Bombay (pero hay que llevar la cartera en lugar seguro). *Mutton St; 11.00-19.30 sa-ju; entrada gratuita.*

1 SRI SAGAR – INDIA

La *dosa* (crep) del sur de la India es una forma de vida, y las de Bangalore han sido elegidas las mejores del mundo. Vale la pena hacer cola en Sri Sagar para comprar su *benne dosa* (de mantequilla). *Margosa Rd, Malleswaram, Bangalore; 7.00-21.00; dosas desde 30 INR.*

3 MERCADO NOCTURNO DE TALAT CHANG PHEUAK – TAILANDIA

Los *gourmets* de Chiang Mai van a los mercados nocturnos. En Talat Chang Pheuak, el puesto de Cowboy Lady sirve el mejor *kôw kăh mŏo* (pierna de cerdo guisada con arroz) del norte. *Th Mani Nopharat, Chiang Mai; 17.00-24.00; platos desde 30 THB.*

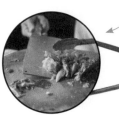

2 JOO HOOI CAFE – MALASIA

Penang sin *laksa* es como Batman sin Robin. Si se busca este manjar callejero en George Town, Joo Hooi sirve de los mejores cuencos de la isla. *Jln Penang esq. Lebuh Keng Kwee, George Town; 11.00-17.00; principales desde 3 MYR.*

7 KIMLY – CAMBOYA

Los amos coloniales de Camboya iban a Kep-sur-Mer para degustar los mejores cangrejos del delta del Mekong. Los franceses ya no están, pero los cangrejos siguen, servidos de 27 maneras en esta veterana marisquería junto al mercado de cangrejos. *Mercado de cangrejos, Kep; 9.00-22.00; platos desde 2,50 US$.*

LO MEJOR DE ASIA MANJARES ECONÓMICOS

Dentro de cada mochilero se esconde un gourmet oculto. Por suerte, a veces la mejor comida de Asia se sirve a precio módico en la calle.

6 WARUNG IBU OKA – BALI

Si alguien piensa que el cochinillo es un plato de ricos, se equivoca. En Indonesia, el *babi guling* asado es comida para el pueblo, y Warung Ibu Oka lo sirve por pocas rupias. *Jl Suweta, Ubud, Bali; 10.00-16.00; principales desde 50 000 IDR.*

5 CASA DE TÉ LIN HEUNG – HONG KONG

Encontrar *dim sum* barato en Hong Kong es complicado, pero Lin Heung, en Wellington St, es de la vieja escuela: cazuelas en carritos, camareros malhumorados y un *dim sum* delicioso y económico que compensa lo demás. *160-164 Wellington St, Hong Kong; 6.00-23.00, dim sum hasta 15.30; dim sum desde 12 HK$.*

8 NASI KANDAR PELITA – MALASIA

Malasia aparece aquí dos veces gracias a su fabulosa comida callejera *mamak*. En Nasi Kandar Pelita, un exquisito *roti canai* (pan plano frito con *daal* y pollo al curri) no cuesta casi nada. *149 Jln Ampang, Kuala Lumpur, 24 h, 2-8 MYR*

4 DAIWA SUSHI – JAPÓN

Probar el *sushi* en su país de origen es obligatorio en cualquier viaje a Tokio. El *sashimi* se prepara con la captura del día en Daiwa Sushi, donde el menú del día es fresquísimo y duele poco al bolsillo (para ser Tokio). *Edificio 6, 5-2-1 Tsukiji Chūō-ku, Tokio; 5.00-13.30 lu-sa; bandejas de sushi desde 3500 ¥.*

ARTE Y CULTURA   MÚSICA Y CINE   DEPORTE Y OCIO   COMIDA Y BEBIDA   FIESTAS Y CELEBRACIONES

SHANGHÁI

La joya de la China moderna es una ciudad donde los seguidores de la moda se van de compras y los magnates chinos cierran tratos. Pero, gracias a sus museos, parques y galerías gratuitos –además de los asequibles mercados de comida callejera y locales de dumplings–, una visita a la elegante Shanghái no tiene por qué costar una fortuna.

SHANGHÁI

01 M50
El enclave artístico más famoso de Shanghái es este conjunto de edificios industriales en Moganshan Road, una calle pintada de grafitis. No es tan provocador como los distritos artísticos más vanguardistas de Beijing, pero vale la pena asomarse a los estudios de artistas, y hay buenos establecimientos para tomar café y fideos. *50 Moganshan Rd; casi todas las galerías 10.00-18.00 diariamente; gratis.*

06

02 Museo de Shanghái
Posiblemente el mejor museo de China (contiene más de un millón de piezas). La impresionante colección de obras maestras chinas abarca varios milenios de arte, desde esculturas religiosas y bronces antiguos hasta algunos de los más bellos ejemplos de cerámica, pintura, jade, monedas y caligrafía de China. Solo se permite la entrada a 8000 personas diarias, por lo que conviene llegar temprano. *www.shanghai museum.net/en/; 201 Renmin Ave; 9.00-17.00, última entrada 16.00; gratis.*

03 Parque Fùxìng
Diseñado por los franceses en 1909, es un sitio delicioso para escapar del calor y del incesante ruido del tráfico. A primera hora de la mañana en particular, el parque se llena de bailarines, jugadores de cartas, gente caminando hacia atrás y practicantes de taichí. Hay que encontrar un banco bajo un árbol wutong y ver cómo se relajan los habitantes de Shanghái. *South Shaanxi Rd, Xintiandi; 5.00-18.00; gratis.*

Se empieza el día en el parque del Pueblo (*West Nanjing Rd; 6.00-18.00, 6.00-19.00 jul-sep; gratis*) y luego se visita el Museo de Shanghái. Tras almorzar en el cercano Yang's Fry Dumplings (*97 Huanghe Rd; 6.30-20.30; 4 dumplings 6 CNY*) se da un paseo por la calle comercial más famosa de Shanghái, East Nanjing Rd (*casi todas las tiendas 10.00-22.00*), hasta el peculiar Museo Postal (*250 North Suzhou Rd; 9.00-17.00 mi, ju, sa y do; gratis*); no hay que perderse las vistas desde la azotea. Luego se da una vuelta por el emblemático Bund y se toman unas brochetas de cordero y cerveza en Yunnan Rd Food Street (*South Yunnan Rd*).

04 El Bund (Wàitān)

Esta grandiosa zona ribereña de antiguos bancos y casas de comercio, símbolo principal del Shanghái de la época de la Concesión, es uno de los paseos urbanos más destacados de China. Los edificios neoclásicos y *art déco* albergan hoy *boutiques*, hoteles y restaurantes; pero la avenida peatonal elevada es donde hay que estar: a primera hora los lugareños practican taichí y, a última, el paisaje urbano iluminado de neón es espectacular. *East Zhōngshān no. 1 Rd; 24 h; gratis*.

05 Tiánzǐfáng

Si se desea pasear por el elegante barrio de la Concesión Francesa, lo mejor es ir a este encantador grupo de *lòngtáng*, calles tradicionales bordeadas de árboles y salpicadas de cafés con wifi, bares y restaurantes interesantes, tiendas de artes y excelentes *boutiques* que venden desde bordados étnicos y té *pu-erh* envuelto a mano hasta vajillas *retro*. En muchos edificios aún residen familias, dando a la zona un ambiente de barrio. *tianzifang.cn; Taikang Rd; 24 h; gratis*.

06 Ciudad antigua de Qibao

Cuando la gran ciudad se vuelva insoportable, se puede viajar en metro a la atractiva *guzhen* (ciudad antigua) de Qibao, a orillas del canal, que data de la lejana dinastía Song del Norte (960-1127 d.C.). No es obligatorio comprar la entrada de 45 CNY, que da acceso a edificios concretos; se puede simplemente deambular por la red de calles y puentes, y quizá comprar tentempiés a los vendedores callejeros. *2 Minzhu Rd; puntos de interés 8.30-16.30; gratis*.

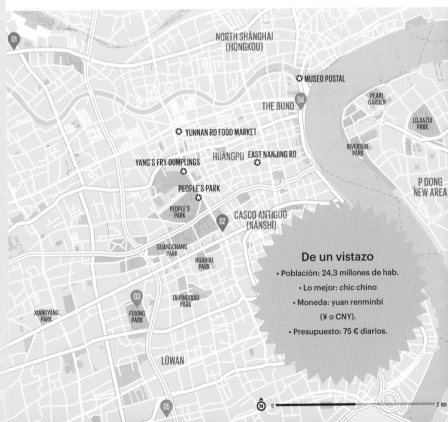

CHÁNGSHŌU PARK

01

NORTH SHÀNGHǍI (HÓNGKOU)

✪ MUSEO POSTAL

PEARL GARDEN

THE BUND 04

LÙJIĀZUǏ PARK

✪ YUNNAN RD FOOD MARKET

RIVERSIDE PARK

YANG'S FRY DUMPLINGS ✪

HUÁNGPǓ EAST NANJING RD

P DONG NEW AREA

✪ PEOPLE'S PARK

PEOPLE'S PARK

02 CASCO ANTIGUO (NÁNSHÌ)

GUANGCHANG PARK

HUAIHAI PARK

De un vistazo
- Población: 24,3 millones de hab.
- Lo mejor: chic chino
- Moneda: yuan renminbi (¥ o CNY).
- Presupuesto: 75 € diarios.

TÀIPÍNGQIÁO PARK

XIANGYÁNG PARK

03 FŬXĪNG PARK

DINGXIANG GARDEN

LÚWĀN

N 0 2 km

06 05

ARTE Y CULTURA   MÚSICA Y CINE   DEPORTE Y OCIO   COMIDA Y BEBIDA   FIESTAS Y CELEBRACIONES

SINGAPUR

Es una de las ciudades más caras del mundo, pero una vez solventado lo más costoso –encontrar alojamiento– sorprenderá descubrir cuánto pueden estirarse los dólares singapurenses. Desde espacios verdes hasta un caleidoscopio de templos, muchos puntos de interés no cuestan un céntimo.

01 Baba House

Es una de las casas antiguas *peranakan* mejor conservadas de Singapur, y ofrece un fascinante escaparate a la vida de una familia acaudalada de chinos del estrecho que vivió hace un siglo. La única forma de entrar a la suntuosa casa restaurada de la década de 1890 es mediante visita guiada, excelente y gratuita. Fundamental reservar. *nus.edu.sg/cfa/museum/about.php; 157 Neil Rd; circuitos gratuitos 14.00 lu, 18.30 ma, 10.00 ju, 11.00 sa; gratis.*

02 Templo de la Reliquia del Diente de Buda

Este templo budista de cinco plantas alberga el supuesto colmillo izquierdo del *Iluminado*, recuperado de su pira funeraria en Kushinagar (norte de la India). La reliquia se conserva dentro de una *stupa* de oro macizo de 420 kg, en una sala con decoración deslumbrante. En el museo de la 3ª planta hay más reliquias, y el jardín de la azotea tiene una enorme rueda de oración. *btrts. org.sg; 288 South Bridge Rd; 7.00-19.00 con visita a la reliquia 9.00-18.00; gratis.*

SINGAPUR

JARDÍN
BOTÁNICO
DE SINGAPUR

Lago
Swan

NS23

LITTLE INDIA

FARRER
PARK
FIELDS

TEMPLO SRI VEERAMAKALIAMMAN ✪
CASA DE TAN TENG NIAH ✪
✪ TEKKA CENTRE
ISTANA
PARK
MT EMILY
PARK
✪ MEZQUITA ABDUL GAFFOOR

NE

KAMPONG
GLAM
06

EW17

04

FORT
CANNING
PARK

NE2/EW16

03a
03c

FORT CANNING PARK ✪
✪ F.CLUB
THE
PADANG
07

Río
Singapur
Esplanade
Jetty
MARINA
PROMENADE

Canal Alexandra

TIONG
BAHRU
PARK

HENDERSON
PARK

PEARL'S HILL
CITY PARK

05
02
13

Bahía
Marina
03b
08
CÉ LA VI
✪ WONDER FULL
09
GARDENS
THE BAY

10

CHINATOWN
14
BOON
TAT STREET

01
SPOTTISWOODE
PARK
TANJONG
PAGAR

MARINA
SOUTH

RAEBURN
PARK
ESTACIÓN DE TRENES
DE SINGAPUR
Tanjong
Pagar
Plaza

MT FABER
PARK

HarbourFront

Puerto
Keppel

Puente
Causeway

PULAU
BRANI

De un vistazo

• Población: 5,5 millones de hab.

• Lo mejor: cultura y comida
  callejera suculenta

• Moneda: dólar de Singapur
  (SG$ o SGD)

• Presupuesto: 122 € diarios

Resorts
World

Selat
Sengkir

Estrecho
de Singapur

Playa
Siloso

SENTOSA
ISLAND

Playa
Palawan

12

Campo de
golf de
Serapong

Buran
Darat

N

0   2 km

SINGAPUR

03 Arte gratis

Varios hoteles tienen excelentes colecciones de arte accesibles para el público general, como el **Public Art Space del Pan Pacific** (3a; *panpacific.com; 7 Raffles Blvd; gratis*) o las obras integradas en muchas zonas públicas del **Marina Bay Sands** (3b; *marinabaysands.com; 10 Bayfront Ave; gratis*). Los amantes del arte tendrán mucho que ver en el **Ritz-Carlton, Millenia Singapore** (3c; *ritzcarlton.com; 7 Raffles Ave; gratis*), donde cualquiera puede visitar sus colecciones, desde el vidrio soplado de Dale Chihuly hasta las instalaciones de Frank Stella.

04 Museo Nacional de Singapur

El rey de los museos singapurenses ocupa un majestuoso edificio neoclásico construido en el s. XIX. Su magnífica rotonda restaurada incluye entre otras maravillas cincuenta minuciosas vidrieras. Además de las colecciones permanentes de arte e historia de Singapur, se celebran muchas exposiciones especiales gratuitas. También se ofrecen circuitos de 1 h que no cuestan nada. *nationalmuseum.sg; 93 Stamford Rd; 10.00-18.00; gratis.*

05 Templo de Sri Mariamman

El templo hindú más antiguo de Singapur (situado de manera incongruente en el barrio chino) posee una colorida *gopuram* (torre) sobre la entrada, que es la clave del estilo dravídico del sur de la India al que pertenece el templo. Dentro, el lugar de honor lo ocupa un altar a la diosa Mariamman. En octubre acoge el festival Thimithi, en el que los devotos hacen cola para caminar descalzos sobre brasas. *heb.gov.sg; 244 South Bridge Rd; 7.00-12.00 y 18.00-21.00; gratis.*

TRANSPORTE ECONÓMICO

La excelente red de transporte público de Singapur está muy bien de precio y, por si fuera poco, el coste de un viaje sencillo en metro o autobús baja de 1,40 a 0,79 SG$ si se usa la tarjeta prepago EzyLink (*ezlink.com.sg; de venta en el aeropuerto, estaciones de trenes y tiendas 7-Eleven*). Si se planea hacer muchos viajes a lo largo de un par de días, considérese el Tourist Pass, que permite viajar sin límite en autobús y ferrocarril por 10 SG$ (1 día), 16 SG$ (2 días) y 20 SG$ (3 días), más un depósito reembolsable de 10 SG$ por la tarjeta.

06 Mezquita del Sultán

Diseñada en estilo sarraceno y coronada por una cúpula dorada, la mayor mezquita de Singapur parece salida de una secuencia de *Aladino*. El edificio actual se construyó en 1928 sobre el emplazamiento del original de 1825. En la entrada prestan túnicas gratuitamente a los que quieran asomarse dentro. *sultanmosque.org.sg; 3 Muscat St; 10.00-12.00 y 14.00-16.00 sa-ju, 14.30-16.00 vi; gratis.*

07 Esplanade–Theatres on the Bay

Cubierto por un tejado con picos que se ha comparado con unos ojos de mosca y con dos durianes al revés, este centro de ocio de 600 millones de SG$ ofrece un programa ininterrumpido de espectáculos nacionales e internacionales, algunos al aire libre y gratuitos (información en la página web). Si se logra ver uno de estos últimos, se puede tomar algo con el dinero ahorrado en el bar de la azotea, Orgo (*orgo.sg; 18.00-1.30*). *esplanade.com; 1 Esplanade Dr; algunos espectáculos gratuitos.*

08 Movies by the Bay

El fantástico clima para el ocio al aire libre de Singapur está hecho para ver películas bajo las estrellas. Una de las mejores noches de cine gratuito es la veterana DBS Movies by the Bay, normalmente en el paseo marítimo junto a Shoppes by the Bay, el tercer viernes y sábado de mes. Si se llega pronto, incluso regalan palomitas. *dbsmoviesbythebay. com; junto a Shoppes by the Bay, Marina Bay; gratis.*

09 Gardens by the Bay

Este ecopaís de la fantasía tiene biocúpulas de la era espacial, árboles de alta tecnología y esculturas fantasiosas: hay que verlo para creerlo. Aunque los invernaderos interiores y el Skyway (pasarela aérea) son de pago, lo más interesante es gratis: a las 19.45 y 20.45, los Supertrees (superárboles) se iluminan en el impresionante espectáculo de luz y sonido Garden Rhapsody. *gardensbythebay.com.sg; 18 Marina Gardens Dr; jardines exteriores 5.00-2.00; entrada gratuita.*

10 Haw Par Villa

Si esta oda ultra *kitsch* a la mitología china concebida por Aw Boon Haw, el empresario que creó el bálsamo de tigre, no es el "parque temático" más raro del mundo, debe estar cerca. Es un curioso jardín con estatuas y dioramas chillones que representan historias tradicionales chinas y las Diez Cortes del Infierno, una espeluznante visión del inframundo. *262 Pasir Panjang Rd; 9.00-19.00; gratis.*

11 Jardín Botánico de Singapur

Se puede escapar de la ciudad una tarde para admirar este frondoso jardín salpicado de lagos, praderas y jardines temáticos. Es gratis explorar este bello enclave Patrimonio Mundial de la Unesco, aunque vale la pena pagar 5 SG$ para entrar también al National Orchid Garden (*8.30-19.00*), la mayor exhibición de orquídeas tropicales del mundo. *sbg.org.sg; 1 Cluny Rd; jardines 5.00-24.00; jardín principal gratis.*

12 Playas de la isla Sentosa

Las entradas a casi todas las atracciones de relumbrón de Sentosa (como Universal Studios y SEA Aquarium) son caras, pero sale (casi) gratis holgazanear todo el día en las playas de la isla. La concurrida **Siloso** (llena de restaurantes y bares) está en el noroeste, la tranquila **Tanjong** está en el sur y **Palawan**, donde hay piscinas poco profundas gratuitas (ideales para niños), está en medio. *sentosa.com.sg/en/beaches; 24 h; entrada peatonal a la isla Sentosa 1 SG$.*

13 Maxwell Food Centre

Un sitio fantástico para saborear la famosa comida callejera de la ciudad es Maxwell Rd, uno de los *hawker centres* (zonas de restauración) más accesibles. Hay decenas de puestos, pero entre los eternos favoritos se cuentan Tian Tian Hainanese Chicken Rice, Fried Sweet Potato Dumpling y Maxwell Fuzhou Oyster Cake. Truco: si hay cola para pedir comida, es una buena opción. *Maxwell Rd esq. South Bridge Rd; 8.00-22.00; platos desde 2,50 SG$.*

14 Satay Street

Cada noche, la calle que hay junto al mercado de Telok Ayer (también llamado Lau Pa Sat Hawker Centre) se cierra al tráfico y se transforma en un restaurante al aire libre con barbacoas y apodado Satay Street. Una docena de brochetas *satay* bañadas en salsa de cacahuete y una jarra de cerveza Tiger son el festín económico definitivo. *Boon Tat St; 19.00-1.00 lu-vi, 15.00-1.00 sa y do; satay aprox. 0,60 SG$/brocheta.*

15 Cafeterías-pastelerías de Tiong Bahru

El barrio más de moda de Singapur está lleno de populares cafeterías y *boutiques*. Después de una mañana mirando escaparates, hay que permitirse un pastel celestial y un café perfecto (aprox. 8 SG$ por ambos) en **Tiong Bahru Bakery** (*tiongbahrubakery.com; 252 North Bridge Rd; 8.00-22.00*), **Drips Bakery Café** (*drips.com.sg/dripsbakery; 82 Tiong Poh Rd; 11.00-21.30 do-ju, 11.00-23.00 vi y sa*) o **Plain Vanilla Bakery** (*plainvanillabakery.com; 1D Yong Siak St; 11.00-20.00 lu-vi, 9.00-20.00 sa, 9.00-18.00 do*).

¡BEBIDA GRATIS!

El alcohol es particularmente caro en Singapur, pero es posible beber barato (incluso gratis) si se sabe dónde y cuándo. Casi todos los bares ofrecen una *happy hour*, que puede empezar a cualquier hora desde las 12.00 y acaba a las 21.00. Hay desde ofertas "dos por uno" hasta cócteles y pintas a 8 y 10 SG$. Las promociones de la "noche de chicas" (generalmente el miércoles) son de las mejores: entrada gratis y una copa en Cé La Vi (*celavi.com; 1 Bayfront Ave*) y una botella gratis de vodka si se va con cuatro amigas al f.Club (*f-club.sg; Clarke Quay*).

© Manfred Gottschalk | Getty Images

16 Chingay

Celebrado 22 días después del Año Nuevo chino, es el mejor y mayor desfile callejero de Singapur; una vistosa fiesta multicultural con danzas del león, carrozas y otras actuaciones. Hay que comprar las entradas con antelación para tener buen sitio en las gradas, pero es posible ver el desfile gratis desde las vallas situadas en la calle que rodea el circuito CBD. *chingay. org.sg; CBD; feb; espectadores públicos gratis.*

17 Singapore Food Festival

A los singapurenses les apasiona la comida, así que no sorprende que la ciudad organice una celebración anual dedicada a todo lo comestible. El festival culinario de 10 días incluye degustaciones, cenas especiales y circuitos gastronómicos. Casi todos cuestan algo (generalmente para cubrir las degustaciones), pero en el programa se encontrarán eventos gratuitos donde regalan muestras a quienes lleguen temprano. *yoursingapore.com; varios lugares; jul-ago; algunos eventos gratis.*

18 Singapore International Film Festival

El festival cinematográfico más importante y veterano de Singapur presenta películas internacionales innovadoras y ofrece una plataforma mundial para lo mejor del cine singapurense. Los pases tienen lugar en varios puntos de la isla, como **Marina Bay Sands** (p. 58), **Shaw Theatres Lido** (*shaw.sg; 350 Orchard Rd*), **Museo Nacional de Singapur** (p. 58) y **The Arts House** (*theartshouse.sg; 1 Old Parliament Lane*). La página web informa sobre cuáles son gratuitos. *sgiff.com; varios lugares; nov-dic; algunas proyecciones gratis.*

UN DÍA GRATIS

Primero se exploran las callejuelas de Little India (*24 h; gratis*), visitando el templo de Sri Veeramakalimman (*141 Serangoon Rd; 5.15-12.15 y 16.00-21.15; gratis*), la mezquita de Abdul Gaffoor (*41 Dunlop St; gratis*) y la casa de Tan Teng Niah (*7 Kerbau Rd; 24 h; gratis*). Tras almorzar en el Tekka Centre (*Serangoon Rd esq. Buffalo Rd; 7.00-23.00; platos 2-10 SG$*) se va en metro a Clarke Quay para pasear por el parque Fort Canning (*nparks. gov.sg; 24 h; gratis*), o a Chinatown. Se disfruta de un festín de satay en Boon Tat Street y se contempla el espectáculo de luz y agua Wonder Full (*Event Plaza en Marina Bay; 20.00 y 21.30, más 23.00 sa y do; gratis*).

TOKIO

TOKIO

Tokio tiene fama de cara, pero es injustificada. Muchos de los principales puntos de interés son gratuitos, pero, además, el simple hecho de pasear por la ciudad es una experiencia deslumbrante. Se encontrará arquitectura contemporánea, moda llamativa y deliciosos cuencos de fideos en cada esquina.

01 Establo de Arashio

Muchos tokiotas lo ignoran, pero unos pocos establos de sumo –donde viven y entrenan los luchadores– permiten a los visitantes presenciar los entrenamientos matutinos. El mejor es el de Arashio, donde se puede mirar por las ventanas y ver la acción de cerca. La página web informa del horario de los entrenamientos y de las normas de visita. *arashio.net; 2-47-2 Hama-chō, Nihombashi, Chūō-ku; 7.30-10.00; gratis.*

02 DiverCity Tokyo Plaza

Frente a este centro comercial (con una buena zona de restauración) hay una maqueta de 18 m de un robot Gundam, del *anime* homónimo. No hace falta conocer la serie para saber que un robot gigante es una foto estupenda. De 18.00 a 23.00 está iluminado, y resulta aún más impresionante recortado contra el skyline. *1-1-10 Aomi, Kōtō-ku; gratis.*

03 Omote-sandō

Es difícil criticar las *boutiques* de lujo cuando vienen en envoltorios tan impresionantes como los que se ven en

MINAMI-
IKEBUKURO

MEJIRO

TOSHIMA-KU

SENDAGI

YANAKA

NEGISHI

SENZOKU

SHIMO-
OCHIAI

NISHI-
WASEDA

JARDÍN
BOTÁNICO
KOISHIKAWA

NEZU

IKE-NO-HATA

UENO

18b

KITA-
UENO

NISHI-
ASAKUSA

09

TAKADANOBABA

KOISHIKAWA

HONGO

MATSUGAYA

06

ASAKUSA

HIGASHI-
UENO

KOTOBUKI

SHINJUKU-KU

SHINJUKU-KU

KAGURAZAKA

BUNKYO-KU

YUSHIMA

TAITŌ-KU

KURAMAE

OKUBO

WAKAMATSU-
CHO

HONGO

KANDA-
HANAOKA-
CHO

NTA-
JUKU

KABUKICHO

WAKAMIYA-
CHO

IIDABASHI

MISAKI-
CHO

KANDA-
SURUGADAI

IWAMOTO-CHO

ICHIGAYA-TAMACHI

FUJIMI

KANDA-
JIMBOCHO

KAJI-CHO

RYOGOKU

13

NISHI-
HINJUKU

SHINJUKU

SHINJUKU-
NICHOME

KUDANKITA

ICHIBAN-CHO

OTEMACHI

CHŪō-KU

MUROMACHI

01

YOYOGI

SHINJUKU-GYOEN
(PARQUE SHINJUKU)

KOJIMACHI

05

JARDÍN
IMPERIAL
FUKIAGE

CHIYODA-KU

NIHOMBASHI

SHIN-
OHASHI

SENDAGAYA

12

HIRAKAWACHO

MARUNOUCHI

KYOBASHI

07

JINGU-
GAIEN

NAGATACHO

YURAKUCHO

SHINKAWA

11

18a

TAKESHITA-DŌRI

KASUMIGASEKI

GINZA

HATCHOBORI

★

03

JINGŪ-MAE

AKASAKA

UCHISAIWAI-
CHO

IRIFUNE

JINNAN

HARAJUKU

MINAMI-
AOYAMA

ROPPONGI

TORANOMON

15

TSUKIJI

16

14

★ UNU FARMERS' MARKET

08

SHIMBASHI

17

TSUKISHIMA

10

SHIBUYA-KU

ROPPONGI
6-CHOME

AZABUDAI

NISHI-
SHIMBASHI

HIGASHI-
SHIMBASHI

RUYAMA-
CHO

NISHI-
AZABU

HIGASHI-
AZABU

KACHIDOKI

DAIKANYAMA

AZABU-
JUBAN

SHIBA
DAIMON

Sumida-gawa

KOTO-KU

EBISU-
NISHI

KAMI-
EGURO

De un vistazo

• Población: 37,8 millones de hab.

MINATO-KU

Bahía de Tokio

MEGURO-KU

• Lo mejor: una experiencia
urbana completa

ARIAKE

MEGURO

• Moneda: yen (¥ o JPY)

• Presupuesto:127 € diarios

TAKANAWA

Puente del arco iris

SHIMO-
MEGURO

DAIBA

02

AOMI

KŌTŌ-KU

GURO-
NCHO

NISHI-
GOTANDA

N

0

2 km

Omote-sandō, un bulevar bordeado de árboles zelkova. Las tiendas, todas completamente diferentes, están diseñadas por grandes nombres de la arquitectura contemporánea, entre ellos varios ganadores del premio Pritzker: Itō Toyō y el dúo responsable de SANAA, Sejima Kazuyo y Nishizawa Ryūe. Toda la calle es como una gran sala de exposición. *Jingūmae, Shibuya-ku; 24 h; gratis.*

 Edificio del Gobierno Metropolitano de Tokio

Pese a su poco emocionante nombre, el edificio capitalino es fantástico y gratuito por partida doble: es un impresionante ejemplo de arquitectura moderna diseñado por el difunto Tange Kenzō y, en la planta 45, hay un observatorio gratuito. Los días despejados se ve el monte Fuji al oeste. De noche, las luces de Tokio alcanzan hasta el horizonte. *2-8-1 Nishi-Shinjuku, Shinjuku-ku; 9.30-22.30; gratis.*

 Palacio Imperial

La residencia del emperador de Japón está en medio de la ciudad. Hay visitas gratuitas por los terrenos arbolados dos veces al día *(10.00 y 13.30, lu-vi)*; pero es más agradable deambular libremente por el jardín Oriental *(9.00-17.00, cerrado lu y vi)* o aprovechar el alquiler gratuito de bicicletas de los domingos *(10.00-15.00)* y pedalear alrededor del foso exterior. *1 Chiyoda, Chiyoda-ku; gratis.*

 Jakotsu-yu

Casi todos los viajeros desean visitar un *onsen* (manantial termal) en Japón. No hace falta viajar lejos ni dejarse un dineral en un *resort*: estos humildes baños públicos usan aguas termales naturales e incluso tienen un baño al aire libre iluminado con faroles. Entrar a la sauna cuesta 200 ¥; las toallas y artículos de tocador van aparte,

TOKIO

FESTIVALES DE VERANO

Los veranos tokiotas son calurosos y húmedos, pero la abundancia de festivales gratuitos lo compensa. Hay espectáculos de fuegos artificiales a intervalos regulares; el mayor es el Sumida River Fireworks (*sumidagawa-hanabi.com/index_eg.html*) el último sábado de julio. También hay desfiles con bailes tradicionales y hombres sudorosos (y algunas mujeres) cantando y llevando altares portátiles por la ciudad. Además, donde haya un festival también habrá *yatai* (puestos de comida) con delicias baratas como *yakisoba* (fideos fritos) y *okonomiyaki* (tortita salada). *Véase la lista de eventos en gotokyo.org.*

las primeras pueden alquilarse. Incluido en el precio: una experiencia totalmente local. *1-11-11 Asakusa, Taitō-ku; 13.00-24.00 mi-lu; adultos/niños/bebés 460/180/80 ¥.*

07 Meiji-jingū

Este templo sintoísta es un oasis en la jungla urbana: está enclaustrado en un bosquecillo y, en verano, parece que hace cinco grados menos que fuera. Para llegar, hay que caminar por un camino de grava bajo grandes puertas *torii* de madera. El santuario es de madera, carece de adornos y es popular para celebrar ritos y bodas tradicionales, que con suerte quizá vea el viajero. *1-1 Yoyogi Kamizono-chō, Shibuya-ku; amanecer-atardecer; gratis.*

08 Roppongi Hills

Es un centro comercial de lujo, pero benévolo: los terrenos están adornados con obras de arte público, como una escultura de araña de Louise Bourgeois. Tiene un jardín perfecto para un pícnic (en el sótano hay vendedores de comida más barata) y un anfiteatro con eventos gratuitos en verano, como taichí matutino. El complejo es una obra de arquitectura posmoderna que o se ama o se odia. *6-11-1 Roppongi, Minato-ku; edificio abierto 7.00-11.00; entrada gratuita.*

09 Sensō-ji

Con su pagoda de cinco plantas, caldero de incienso humeante y *rickshaws* aparcados enfrente, este templo budista milenario es un tanto torpe creando ambiente del Japón antiguo, pero hay que verlo igualmente. El camino principal está flanqueado de vendedores de tentempiés deliciosos y económicos, como *age-manjū* (bollos rellenos fritos). Al atardecer hay un poco menos de gente y los jardines se iluminan. *2-3-1 Asakusa, Taitō-ku; 24 h; gratis.*

10 Cruce de Shibuya

Gran parte del atractivo de Tokio es su densa naturaleza urbana: verse arrastrado por la multitud, maravillarse de la eficacia logística, mirar las luces de neón. El punto que mejor engloba esta experiencia es el cruce de Shibuya, la intersección más famosa de la ciudad. En hora punta, cruzan más de mil personas cada vez que se abre el semáforo. Es aún mejor de noche, cuando el neón reluce. *Shibuya-ku; 24 h; gratis.*

11 Parque Yoyogi

Es el más divertido de los parques de Tokio. El paisajismo está hecho un poco al azar y no hay letreros de "prohibido pisar la hierba". Los fines de semana acude todo tipo de gente a hacer pícnic, jugar al *frisbee*, tocar el tambor y bailar. La plaza del otro lado de la calle acoge festivales gratuitos los fines de semana de verano, a veces organizados por los grupos étnicos de la ciudad. *2-1 Yoyogi Kamizono-chō, Shibuya-ku; 24 h; gratis.*

TOKIO

UN DÍA GRATIS

Si es sábado o domingo, hay que empezar temprano visitando el UNU Farmers' Market (5-53-7 Jingūmae, Shibuya-ku; 10.00-16.00 sa y do), un mercado de productores donde se puede tomar café y *brunch* en los *food trucks*. Luego se va a Omote-sandō (p. 62) –para ver arquitectura contemporánea– y se da un paseo por la calle peatonal (y meca de la moda adolescente) Takeshita-dōri. Al otro lado de la estación Harajuku se encuentra el apacible santuario Meiji-jingū (p. 65). Desde allí, un corto paseo lleva al parque Yoyogi (p. 65) donde, con suerte, quizá haya algún festival (con puestos de comida).

12 Forest Beer Garden

En verano, muchos jardines y grandes almacenes instalan cervecerías al aire libre. Forest Beer Garden es la que ofrece la mayor fiesta –caben hasta 1000 personas– y también la mejor oferta: un bufé libre de barbacoa de 2 h con barra libre de cerveza. Habrá que llevar buen apetitot y pantalones bien holgados... *14-13 Kasumigaoka-machi, Shinjuku-ku; 17.00-22.00 lu-vi, 12.00-22.00 sa y do, jun-sep; cena mujeres/hombres 3800/4100 ¥.*

13 Grandes almacenes Isetan

La zona de restauración del sótano (*depachika* en japonés) de estos lujosos almacenes contiene sucursales de algunos de los mejores restaurantes y confiterías del país. Es fácil juntar una comida espectacular a base de *sushi, dumplings, tonkatsu* (chuleta de cerdo frita), sándwiches y pasteles por 20 US$ por persona, y subir a comerlos en el jardín de la azotea. *isetan.mistore.jp; 3-14-1 Shinjuku, Shinjuku-ku; 10.00-20.00; entrada gratuita.*

14 Katsu Midori Sushi

Perteneciente a la famosa tienda de *sushi* **Sushi-no-Midori** (*sushinomidori.co.jp*), este es el mejor restaurante *kaiten-zushi* (donde los platos de *sushi* van en una cinta transportadora) de la ciudad. Es más caro que otros, pero teniendo en cuenta la calidad, es una ganga. Siempre está lleno, por lo que los platos que hacen la ronda están frescos; también se puede pedir directamente a los cocineros. Mejor ir fuera de hora punta. *8ª planta, grandes almacenes Seibu, 21-1 Udagawa-chō, Shibuya-ku; 11.00-23.00; platos 100-500 ¥.*

15 Ore no Kappō

La cadena Ore no, una bendición para los aficionados a la buena comida con poco presupuesto, ofrece los manjares de un restaurante de categoría alta, pero sin el servicio de mantel blanco, por lo que los precios

05

son más bajos. Ore no Kappō se especializa en alta cocina japonesa (otras sucursales se dedican a la francesa e italiana), y la carta está supervisada por un chef con estrellas Michelin. *oreno.co.jp; 8-8-17 Ginza, Chūō-ku; 15.00-23.00; cena aprox. 4000 ¥.*

16 Sagatani

Este local de fideos posiblemente ofrece la mejor comida económica de Tokio: los fideos de *soba* (alforfón) molido por piedras se preparan cada día y se sirven en bandejas de bambú. Unos deliciosos fideos con salsa de *goma* (sésamo) para mojar solo cuestan 380 ¥, y se pueden regar con una cerveza a 150 ¥. Está en la zona de marcha nocturna de Shibuya, pero es popular a todas horas del día. *2-25-7 Dōgenzaka, Shibuya-ku; 24 h; fideos desde 280 ¥.*

17 Mercado de Tsukiji

Para cuando se publiquen estas líneas, el mercado mayorista de pescado –uno de los reclamos más populares de Tokio– estará instalado en su nueva ubicación en Toyosu. Sin embargo, el "mercado exterior" que surgió a su alrededor, un conjunto de vendedores que ofrecen desde *sushi* hasta botas, permanecerá en su sitio. Se rumorea que el Ayuntamiento planea transformarlo en un mercado verde. *tsukiji-market.or.jp; 4-10-16 Tsukiji, Chūō-ku; 5.00-14.00; entrada gratuita.*

18 Hanami

Cuando los cerezos florecen a principios de primavera, Tokio se vuelve una fiesta. Los parques populares, como Yoyogi (p. 65), Ueno e Inokashira, se llenan de gente con lonas para extender bajo los árboles, barbacoas y, a veces, incluso tocadiscos y altavoces. La entrada a los parques es gratuita; la cerveza y los tentempiés de la tienda más cercana son opcionales (pero muy recomendables). *24 h; finales mar-ppios. abr; gratis.*

EUROPA

ARTE Y CULTURA   MÚSICA Y CINE   DEPORTE Y OCIO   COMIDA Y BEBIDA   FIESTAS Y CELEBRACIONES

ÁMSTERDAM

Como una pulsera que pasa de generación en generación, Ámsterdam ofrece numerosos encantos antiguos que coexisten con los modernos, todos con una historia fascinante. La ciudad posee un peculiar ambiente urbano típicamente holandés. Por suerte, mucho de lo que hay que admirar es gratis.

01 Houseboat Museum

Vivir en un canal no es raro en Ámsterdam y se acaba sintiendo curiosidad por las casas flotantes. Este barco reformado se construyó hacia 1914 y fue usado primero como carguero y después como vivienda. Hoy está acondicionado para dar idea de cómo nos manejaríamos en una vivienda de dos camas que cabecea sobre el agua. *houseboatmuseum.nl; Prinsengracht 296; horarios según temporada: véase la web; 4,50 €.*

02 Conciertos al almuerzo en el Concertgebouw

El Concertgebouw, un edificio neoclásico de 1888 que resulta tan impresionante por su arquitectura como por su famosa acústica, ofrece los miércoles a las 12.30 (excepto jul-ago) conciertos gratuitos de música sinfónica y de cámara a cargo de intérpretes emergentes. Se celebran en la Sala Principal o la Sala de Recitales. *concertgebouw.nl; Concertgebouwplein 10; gratis.*

03 Bloemenmarkt

Las flores alegran los edificios de Ámsterdam y sus característicos cielos del mar del Norte. Esta combinación se aprecia dando un paseo a orillas del canal por el flotante mercado de las flores, el Bloemenmarkt, que desde hace 150 años brinda gratis una experiencia muy propia de Ámsterdam. Las flores y los recuerdos no cuestan mucho. *Singel entre Koningsplein y Muntplein; 9.00-17.30 lu-sa, 11.00-17.30 do; entrada gratuita.*

De un vistazo
- Población: 1,6 millones de de hab.
- Lo mejor: arte, diseño e historia; con 44 museos y 7000 monumentos, hay mucho que ver en esta ciudad rebosante de cultura
- Moneda: euro (€)
- Presupuesto: 170 € diarios

AMSTERDAM

Map labels:

NOORDERMARKT Y MERCADO DE LINDENGRACHT

WINKEL43

JORDAAN

CENTRUM

Oosterdok

Java Elland

ZONA PORTUARIA ORIENTAL

CINTURÓN OESTE DE CANALES

CENTRO MEDIEVAL

BARRIO ROJO

NIEUWMARKT

NIEUWMARKT

Oostenburg

OUD WEST

01

03

Binnen Amstel

WATERLOOPLEIN

REMBRANDTPLEIN
THORBECKEPLEIN

WERTHEIM PARK

PLANTAGE
VERZETSMUSEUM

HORTUS BOTANICUS

04

LEIDSEBOSJE

CINTURÓN SUR
DE CANALES

WEESPERPLEIN

MUIDERPOORT

VONDELPARK

OUD ZUID

05

WETERINGCIRCUIT

FREDERIKSPLEIN

Amstel

MUSEUMPLEIN

02

DE PIJP

N 0 ————————————— 1 km

CENTRAL STATION
STATIONSPLEIN
CENTRAAL STATION

---

04 Paseo por los canales de Ámsterdam

Los canales ilustran gratis sobre el Ámsterdam del s. XVII, su cultura condicionada por el agua y su belleza sin par. Todos los encantos del Anillo de Canales se revelan sobre todo de noche, cuando se encienden los faroles y las luces doradas de los puentes titilan en el agua. Es sumamente agradable pasear por Prinsengracht, Keizersgracht, Herengracht y Singel, e incluir en el recorrido el Reguliersgracht. *24 h; gratis.*

05 Nadar en el Zuiderbad

Nadar en una ciudad rodeada de agua parece lo más propio, y para eso no hace falta alejarse del Museumplein ni pagar mucho gracias al Zuiderbad, que se conserva como el primer día. El agua está templada (27ºC) y la piscina, abierta desde 1912, luce una bonita fuente con mosaicos. No se olvidarán nunca los largos que se hagan en este edificio *art déco* (c. 1897). *amsterdam.nl/sport/sport-amsterdam/ zwembaden/zuiderbad; Hobbemastraat 26; 2,75-3,60 €.*

06 Museo del Queso

Esta curiosa tienda y centro educativo está repleta de enormes ruedas de queso y visitarla es como efectuar un circuito por las lecherías de los Países Bajos. Permite conocer al detalle todo el proceso de elaboración del queso y, además, da la oportunidad de catar las variedades regionales de país. Y después, uno puede sacarse unas divertidas fotos con el traje típico. *cheesemuseum amsterdam.nl; Prinsengracht 112; 9.00-19.00 lu-do; gratis.*

SÁBADOS LIBRES

La mañana del sábado se pasa en el Noordermarkt de Jordaan (*jordaanmarkten. nl; 9.00-16.00; gratis*) y el mercado de Lindengracht (*9.00-16.00; gratis*). Se viaja en tranvía a Plantage con un bono iamsterdam (*iamsterdam.com; bonos 24/48/72 h 49/59/69 €*), que incluye transporte público y entrada a los lugares de interés. Se visita el Verzetsmuseum (*verzetsmuseum. org; Plantage Kerklaan 61; 11.00-17.00; entrada con bono iamsterdam*) o el Hortus Botanicus (*dehortus.nl; Plantage Middenlaan 2a; 10.00-17.00; bono iamsterdam.com*) y después la microcervecería Brouwerij 't IJ (*brouwerijhetij.nl; Funenkade 7; bar 14.00-20.00, circuitos en inglés 15.30; circuitos 4,50 €*).

ARTE Y CULTURA   MÚSICA Y CINE   DEPORTE Y OCIO   COMIDA Y BEBIDA   FIESTAS Y CELEBRACIONES

ATENAS

Las gangas abundan en la capital griega, inmersa en una crisis política y económica.
Desde el arte callejero hasta las maravillas históricas, los encantos de Atenas sorprenden
e instruyen al tiempo. Aunque el café es caro en comparación con el resto de Europa,
se descubrirá que para todo lo demás los euros cunden mucho.

01 Teatro Embros

Los interesados en la cultura deben visitar este centro artístico multiusos, financiado con donativos y dirigido por un grupo de actores y teóricos del teatro llamado Colectivo Mavili. Se puede bailar música latina o salsa cubana, ver una obra teatral o una exposición, e instalarse después en la zona *chill-out* y charlar con la gente sobre la historia del lugar. *embros.gr; King Palamedes 2, Psirri; horario variable: véase calendario en línea; gratis.*

02 Paseo en bici

Pedalear en Atenas suele ser frustrante: los carriles bici brillan por su ausencia y las calles están congestionadas. Pero el viernes por la noche, el tráfico se detiene 4 h (con la ayuda de policías y voluntarios) para dejar paso a un pelotón al que cualquiera puede unirse: solo hace falta la bicicleta. Así se pueden recorrer con tranquilidad calles por lo general contaminadas junto con otros mil ciclistas nocturnos. *facebook.com/freedayride; salida plaza Agion Asomaton; 21.30; gratis.*

03 Playa de Kavouri

Hace calor y apetece nadar, pero no se quiere pagar para chapotear en una piscina urbana llena de gente. Problema solucionado: a solo 30 min en coche de la capital helena la maravillosa costa del Ática ofrece vistas extraordinarias, y aunque algunas playas de este litoral cobran la entrada, Kavouri es gratis. *Orilla oeste del promontorio de Vouliagmeni; 24 h; gratis.*

04

ATENAS

04 Monte Licabeto

Para ver la Acrópolis sin pagar la mejor opción es subir al Licabeto, la cima de Atenas (277 m), y contemplarla a vista de pájaro. Un **funicular** *(8.45-24.00 vi-sa, 10.30-24.00 ju, cada 30 min; 7 € ida y vuelta)* sale del mismo punto desde donde se sube a pie. El alba y el ocaso ofrecen interesantes posibilidades: las fotografías más espectaculares y también las temperaturas más frescas, que se agradecen sobre todo en verano. *Salida c/ Ploutarchou; 24 h; gratis.*

05 Jardines Nacionales

Después de aprovisionarse para un pícnic en Pláka, se recorren las calles del barrio hasta este oasis verde que se extiende sobre 15 Ha con patos, un parque infantil y un pequeño zoo.

O bien se tiende el mantel bajo unas palmeras con un *frappé*, unas aceitunas, *feta* o cualquier *mezedhes* y se disfruta sin prisa del ambiente de paz y del fresco. *Leoforos Vasilissis Sofias esq. Leoforos Vasilissis Amalias, Syntagma; 7.00-anochecer; gratis.*

06 Parlamento y cambio de la guardia

Cuando la visita a una nueva ciudad coincide con alguna ceremonia especialmente vistosa, no hay que perdérsela bajo ningún concepto. Aquí, cada hora en punto, el viajero puede asistir al cambio de los guardias de la Tumba del Soldado Desconocido, todos impecables con sus faldas cortas y zapatos con pompones. *Plateia Syntagmatos; 24 h, cada hora; gratis.*

De un vistazo

- Población: 3,1 millones de hab.
- Lo mejor: su choque de pasado y presente; monumentos antiguos e innovación
- Moneda: euro (€)
- Presupuesto: 103 € diarios

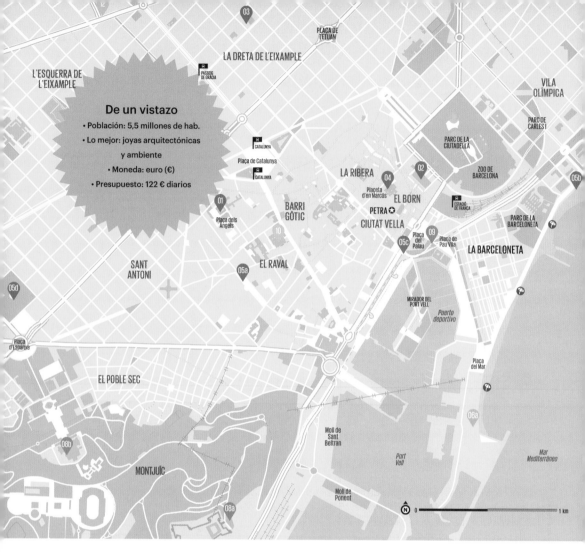

De un vistazo

- Población: 5,5 millones de hab.
- Lo mejor: joyas arquitectónicas y ambiente
- Moneda: euro (€)
- Presupuesto: 122 € diarios

L'ESQUERRA DE L'EIXAMPLE

LA DRETA DE L'EIXAMPLE

PLAÇA DE TETUAN

VILA OLÍMPICA

PARC DE CARLES I

PASSEIG DE GRÀCIA

CATALUNYA

Plaça de Catalunya

CATALUNYA

PARC DE LA CIUTADELLA

ZOO DE BARCELONA

LA RIBERA

Plaçeta d'en Marcús

EL BORN

PETRA

BARRI GÒTIC

CIUTAT VELLA

ESTACIÓ DE FRANÇA

PARC DE LA BARCELONETA

SANT ANTONI

EL RAVAL

Plaça dels Àngels

Plaça del Palau

Plaça de Pau Vila

LA BARCELONETA

Plaça d'Espanya

MIRADOR DEL PORT VELL

Puerto deportivo

Plaça del Mar

EL POBLE SEC

Moll de Sant Beltran

Port Vell

Mar Mediterráneo

MONTJUÏC

Moll de Ponent

0   1 km

BARCELONA

Barcelona es la mezcla perfecta de ciudad costera y urbe cosmopolita: tiene playa, buen tiempo perenne y mucho ambiente, todo ello armonizado sin fisuras con su arquitectura modernista y su gastronomía de fama mundial. Si a eso se añaden unos precios moderados, el viajero ya no querrá irse.

ARTE Y CULTURA　　 MÚSICA Y CINE　　 DEPORTE Y OCIO　　 COMIDA Y BEBIDA　　 FIESTAS Y CELEBRACIONES

01 Centre de Cultura Contemporània de Barcelona

El CCCB es un centro cultural innovador que ofrece desde exposiciones, debates y cine por la noche hasta cursos y conferencias, junto con los temas generales de la sociedad y la cultura contemporáneas. La visita induce a la reflexión, y el patio, con una enorme pared revestida de espejos, es digno de contemplar. *cccb.org; Montalegre 5; 11.00-20.00 lu-do, cerrado lu (excepto fest); gratis 15.00-20.00 do, tarifas reducidas a otras horas.*

02 El Born Centre Cultural

Este antiguo mercado usado para exposiciones es un edificio espectacular y un hito del modernismo catalán. Sin embargo, lo más relevante, con una fuerte carga política, es la historia de sus ruinas subterráneas, testimonio de la destrucción provocada por el rey Felipe V tras la derrota de Barcelona en 1714 durante la Guerra de Sucesión. *elborncentrecultural.barcelona.cat/; Plaça Comercial 12, 10.00-20.00 ma-do mar-sep, 10.00-19.00 ma-sa oct-feb, 10.00-20.00 do; gratis, entrada a las exposiciones 4,20-6.00 €.*

03 Modernismo

La ciudad se halla salpicada de obras extraordinarias de colosos del modernismo como Antoni Gaudí, Lluís Domènech i Montaner y Josep Puig i Cadafalch, cuyas maravillosas fachadas, que parecen salidas de un libro de cuentos, pueden admirarse desde la calle (¡y sin hacer cola!). La mayor concentración de edificios se da en el barrio del Eixample, en la zona conocida como el Quadrat d'Or (Cuadrado de Oro). *Gratis.*

04 Museu Picasso

Este museo se centra en los años de formación de Pablo Picasso. La visita merece la pena no solo para ver la evolución de un genio (con más de 3500 obras), sino también para observar su visión de la ciudad. Hay que llegar temprano. *museupicasso.bcn.cat; Carrer Montcada 15-23; 9.00-19.00 ma-do, 9.00-21.30 ju, cerrado lu (excepto fest); gratis 1er do de mes y cada do después 15.00.*

05 Arte público y callejero

Barcelona posee un rico acervo de arte público, como el gato gordo de Fernando Botero (5a) en la Rambla del Raval; el *Peix*, el enorme pez de acero inoxidable (5b) de la avenida marítima, de Frank Gehry; y el icónico *El Cap de Barcelona* (5c) de Roy Lichtenstein en Port Vell. Los seguidores de Miró quedarán

BARCELONA

Algunos dicen que lo inventó Franco para aumentar la productividad incentivando a los trabajadores a no almorzar en casa; otros, que estaba pensado para los visitantes, cuando el turismo se desarrollaba con rapidez en la costa mediterránea. Al margen de su origen, el menú del día gusta a todos por su excelente relación calidad-precio: un almuerzo de dos o tres platos fijos cuesta unos 7-12 €. Nuestro sitio preferido es *Petra (Carrer dels Sombrerers 13, 13.15-16.00 y 20.30-23.00 lu-ju, 13.15-16.00 y 21.00-24.00 vi-sa; menú del día 6,75-12,25 €)* por sus sabores frescos y diseño *kitsch*, que incluye utensilios transformados en lámparas.

complacidos con obras como la escultura *Mujer y pájaro* (5d) en el Parc de Joan Miró. *24 h; gratis.*

06 Cine al aire libre

No hay nada para los cinéfilos como ver una película bajo el cielo nocturno, y el benigno clima templado de la ciudad de Barcelona lo permite durante, por lo menos, todo el verano. En cuanto al sitio, se puede elegir: la plaza del **CCCB** (1; Gandules, cine de verano; p. 75) o la opción más veraniega de la playa de **Sant Sebastià** (6a; Cinema Lliure a la Platja; *cinemalliure.com*; playa de Sant Sebastià; ju y do, jul-ago), cuya oferta se centra en producciones independientes en version original subtitulada. *Véanse los horarios en la web; gratis.*

07 'Swing'

El *swing* ha despegado con fuerza en Barcelona, y ahora se celebran bailes y se dan clases (casi siempre en catalán) por toda la ciudad. El ambiente es agradable y cualquiera puede probar suerte en la pista. Algunos cursos y clases cuestan algo, pero muy

poco, y las sesiones resultarán muy divertidas. *swingmaniacs.com* o *bcnswing.org; véanse lugares, horas y precios en las webs.*

08 Montjuïc

Desde lo alto de este monte, al que se sube en funicular (son válidos los billetes del transporte público) o andando, se contemplan unas vistas maravillosas de la ciudad. Algunos son de pago, pero se entra gratis al **Castell de Montjuïc** (8a; *Ctra de Montjüic; 10.00-20.00 lu-do*), la antigua fortaleza de la ciudad. El **Museu Nacional d'Art de Catalunya** (8b; *Palau Nacional; 10.00-20.00 ma-do*), lleno de frescos, es gratuito el primer domingo del mes y los sábados después de las 15.00.

PUNTO DE VISTA AUTÓCTONO

"Me llamo Llibert Figueras (@ *llibertf*), soy productor ejecutivo en Sauvage.tv, donde rodamos anuncios publicitarios. Tengo 35 años, nací y me crié en Barcelona y soy un catalán enamorado de su ciudad. Para mí, el encanto de Barcelona reside en el equilibrio que ofrece entre los extremos, gracias al cual vivir y trabajar aquí es una delicia. Una de mis actividades gratuitas favoritas es caminar por la playa; despierta en mi interior algo que me conecta con la ciudad. Como estamos en un país bañado por el sol, hemos adoptado un estilo de vida callejero. Desde las terrazas hasta las calles sinuosas, Barcelona es un lugar precioso para pasear."

09 Playas y paseo marítimo

El paseo marítimo y las playas de Barcelona proporcionan alivio del gentío y las callejas del casco histórico. Es buena idea unirse a los corredores y ciclistas que recorren este paseo bordeado de palmeras y chiringuitos rebosantes de gente, pero caros. O bien se puede buscar una parcelita de arena en sus muchas playas; desde la populosa Barceloneta hasta la nudista Platja de la Mar Bella, seguro que se encontrará algo. *24 h; gratis.*

10 Mercado de la Boqueria

Este animado mercado abarrotado de turistas, uno de los principales atractivos de Barcelona, satura gratamente los sentidos con infinidad de olores y colores. Todo entra por los ojos: desde la frescura de las frutas y verduras hasta el brillo de los frutos del mar. Con unos *smoothies* baratos y algo de charcutería se dispondrá de lo necesario para un almuerzo rico y económico. *Les Rambles 91; 8.00-20.30 lu-sa; gratis.*

11 Festes de la Mercè

Celebradas en honor de la patrona de Barcelona, La Mercè, estas fiestas con más de 500 actos se han convertido en el mayor festejo anual de la ciudad. Lo que todos están esperando son los *castells* (torres humanas), el *correfoc* (con un "dragón" cuyas llamas se acercan aterradoramente a los espectadores) y los *gegants*, figuras gigantes de reyes, reinas y nobles que desfilan por las calles. *spanish-fiestas.com/festivals/festes-merce; sep; gratis.*

12 Festa Major de Gràcia

Es como una desenfrenada fiesta callejera con asistencia de abuelas marchosas, adolescentes excitados y turistas boquiabiertos, con puestos de artesanía y un apretado programa de actos y conciertos gratuitos. Esta es la única manera de describir la gran fiesta callejera de la ciudad, que gira en torno a un concurso temático de ornato de las calles. *festamajordegracia.cat; barrio de Gràcia; ago; gratis.*

LOS MEJORES PARQUES NACIONALES

He aquí un pase gratuito para los grandes espacios naturales de Europa: zonas protegidas como parques nacionales donde el único requisito para entrar es el espíritu de aventura.

JOTUNHEIMEN – NORUEGA

Este parque ("Casa de los Gigantes") comprende las 24 montañas más altas del país, entre ellas el Galdhøpiggen (2469 m). En Noruega todo el mundo disfruta del *allemannsretten*: el acceso gratuito al campo, parques nacionales incluidos. Una de las rutas de senderismo es la que discurre por la cresta de Besseggen. *jotunheimen.com; Noruega; gratis.*

BOSQUE DE BAVARIA/ ŠUMAVA – ALEMANIA/ REPÚBLICA CHECA

Bavaria se abraza a Bohemia en el bosque más grande de Europa. Más de 10 000 especies de animales habitan estos parajes con rutas de senderismo, esquí de fondo y ciclismo. Está permitida la acampada libre. *nationalpark-bayeris cher-wald.de; gratis.*

BRECON BEACONS – GALES

En esta reserva de cielos oscuros se encuentran las tétricas Montañas Negras y el mágico Coed-y-Rhaeadr (bosque del Agua), una de cuyas cascadas es Sgwd-y-Eira (cascada de la Nieve) en el río Hepste, con un sendero que lleva detrás de la cortina de agua. *breconbea cons.org; gratis.*

VATNAJÖKULL – ISLANDIA

El mayor parque nacional de Europa abarca el 12% de la superficie de Islandia y contiene la cascada más impetuosa del continente: Dettifoss. Los visitantes acuden para practicar senderismo y espeleología en el casquete de hielo más grande del país. *vatnajokulsthjodgar-dur.is; gratis.*

GRAN PARADISO – ITALIA

El íbice retoza en las faldas del pico más alto de Italia, Gran Paradiso (4061 m), antiguo cazadero del rey Víctor Manuel II y hoy un impresio-nante parque, coto de senderistas, montañeros y esquiadores de fondo. *pngp.it; gratis.*

CAIRNGORMS – ESCOCIA

El mayor parque nacional de Gran Bretaña ocupa una meseta con cinco de los picos más altos del país, entre ellos el Ben Macdui (1309 m), morada de Am Fear Liath Mòr (bestia espectral), y varios *bothies* (refugios de montaña gratuitos). No apto para timoratos... *cairngorms.co.uk; gratis.*

LE PARC NATIONAL DES PYRÉNÉES/ORDESA Y MONTE PERDIDO – FRANCIA/ ESPAÑA

Estos parques gemelos separados por los Pirineos comparten una fauna extraordinaria que incluye la mayor rapaz de Europa: el quebrantahuesos. Cientos de senderos culebrean por los valles, y la acampada libre está permitida en Francia. *parc-pyre nees.com; gratis.*

OLIMPO – GRECIA

En la mitología griega los picos y gargantas del Olimpo servían de morada a 12 dioses. Hoy, las águilas reales escudriñan desde el cielo, el monte cobija lobos y gatos monteses, y los senderistas se esfuerzan en el primigenio escenario de los mitos. *www. olympusfd.gr; gratis.*

OULANGAN KANSALLISPUISTO – FINLANDIA

En la frontera entre Finlandia y Rusia, este parque alberga centenares de renos y está surcado por el Karhunkierros, un sendero de 80 km con refugios gratuitos que se recorre en una semana. *luontoon.fi/ en/oulanka; Laponia, gratis.*

Ilustración | Patrick Hruby

📍 ARTE Y CULTURA   📍 MÚSICA Y CINE   📍 DEPORTE Y OCIO   📍 COMIDA Y BEBIDA   📍 FIESTAS Y CELEBRACIONES

BERLÍN

Berlín es un festín para bon vivants, *un bufé de la vida, una ciudad que no se toma
nada –ni a sí misma– demasiado en serio. Más de 25 años después de la caída
del Muro, la capital alemana continúa seduciendo con su creatividad, cultura
y cosmopolitismo, todo envuelto en un paquete sorprendentemente asequible.*

01 East Side Gallery

Paradójicamente la principal atracción
turística de Berlín es algo que ya no existe:
el Muro. Por suerte queda la East Side Gallery, una sección de 1,3 km de largo que ha
sido cubierta de pinturas para convertirse
en la galería de arte al aire libre más larga
del mundo. Recorrerla invita a reflexionar
sobre cómo era la vida en la Guerra Fría.
*eastsidegallery-berlin.de/; Mühlenstrasse
entre Oberbaumbrücke y Ostbahnhof;
24 h; gratis.*

**02 Exposición Conmemorativa
del Muro de Berlín**

La Gedenkstätte Berliner Mauer ilustra sobre el aspecto real del corredor fronterizo
y su impacto en las vidas de la gente a ambos lados. Se extiende a lo largo de un
paño del Muro de 1,4 km y recrea un corredor de la muerte, con fragmentos del Muro
originario, un centro de documentación,
una capilla y varios puntos de información.
*berliner-mauer-gedenkstaette.de/; Bernauer
Strasse 111 entre Schwedter Strasse y Gar-
tenstrasse; 8.00-22.00; gratis.*

06

03 Monumento Conmemorativo del Holocausto

La presencia de incontables almas se percibe al recorrer el laberinto de este monumento a los judíos asesinados en Europa: 2711 planchas de hormigón colocadas en una claustrofóbica cuadrícula que se puede recorrer libremente. Un centro de información subterráneo proporciona el contexto necesario para entender aquel horror. *stiftung-denkmal.de/en/home.html; Cora-Berliner-Strasse 1; memorial 24 h, centro de información 10.00-20.00 abr-sep, 10.00-19.00 oct-mar, cerrado lu; gratis.*

04 Humboldt-Box

El proyecto del edificio más grande de Berlín es en realidad la reconstrucción del palacio barroco de los reyes de Prusia, destruido por el Gobierno comunista de la Alemania del Este en 1951. La terminación de esta obra que se denominará Humboldtforum está prevista para el 2019; mientras tanto, vale la pena visitarla para echar una vista previa a los museos e instituciones culturales que albergará. *hum-*

boldt-box.com; Schlossplatz 5; 10.00-19.00; gratis.

05 Photoautomaten

Nada de *selfies* en la Puerta de Brandenburgo: el verdadero momento *hispter* en Berlín llegará gracias al fotomatón. Por dos míseros euros, uno posa con los amigos para una cámara invisible y espera a que la máquina expulse la tira de cuatro fotografías de pasaporte en blanco y negro. Hay fotomatones por todo Berlín, uno de ellos en Kastanienallee. *Para las ubicaciones véase photoautomat.de; 24 h; 2 €.*

06 Cúpula del Reichstag

Mientras los políticos de Alemania discuten en el salón de plenos se les puede observar desde lo alto de su edificio de oficinas, el Reichstag. Un rápido ascensor sube hasta la azotea de este edificio de la época prusiana, desde donde se contemplan unas vistas fantásticas y se puede entrar en la cúpula de cristal y espejos de Norman Foster. Es preciso registrarse pre-

---

BONOS (CASI) GRATUITOS

Se compra una *Tageskarte* o un billete de día para el transporte público (6,90-7,40 €) y se toma el autobús nº 100 en Bahnhof Zoo (*Hardenbergplatz 11*) que pasa por lugares de interés como el Reichstag y la Isla de los Museos. En Alexanderplatz, se apunta uno a las 11.00 al circuito a pie (funciona con donativos) de Alternative Berlin Tours (*alternative berlin.com*) para empezar a conocer la subcultura de Berlín. Si se tiene hambre Rosenthaler Grill und Schlemmerbuffet (*Torstrasse 125; 24 h; platos 2,80-7 €*) ofrece los mejores kebabs de la ciudad. Luego puede pasearse por el Scheunenviertel, el barrio judío convertido hoy en un dédalo de *boutiques* independientes y cafés. Remátese la jornada en la pista de baile de la Clärchens Ballhaus.

© Martin Deja | Getty Images

viamente. *bundestag.de/htdocs_e/visits/ kuppel; Platz der Republik 1; 8.00-24.00, última entrada 22.00, cada 15 min; gratis.*

 07 Campo de concentración de Sachsenhausen

Los nazis construyeron en las afueras de Berlín este campo de concentración, uno de los de más triste fama en suelo alemán. Decenas de miles de los 200 000 prisioneros perecieron tras sus siniestras puertas entre 1936 y 1945. Convertido en monumento conmemorativo, sus exposiciones abiertas en los lugares originales, como la enfermería y la zona de ejecuciones, narran las historias de aquellas personas y mantienen vivo su recuerdo. *stiftung-bg.de/gums/; Strasse der Nationen 22, Oranienburg; 8.30-18.00 mar-oct, 8.30-16.30 nov-feb; gratis.*

08 Arte callejero en Kreuzberg

Los grafitis y el arte callejero forman parte del ADN creativo de Berlín desde la década de 1970, sobre todo en Kreuzberg, un verdadero lienzo al aire libre. Entre las obras más conocidas figuran *Astronaut/Cosmonaut* de Victor Ash, inspirada en la carrera espacial; *Nature Morte* de ROA, una pintura de cinco plantas de altura que representa animales muertos; y la rara *Pink Man* de Blu, una criatura formada por centenares de cuerpos desnudos. *Por todas partes; 24 h; gratis.*

09 Topographie des Terrors

Hitler, Himmler, Göring, Goebbels... La sola mención de los personajes más odiosos de la Alemania nazi logra producir escalofríos. Este centro de documentación pone el foco en los dirigentes del Tercer Reich y sus verdugos, y se emplaza justo en el mismo lugar donde las instituciones más siniestras y temidas del régimen totalitario –la Gestapo y el mando central de la SS– movían los hilos de su reino del terror. *topographie.de;*

Niederkirchnerstrasse 8; 10.00-20.00; gratis.

10 Clärchens Ballhaus

Los locos años veinte perduran en esta sala de baile de la época de Weimar. Noche tras noche, todo el mundo, desde *hipsters* hasta abuelitas, compone lindas figuras en el gastado parqué de la pista mientras los DJ pinchan discos de *swing* clásico, tango, mambo, *jive* y otros sonidos de antaño. Las clases más baratas son más tempranо. *ballhaus.de; Auguststrasse 24; desde 21.00 lu-ju y 15.00-18.00 do; gratis.*

11 Sesiones de 'jazz'

Hay mucha música gratis en bares y *pubs* de toda la ciudad, pero los sábados

15

BERLÍN

por la noche los aficionados al *jazz* acuden a las *jam sessions* de **A-Trane** (11a; *a-trane.de*; *Bleibtreustrasse 1*; *gratis desde 24.00 sa, antes 5 €*), un club minúsculo por donde han pasado figuras tan ilustres como Wynton Marsalis. Los miércoles por la noche, el no menos respetado **b-flat** (11b; *b-flat-berlin.de*; *Rosenthaler Strasse 13*; *desde 21.00 mi; gratis*) monta otra *jam*.

12 Almuerzo en la Philharmonie

La ciudad cuenta con la celebración de conciertos semanales de la mano de la Berliner Philharmoniker que atraen a centenares de personas con hambre de cultura y buena música. Es conveniente llegar temprano para conseguir un buen sitio en el vestíbulo de la amarilla Philharmonie, la sala de conciertos por excelencia para los melómanos en la

"Para ahorrar en fruta y verdura, voy a los mercadillos del agricultor poco antes del cierre, que es cuando muchos vendedores bajan los precios. Como las bebidas en los *pubs* incrementan el gasto, compro unas cervezas en un quiosco y me instalo en el parque o a orillas del río. ¡Sí, aquí es legal! Algunos clubes no cobran entrada recién abiertos, así que hago que me sellen la mano y vuelvo cuando la fiesta está a tope. Prefiero los cines *indie* baratos a los multicines caros, excepto el 'Kinotag', día del espectador, que por lo general es el martes." – Susanne Kreisel, berlinesa.

capital germana. *berliner-philharmoniker.
de; Herbert-von-Karajan-Strasse 1;
13.00 ma sep-jun; gratis.*

13 Badeschiff

Los veranos berlineses no serían igual
sin el Badeschiff, un club de playa construido
en torno a una barcaza de río convertida en
piscina y fondeada en el Spree. Después de
un chapuzón diurno puede uno quedarse
para tomar unos cócteles al ocaso contemplando el puente Oberbaumbrücke, salido
de un libro de cuentos. En invierno, el Badeschiff se cubre para transformarse en una
zona de relax con sauna y bar para *hipsters.
Eichenstrasse 4; 8.00-24.00 may-sep (si el
tiempo lo permite); 5 €.*

14 Relax junto a un lago

Si uno se pregunta dónde están los berlineses en un caluroso fin de semana estival,
basta con buscar en el lago más cercano:
allí se refrescan en la arena o bajo los árboles, cerveza en mano. Los lagos más visitados son el idílico **Krumme Lanke** (14a; *gratis*), el circular **Weisser See** (14b; *desde
9.00; gratis*) y el enorme **Strandbad
Wannsee** (14c; *8.00-21.00 sa y do, variable
lu-vi; 5,50 €*), con una playa de 1,3 km de
largo.

15 Desconectar en el aeropuerto Tempelhof

Este fue el escenario de los primeros
vuelos de Orville Wright (1871-1948), el primer aterrizaje de un zepelín, el primer vuelo
regular de Lufthansa y el Puente Aéreo de
Berlín. Hoy, este aeropuerto es un enorme
parque donde se puede montar en bicicleta, practicar *kiteboard*, encender una barbacoa o ver sin más cómo funciona un huerto
urbano. *Entrada por Oderstrasse, Columbia-
damm o Tempelhofer Damm; amanecer-
anochecer; gratis, circuitos guiados 16,50 €.*

16 Esplendores reales en el parque Sanssouci

En Potsdam, el **parque Sanssouci** (*pots
dam-park-sanssouci.de/home.html; Zur
Historischen Mühle 1, Potsdam; 8.00-ano-
checer; gratis*) es la obra de un rey con
buen gusto, las arcas a rebosar y trato con
los artistas más insignes. Federico el Grande (1712-1786) concibió esta residencia ro-
cocó de verano cuyas estancias pueden
admirarse mientras se pasea por el parque.
Son de visita obligada el **palacio de Sanssouci** (*Maulbeerallee; 10.00-18.00 ma-sa
abr-oct, 10.00-17.00 nov-mar; 8 €*) y la
Casa de Té China (*10.00-18.00 ma-do
may-oct; 8 €*).

17 Comida callejera los jueves en Markthalle Neun

La madre de todos los mercados de comida
callejera de Berlín no ha perdido impulso
desde que entró en escena en el 2013. Los
sibaritas se dan cita en Kreuzberg los jueves
por la noche en un mercado del s. XIX esplén-
didamente restaurado para darse un festín
de sabores de todo el mundo: pasteles de
carne de Nueva Zelanda, hamburguesas de
Taiwán, tacos coreanos... Lo mejor es acom-
pañarlo todo con una pinta de cerveza artesanal Heidenpeters. *markthalleneun.de; Ei-
senbahnstrasse 42/43; 17.00-22.00 ju; gratis.*

18 Domingos en el Mauerpark

El mejor día para visitar el Mauerpark
es el domingo, cuando esta franja verde
ganada al corredor de la muerte
del Muro de Berlín se transforma en un
dislocado carnaval. Se pueden buscar
tesoros en el mercadillo y después,
cerveza en mano, escuchar a los músicos
callejeros, ver a los Picasso del aerosol probando nuevos *tags* o aplaudir a los actores
en el escenario o a los cantantes en el
karaoke al aire libre. *Bernauer Strasse;
10.00-24.00; gratis.*

MERCADILLOS

Los mercadillos
son como
arqueología
urbana: se necesita
paciencia, pero
¡cuánta emoción
cuando se exhuma
un tesoro! Estos
son nuestros
preferidos:

· **Flohmarkt am
Mauerpark**
(*Bernauer Strasse;
8.00-18.00 do*): la
"madre de todos
los mercadillos"
para ropa.

· **Boxhagener Platz**
(*Boxhagener Platz;
10.00-18.00 do*):
principalmente
berlineses que
hacen limpieza
general en casa.

· **Berliner
Trödelmarkt**
(*berlinertroedel-
markt.com; Strasse
des 17. Juni 110-114;
10.00-17.00 sa y
do*): antigüedades,
baratijas y
artesanía.

· **Nowkölln
Flowmarkt**
(*nowkoelln.de;
Maybachufer;
10.00-17.30 do
alternos mar-nov*):
diseñadores
locales y muchos
hipsters.

⬤ ARTE Y CULTURA ⬤ MÚSICA Y CINE ⬤ DEPORTE Y OCIO ⬤ COMIDA Y BEBIDA ⬤ FIESTAS Y CELEBRACIONES

BRUJAS

Con el romanticismo de sus canales bordeados de adoquines y sus pintorescas plazas, es fácil entender por qué Brujas es tan popular. Hay buen arte, y chocolate y cerveza mejores todavía; y aunque los precios se disparan por el turismo, se puede eludir a los buscadores de clientes y hacer propia esta ciudad que figura en la lista patrimonial de la Unesco.

01 Onze-Lieve-Vrouwekerk (iglesia de Nuestra Señora)

Esta iglesia, cuya construcción data del s. XIII, posee la torre más alta de la ciudad y la *Virgen con el Niño* (1504), una escultura de mármol de Miguel Ángel que fue donada por un comerciante de Brujas, lo que convierte el templo en el único lugar fuera de Italia que albergó una obra del genial artista italiano en vida del mismo. En el ábside pueden verse también valiosos trabajos de otros artistas. *Mariastraat; 9.30-16.30 lu-sa, 13.30-16.30 do; gratis.*

02 Arentshof

El bonito **parque de Minnewater**, regala la posibilidad de darse un paseo por el romántico puente conocido como el "Puente de los Amantes". Parece ser que justo este el lugar elegido por casi todos los brujenses para besarse por primera vez. Las vistas del canal desde aquí son impagables, y también pueden admirarse las esculturas de Rik Poot. *7.00-22.00 abr-sep, 7.00-21.00 oct-mar; gratis.*

03 Begijnhof

Si se busca algo de sosiego en Brujas, este recinto ajardinado del s. XIII es el lugar perfecto. Y no hace falta ser soltera ni viuda, aunque ese era el estado civil de las mujeres a las que este apacible lugar lleno de árboles daba acomodo. La primavera es el momento ideal, cuando el jardín parece un lienzo de narcisos dorados, pero un paseo tranquilo deparará placer estético en cualquier época del año. *Wijngaardstraat; 6.30-18.30; gratis.*

01

03

LEYENDAS DE BRUJAS

No son muchos los circuitos gratis en Brujas, a menos que uno mismo haga de guía, y seamos francos: ¿cómo va a saber un forastero tanto como un lugareño? Aquí, sin pagar nada de nada, se obtiene todo lo siguiente: 2 h de charla sobre historia de la ciudad, chocolate, catas de cerveza y descuentos en gofres y bicicletas de alquiler, además de un circuito personalizado por el centro de la ciudad. ¡Menuda ganga! Las propinas se agradecen, aunque no son obligatorias, y, como cabe esperar en un recorrido gratuito, los grupos son grandes. *legends ofbruges.com; delante de la estatua del Grote Markt; 9.45 y 14.30 ma y ju-do, 14.30 lu y mi; gratis.*

De un vistazo
- Población: 120 000 hab.
- Lo mejor: encanto medieval y canales románticos
- Moneda: euro (€)
- Presupuesto: 122 € diarios

04 Minnewater
Un sitio cuyo nombre significa "Lago del Amor" ya despierta muchas esperanzas. Y en efecto, el parque que rodea este antiguo muelle convertido en lago es un paraje muy pintoresco para un pícnic. Según la leyenda, si se cruza el lago por este puente con la persona amada, ese amor será eterno. Sometidos a tanta presión, sugerimos meter en la cesta champán y fresas, por lo que pudiera ocurrir. *Gratis.*

05 Vismarkt
Abierto desde 1821, el mercado de pescado de Brujas, que se monta entre semana en una galería porticada, está en una ubicación ideal para observar a la gente. Los fines de semana se venden baratijas y antigüedades. Como seguro que entrará apetito, se recomienda pedir en el café

Gouden Karpel (*dengoudenkarpel.be/*) un sándwich de cangrejo para llevar (*desde 4 €*), sentarse en un banco junto al canal Groenerei y contemplar el espectáculo. *Steenhouwersdijk; 7.00-13.00 ma-vi; gratis.*

06 Markt
Es absurdo suponer que hay que pagar un precio abusivo por un gofre, unas *frites* o un paseo en calesa para admirar la majestuosidad de la plaza del mercado de Brujas y la arquitectura neogótica de la ciudad. Para que el gentío sea mínimo y el disfrute máximo, lo mejor es ir al amanecer o por la noche, cuando se ilumina el Belfort (campanario), de 83 m de altura. El mercado de alimentación de los miércoles es fantástico para probar productos del país. *the-markt.com/ wednesday-market.html; 10.00-13.00; gratis.*

⦿ ARTE Y CULTURA   ⦿ MÚSICA Y CINE   ⦿ DEPORTE Y OCIO   ⦿ COMIDA Y BEBIDA   ⦿ FIESTAS Y CELEBRACIONES

BUDAPEST

BUDAPEST

En Budapest es fácil ocupar el tiempo sin tener que pagar: se pueden pasar días paseando por las calles y admirando edificios. Una vez cansados de eso, lo mejor es dirigirse a alguno de los mercados y monumentos o, por el precio de unas copas, pasar una velada en un pub entre ruinas.

01 Plaza de los Héroes

Todo un símbolo de Budapest, Hősök tere es un lugar impresionante y un mirador privilegiado con vistas fantásticas de Andrássy út, el hermoso bulevar incluido en la lista patrimonial de la Unesco. En la plaza se levantan el Monumento Milenario, coronado por el arcángel Gabriel, así como el Monumento a los Héroes, un cenotafio dedicado a todos aquellos que murieron por la libertad de Hungría. *24 h; gratis.*

02 Cementerio Kerepesi

El Cementerio Nacional, de 56 Ha, se abrió en 1847 y contiene unas 3000 lápidas y tumbas impresionantes, entre ellas las de muchos húngaros ilustres; está muy bien conservado y merece la pena dedicarle un rato. En la oficina de conservación, a la entrada, se puede recoger un plano gratuito, y no hay que perderse el Panteón del Movimiento de los Trabajadores. *VIII Fiumei út 16; 7.30-17.00, 7.30-20.00 may-jul, 7.30-19.00 abr y ago; gratis.*

03 Monte Gellért

La recompensa por el esfuerzo de subir al Gellért son unas vistas maravillosas, sobre todo a la salida o la puesta del sol. Allí se encuentra también la Citadella, una fortaleza construida por los Habsburgo tras la Guerra de Independencia pero donde jamás se libró una batalla, y también el **Monumento a la Libertad** (1947), la dama de 14 m que sostiene en alto una hoja de palmera y honra a los soldados soviéticos muertos en la liberación de la ciudad en 1945. *24 h; gratis.*

04 Isla Margarita

En medio del Danubio, la isla Margarita es un oasis de 2,5 km de largo, peatonal casi por completo, que atrae a legiones de budapestinos y turistas en verano. Se ofrecen muchas actividades; algunas, como las piscinas, las bicicletas de alquiler, los bares y cafés, obligan a desembolsar algún *forint*, pero pasear por los jardines y visitar las ruinas medievales no cuesta ni un céntimo. *24 h; gratis.*

05 Mercados de Budapest

Tanto si se están buscando baratijas como exquisiteces, la visita a uno de los muchos mercados de la ciudad es una excursión magnífica y barata. El más conocido es **Nagycsarnok** (5a; *Gran Mercado, IX Vámház körút 1-3, 6.00-17.00 lu-vi, 6.00-15.00 sa*), donde se puede comprar paprika y recuerdos tradicionales. **Esceri Piac** (5b; *XIX Nagykőrösi út, 8.00-16.00 lu-vi, 5.00-15.00 sa, 8.00-13.00 do*) es uno de los mayores mercadillos de Europa central. *Entrada gratuita.*

06 'Pubs' en ruinas

Instalados en casas abandonadas (*rom-kocsmák*) y patios donde se puede pasar la noche bebiendo, estos *pubs* ruinosos suelen caracterizarse por una decoración *retro*. A medida que se han vuelto más populares, han surgido establecimientos más finos montados con carácter permanente que conviven con los *pubs* que empezaron esta tendencia. *Los locales cambian con frecuencia; detalles en ruinpubs.coms. Entrada gratuita.*

ZAPATOS JUNTO AL DANUBIO

Este monumento a los judíos húngaros a los que se ordenó descalzarse antes de ser fusilados y arrojados al Danubio por el fascista Partido de la Cruz Flechada durante la II Guerra Mundial consiste en 60 pares de zapatos y botas de hierro forjado que bordean la orilla oeste del río entre Széchenyi István tér y el Parlamento. Fue creado por el escultor Gyula Pauer y el director de cine Can Togay en el 2005. *V Antall József rakpart; 24 h; gratis.*

De un vistazo

- Población: 1,8 millones de hab.
- Lo mejor: arquitectura y mercados
- Moneda: forint húngaro (Ft o HUF)
- Presupuesto: 70 € diarios

De un vistazo

- Población: 1,3 millones de hab.
- Lo mejor: aventuras al aire libre
  y encuentros culturales
- Moneda: corona danesa
  (Dkr o DKK)
- Presupuesto: 193 € diarios

COPENHAGUE

*Como muchos destinos escandinavos, Copenhague tiene fama de ser una
ciudad cara; sin embargo, el Instituto de la Tierra la declaró recientemente el
lugar más feliz del planeta, y sospechamos que la entrada gratuita a muchos
lugares de interés contribuye a la alegría de sus habitantes.*

01 En busca de Hans

Hans Christian Andersen vivió en Copenhague, y en la ciudad pueden verse dos estatuas suyas, en **Kongens Have** (1a; p. 93) y en el exterior del **Ayuntamiento** (1b; *Rådhuset; 1599 København V*), además, está enterrado en el **cementerio Assistens** (1c; *Kapelvej 4*). Sin embargo, los lectores de Hans, tanto niños como adultos, querrán visitar el símbolo más fotografiado de Copenhague: **La Sirenita** (1d; *mermaidsculpture.dk*) en su solitario pedestal del puerto. *24 h; gratis.*

02 Ladrillitos

En la patria de Lego, los aficionados pueden peregrinar a la cuna del famoso juguete en Billund, 260 km al oeste de Copenhague, y pagar por entrar en Legoland (*299 DKK*). O bien podrían visitar la **tienda Lego** de Copenhague (*lego.com; Vimmelskaftet 37; 10.00-18.00 lu-ju y sa, 10.00-19.00 vi, 10.00-17.00 do*) y disfrutar gratis de su espacio creativo (hay 915 103 765 maneras de combinar seis ladrillos Lego de ocho pernos). *Gratis.*

03 Museo al aire libre

A las afueras de la ciudad se puede explorar la Escandinavia anterior a la Revolución Industrial en uno de los museos al aire libre más grandes del mundo. Los 50 edificios abarcan desde molinos de viento hasta un asilo, y los ocupan personas vestidas de campesinos y molineros que explican la evolución de Dinamarca entre 1650 y 1950. *natmus.dk/museerne/frilandsmuseet; Kongevejen 100, 2800 Lyngby; 10.00-16.00 ma-do may-jun y med ago-oct, 10.00-17.00 jul-med ago; gratis.*

04 Museo Naval

Instalado en un antiguo hospital naval, este museo cuenta la historia marinera del país y expone maquetas de barcos que se remontan al s. XVII. Las recreaciones van desde veleros hasta el submarino *Spækhuggeren* (Orca), que da idea de las condiciones claustrofóbicas que soportaba su tripulación de 33 hombres. *natmus.dk/museerne/orlogsmuseet; Overgaden Oven Vandet 58; 12.00-16.00 ma-do; gratis.*

05 Tårnet del palacio de Christiansborg

En lo alto del palacio de Christiansborg –antigua residencia real de Dinamarca y hoy sede del Parlamento nacional–, la Tårnet (Torre) es, con sus 106 m, el mirador más elevado de Copenhague, con entrada gratuita. Coronando el islote de Slotsholmen, la torre ofrece una vista fantástica de los tejados de la ciudad. *taarnet.dk; Christiansborg, 1218 København K; 11.00-21.00 ma-do; gratis.*

02

PUNTO DE VISTA AUTÓCTONO

"En verano, hacer vida social al aire libre resulta barato. Por suerte tenemos sitios gratuitos para nadar, como el complejo balneario de Islands Brygge en el puerto (*7.00-19.00 lu-vi jun-ago; gratis*), y muchos lugares magníficos para un pícnic. La gente llama al Dronning Louises Bro (un puente sobre los lagos) el 'bar más largo' de Copenhague; hay bancos a todo lo largo, y muchísima gente acude a beber cerveza y escuchar música. Kødbyen –el antiguo barrio de los mataderos– es ahora una zona de lo más *cool* con magnífica comida callejera y un sitio donde comprar bebidas." Per Munch, periodista

COPENHAGUE

06 Playa y mar

Quienes visitan Copenhague pueden construir castillos en playas con bandera azul en **Amager Strandpark** (6a; *amager-strand.dk; gratis*), una isla ganada al mar con 4,6 km de arena y lagunas para nadar y remar en kayak. Los nadadores de verdad van a las aguas más profundas de los **baños Helgoland** de Øresund (6b; *10.00-18.00 23 jun-31 ago; gratis*). Un segundo complejo balneario, **Kastrup Søbad** (6c; *taarnby.dk/oplev-taarnby/idraetslivet-i-taarnby/kastrup-soebad; horario variable; gratis*), queda más al sur. Ambos ofrecen piscinas separadas donde el traje de baño es opcional...

07 Jardín Botánico

Por detrás del castillo de Rosenborg, estos jardines de 10 Ha poseen una colección de 13 000 maravillas de la horticultura expuestas en 27 invernaderos, entre ellos uno con aire acondicionado para reproducir las condiciones gélidas de la flora ártica. La Casa de las Palmeras (1874), se alza a 16 m de altura y tiene una escalera de caracol que sube al corredor de la planta alta. *botanik.snm.ku.dk; Øster Farimagsgade 2 B, 1353 København K; 8.30-18.00 abr-sep, 8.30-16.00 oct-mar; gratis*.

08 Christiania libre

Esta "ciudad libre" semiautónoma y autogobernada atrae a inconformistas y artistas desde principios de la década de 1970, cuando los okupas se trasladaron a un cuartel abandonado de 41 Ha y empezaron a construir un barrio alternativo. A pesar de los problemas, los negocios colectivos, las viviendas autoconstruidas, los restaurantes comunitarios, las cervecerías al aire libre y los locales musicales han sobrevivido y prosperado. Los circuitos (*jun-ago lu-do, sep-jun fines de semana; 40 DKK*) parten de la entrada principal, en Prinsessegade. *christiania.org; gratis*.

CONSEJOS

• El nuevo programa de bicicletas compartidas de Copenhague (*bycyklen.dk*) cuesta 25 DKK/h, y esta es una ciudad muy cómoda para las bicicletas.

• No pagar en exceso por una cara excursión en un barco para turistas; es preferible tomar el ferri de cercanías.

• Visitar los Jardines de Tívoli (dcha.) los viernes para asistir a los conciertos gratuitos.

• Muchos museos son gratis los miércoles, pero merece la pena comprar una Copenhagen Card (*copenhagencard. com; 359-799 DKK/24-120 h*) si se pretende visitar numerosos lugares.

• Copenhague es famoso por sus restaurantes *gourmet*, pero de lo mejor que se puede comer es una *wiener* de un *pølsevogn* (vagón de salchichas).

09 Jardín del Rey

El más céntrico de los tres jardines reales de Dinamarca rodea el **castillo de Rosenborg,** donde se guardan las joyas de la Corona. Entrar al palacio cuesta 90 DKK, pero los maravillosos jardines son gratuitos. Se puede tomar el sol, organizar un pícnic, o buscar esculturas como *El caballo y el león* (1625), que representa a un león con rostro humano devorando a un caballo. *kongernessamling.dk; Kongens Have; Øster Voldgade 4A; 7.00-23.00, 7.00-17.00 invierno; gratis.*

10 El Parque de los Ciervos

Al norte de la ciudad, el Jægersborg Dyrehave es un bosque de 1000 Ha donde, entre árboles de 400 años, vagan libremente unos 2000 ciervos y gamos. La gente de la capital acude a este parque forestal a caminar, montar en bicicleta, correr y comer al aire libre. Cuenta con otro aliciente: visitar el parque de atracciones más antiguo del mundo, **Bakken**. *Dyrehaven, 2930 Klampenborg; 24 h; gratis.*

11 Parques de atracciones

El parque de atracciones más antiguo del planeta, **Bakken** (11a; *bakken.dk; Dyrehavsbakken; entrada gratis mar-ago, pulsera para múltiples atracciones 249 DKK, mitad de precio mi*) se fundó en 1583. Situado en el Parque de los Ciervos, se llega en transporte público y ofrece norias y montañas rusas. En la ciudad se puede visitar otro histórico parque de atracciones, los **Jardines de Tívoli** (11b; *tivoli.dk; Vesterbrogade 3; 11.00-23.00 do-ju, 11.00-24.00 vi-sa; 99 DKK*), que inspiraron Disneylandia.

12 Festival de Jazz de Copenhague

Durante las décadas de 1960 y 1970, varios influyentes músicos de *jazz* de EE UU se establecieron en Copenhague, que se convirtió en la capital del *jazz* en Europa, con el legendario **Jazzhus Montmartre** como centro neurálgico. Hoy, todos los veranos, la ciudad se transforma en un inmenso club de *jazz*, con 1315 conciertos a lo largo de 10 días en 100 escenarios, muchos al aire libre y gratuitos. *jazz.dk/cph jazz/forside; jul; véanse detalles en la web.*

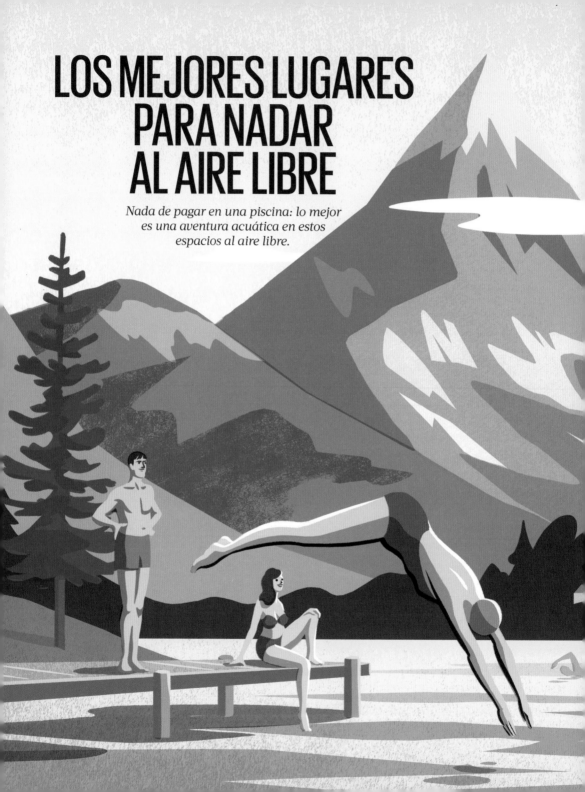

LOS MEJORES LUGARES PARA NADAR AL AIRE LIBRE

Nada de pagar en una piscina: lo mejor es una aventura acuática en estos espacios al aire libre.

BAGGY POINT – INGLATERRA

Este precioso paraje de Devonshire encierra muchas cuevas marinas secretas, entre ellas un túnel solo visible desde el mar que se puede cruzar a nado con la marea alta. La fauna de esta franja de costa comprende focas, delfines y marsopas. *nationaltrust.org.uk/ baggy-point; North Devon, Inglaterra; gratis.*

LAGO WALCHEN – ALEMANIA

Baviera posee lugares magníficos para darse un baño, y este profundo lago alpino en las montañas al sur de Múnich es de los más espectaculares. Playas de gravilla rodean estas aguas turquesas ricas en minerales y con islas que explorar. *Cerca de Kochel, Alemania; gratis.*

PISCINAS DEL ALTO LETTEN, RÍO LIMMAT – SUIZA

Oasis urbano en el bochorno veraniego, esta sucesión de piscinas de 400 m de largo en el impetuoso río Limmat atrae a centenares de nadadores; hay un trampolín de 2 m, más un bar y campos de vóley playa. *zuerich.com; Zúrich, Suiza; 9.00-20.00 may-sep; gratis.*

LAC D'ANNECY – FRANCIA

Caldeado por fuentes termales subterráneas, este lago alpino es un lugar muy visitado, y con razón. Muchas playas cobran entrada en verano, pero la Plage d'Albigny à Annecy-le-Vieux y las Plages des Marquisats son gratuitas. También pueden encontrarse parajes más agrestes, algunos con peñascos desde donde zambullirse en el agua. *lac-annecy. com; Alta Saboya, Francia; gratis.*

BARRANCO DE PURCARACCIA – CÓRCEGA

La caminata hasta las pozas de este conocido paraje de barranquismo es dificultosa, pero merece la pena: se puede nadar en pozas con agua cristalina de montaña –o deslizarse entre ellas– y disfrutar en una piscina de horizonte infinito al borde de una cascada. *wildswim. com/cascades-de-purcaraccia-corsica; Quenza, Córcega; gratis.*

LAGO DI FIASTRA – ITALIA

En la orilla norte de este impresionante lago bordeado de playas se puede acampar al pie de las montañas y nadar en sus claras aguas. Conviene llevar tubo respirador: hay mucho que explorar, incluso un pueblo sumergido. *lagodifiastra.it; Parque Nacional Monti Sibillini, Italia; gratis.*

LAGO BOHINJ – ESLOVENIA

Los Alpes Julianos ofrecen parajes de primera para nadar, como el precioso pero costoso balneario del lago Bled, pero si se sigue por la carretera hasta el lago Bohinj del Parque Nacional de Triglav, se descubren lugares más agrestes donde nadar gratis. El río Sava Bohinjka depara frías emociones a los nadadores deseosos de mejorar sus técnicas. *tnp.si/ national_park; Parque Nacional Triglav, Eslovenia; gratis.*

LOCH LOMOND – ESCOCIA

Hace falta valentía para nadar en Escocia, pero la tentadora belleza de este lago –el mayor de Gran Bretaña– podría dar ánimos. En el lugar se celebra todos los años la Great Scottish Swim (y también, por lo visto, habita un monstruo, aunque no tan célebre como su primo del Loch Ness). *lochlomond-trossachs. org; Parque Nacional Loch Lomond y los Trossachs, Escocia; gratis.*

Ilustración | Owen Gatley

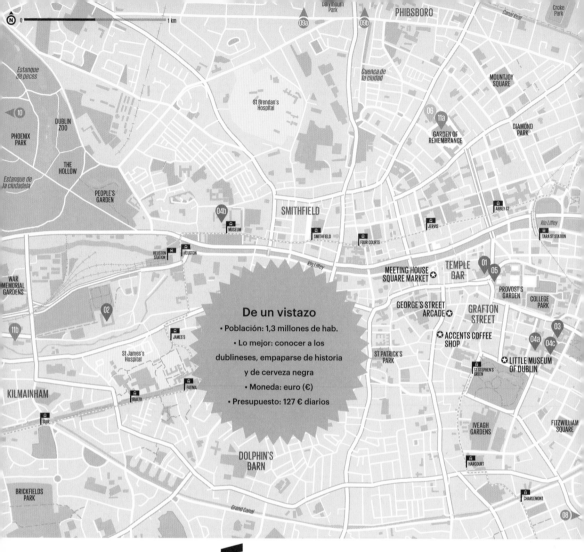

De un vistazo
- Población: 1,3 millones de hab.
- Lo mejor: conocer a los dublineses, empaparse de historia y de cerveza negra
- Moneda: euro (€)
- Presupuesto: 127 € diarios

DUBLÍN

La capital de Irlanda es una ciudad carismática y a veces desconcertante donde la gran cultura y el craic más desenfadado van de la mano y donde la historia aparece escrita en cada esquina. Los dublineses son generosos y parlanchines, y en los legendarios pubs corren ríos de la celebérrima cerveza negra, que casi nunca cuesta barata.

ARTE Y CULTURA   MÚSICA Y CINE   DEPORTE Y OCIO   COMIDA Y BEBIDA   FIESTAS Y CELEBRACIONES

01 Banco de Irlanda/ Parlamento

Esta mole paladiana de 1733 fue el primer Parlamento construido a tal efecto. Su diseño inspiró la Cámara de Representantes de Washington, pero después de la Ley de Unión de 1801 los británicos se empeñaron en modificar el interior para evitar futuros brotes independentistas. La Cámara de los Lores, sin embargo, sobrevivió; se puede pedir permiso para entrar. *College Green; 10.00-16.00 lu-vi, circuitos gratis 10.30 ma; gratis.*

02 Irish Museum of Modern Art

Antes hospital para soldados retirados, el edificio que hoy alberga la principal colección de arte moderno de Irlanda fue fundado en 1684 tomando como modelo Les Invalides de París. Esto explica la fachada clásica y el elegante patio, ambos incongruentes con la modernidad que ahora encierran sus paredes: 3500 obras de artistas irlandeses y extranjeros. *i mma.ie; Royal Hospital, Kilmainham; 11.30-17.30 ma-vi, 10.00-17.30 sa, 12.00-17.30 do; gratis.*

03 National Gallery of Ireland

Abarrotada de pintura irlandesa, maestros holandeses, barroco italiano y obras de todas las grandes escuelas europeas, este oasis de cultura en medio del Dublín georgiano contiene 15 000 pinturas y esculturas. La entrada es gratis, se prestan audioguías y estuches de dibujo, y también se puede asistir a conferencias, circuitos y talleres gratuitos. *nationalgallery.ie; Merion*

Square; 9.15.00-17.30 lu-mi, vi y sa, 9.15.00-20.30 ju, 11.00-17.30 do; gratis.

04 National Museum of Ireland

Este museo explora el acervo de Irlanda con cuatro millones de objetos repartidos en cuatro sedes. La sección etnográfica, Irish Folklife, está en Mayo, pero las otras tres se encuentran en Dublín: **Arqueología** (4a; *Kildare St*), **Artes Decorativa e Historia** (4b; *Collins Barracks*), con una exposición sobre el Levantamiento de 1916; e **Historia Natural** (4c; *Merrion St*). *museum.ie; 10.00-17.00 ma-sa, 14.00-17.00 do; gratis.*

05 Trinity College

Se puede pasear tranquilamente por los bonitos jardines y plazas de la universidad con más abolengo de Irlanda, fundada en 1592. El lugar rezuma erudición, y si uno se tumba en la hierba el tiempo suficiente, como hacen los estudiantes, podría incluso absorber por ósmosis

08

RUTA LITERARIA

Al dar un paseo por Dublín, uno se topa con los escritores más famosos de la ciudad inmortalizados con esculturas en los mismos lugares que les sirvieron de inspiración. El poeta Patrick Kavanagh se sienta en un banco contemplando el Grand Canal, mientras que Oscar Wilde se recuesta sobre una roca en Merrion Square mirando a la casa de su infancia. Cerca de allí, el dramaturgo George Bernard Shaw espera por fuera de la National Gallery a la que tanto amó. Cruzando el Liffey aparece James Joyce, autor del *Ulises*, en la esquina de las calles O'Connell y North Earl. Más al norte, a orillas del Royal Canal, Brendan Behan ocupa un banco cerca de la cárcel de Mountjoy, donde cumplió condena.

DUBLÍN

algunos conocimientos. La lista de alumnos incluye a Oscar Wilde, Samuel Beckett, Jonathan Swift y, ay, Courtney Love. *tcd.ie; College Green, Dublin 2; 7.00-24.00; gratis.*

06 Conciertos dominicales

De septiembre a junio se organizan actuaciones musicales gratuitas en la Galería de Esculturas de **The Hugh Lane**. Los conciertos Sundays @ Noon empezaron en 1975 y presentan a músicos clásicos irlandeses y extranjeros. La galería más ancha *(10.00-18.00 ma-ju, 10.00-17.00 vi y sa, 11.00-17.00 do; gratis)* alberga el estudio de Francis Bacon y obras de arte contemporáneo. *hughlane.ie; Dublin City Gallery The Hugh Lane, Parnell Sq; gratis.*

07 En bici

Dublín es una ciudad magnífica para recorrer sobre pedales. Si no se viaja con bicicleta, no pasa nada, solo hay que alquilar una. Dublinbikes cuenta con más de 100 puntos de alquiler de bicicletas por toda la ciudad. Las tarifas no son elevadas: un bono de tres días cuesta 5 €, tras lo cual los primeros 30 min son gratuitos en todas las bicicletas (después se cobran incrementos). *dublinbikes.ie; 5 € más costes según tiempo utilizado.*

08 Forty Foot

Los dublineses llevan 250 años ejecutando la proeza de zambullirse en las profundas y gélidas aguas de este punto de la bahía de Dublín. En *Ulises*, James Joyce hace una descripción poco sugerente del lugar pero el agua está ahora muy limpia y la zona está cuidada y cuenta con vestuarios. Se recomienda ir en el DART (tren), que además puede aprovecharse también para hacer un recorrido por el pintoresco litoral dublinés. *outdoorswimming.ie; Sandycove; gratis.*

PUNTO DE VISTA AUTÓCTONO

"Los sábados empiezan con una taza de té Dublin Smog en Accents Coffee & Tea Lounge *(accents-lounge.com; 23 Stephen St Lower, Dublin 2; 10.00-23.00 lu-sa, 12.30-22.00 do)*. Después suelo caminar por George's Street Arcade *(georges streetarcade.ie)*, viendo la ropa *vintage* y las joyerías, antes de meterme en el Little Museum of Dublin *(little museum.ie; 15 St Stephen's Green; 9.30-17.00 vi-mi, 9.30-20.00 ju; 5 €)*. Luego voy al mercado de Temple Bar para picotear algo. El mercado de Meeting House Square *(meeting-housesquare.ie; 10.00-16.30 sa; gratis)* tiene un fantástico surtido de productos ecológicos, y los músicos callejeros entretienen mucho." Deirdre Quinn, embajadora voluntaria del programa City of a Thousand Welcomes

09 Glasnevin Cemetery

El cementerio más importante de Irlanda, **Glasnevin Cemetery** (9a), es la última morada de los grandes nombres del pasado nacional del país, desde políticos hasta escritores y revolucionarios. La entrada es libre y se puede curiosear gratis (también hay circuitos guiados de pago). Después, como reafirmación de la vida, lo mejor es tomar una pinta de cerveza negra en el vecino **John Kavanagh's** (9b; Prospect Sq). *glasnevintrust.ie; Finglas Rd, Dublin 11; 9.00-21.00; gratis*.

10 Phoenix Park

Aunque esté tapiado, este espacio verde al oeste del centro de Dublín parece totalmente salvaje. Centenares de ciervos corren en este parque de 709 Ha, donde también se encuentra el **zoo de Dublín**. La entrada al zoo es de pago, pero, al igual que los ciervos, los visitantes pueden campar a sus anchas por el resto del parque, merendar junto al lago en el **Furry Glen** y ver el **castillo de Ashtown**, del s. xv. *phoenixpark.ie; 24 h; gratis*.

11 Ruta a pie

Como mejor se descubre la ciudad de Dublín es andando, así que lo recomendable es descartar el circuito en autobús y seguir la Duline, una ruta a pie por el centro que discurre desde **Parnell Sq** (11a) hasta la histórica **cárcel de Kilmainham** (11b). Para aprovechar el paseo conviene descargarse la aplicación gratuita Dublin Discovery Trails, una serie de rutas autoguiadas que salen en espiral desde la Dubline principal. *dubline.ie; 24 h; gratis*.

12 Ciudad de mil bienvenidas

La bienvenida calurosa está garantizada gracias a esta idea brillante e innovadora. Antes de viajar a Irlanda hay que registrarse en la web City of a Thousand Welcomes para que envíen una guía gratuita de la ciudad y asignen un embajador voluntario. A la llegada, el embajador invitará a una pinta o café en su *pub* o café favorito y hablará sobre su ciudad. *cityofathousand welcomes.com; gratis*.

DUBLÍN

ARTE Y CULTURA   MÚSICA Y CINE   DEPORTE Y OCIO   COMIDA Y BEBIDA   FIESTAS Y CELEBRACIONES

EDIMBURGO

Ciudad medieval dominada por un castillo y construida en torno a un volcán apagado, Auld Reekie es famosa por sus festivales, como el Fringe y Hogmanay, que entran en erupción todos los años derramando candentes ríos de entretenimiento. Meca del turismo, Edimburgo puede salir cara, pero la cordialidad es gratuita, igual que muchos de sus atractivos.

06

EDIMBURGO

01 Galerías gratis
Entre las excelentes galerías gratuitas de Edimburgo figura la **Scottish National Gallery** (1a; *The Mound; 10.00-17.00 vi-mi, 10.00-19.00 ju; gratis*), con obras de los grandes (Rafael, Rubens, Cézanne) y artistas locales. La **Scottish National Gallery of Modern Art** (1b; *75 Belford Rd; 10.00-17.00; gratis*) guarda pinturas de David Hockney y esculturas de Duane Hanson, y la **Scottish National Portrait Gallery** (1c; *1 Queen St; 10.00-17.00 vi-mi, 10.00-19.00 ju; gratis*)

contiene muchas caras famosas. *national galleries.org*

02 Museum Mile
La Royal Mile ofrece cuatro fantásticos museos gratuitos: **The Writers' Museum** (2a; *Lady Stair's Close; 10.00-17.00 lu-sa, 12.00-17.00 do solo ago; gratis*), donde se honra a escritores escoceses; el **Museum of Childhood** (2b; *42 High St; 10.00-17.00 lu-sa, 12.00-17.00 do; gratis*); el **Museum of Edinburgh** (2c; *142 Canongate; 10.00-17.00 lu-sa, 12.00-17.00 do solo ago; gratis*); y **People's Story** (2d; *163 Canongate; 10.00-17.00 lu-sa, 12.00-17.00 do solo durante el Festival; gratis*). *edinburghmu seums.org.uk.*

03 Bienvenidos a Holyrood
Debido al éxito reciente del Partido Nacional Escocés, la política es el nuevo *rock 'n' roll* en Escocia. El Parlamento escocés ocupa un edificio premiado del arquitecto catalán Enric Miralles; se puede visitar gratis para conocer la historia política de Escocia y ver los

© Emad Aljumah | Getty Images

debates, o apuntarse a un circuito. *scottish.parliament.uk; Canongate; 10.00-17.00 lu-sa; gratis.*

04 Jardines y natación

Los días soleados, miles de personas disfrutan del abrazo verde de los **Princes Street Gardens** (4a; *Princes St; horario variable; gratis*), mientras que **Dunbars Close** (4b; *Canongate; 24 h; gratis*) es un escondido remanso de paz. Otros construyen minicastillos en **Portobello Beach** (4c; *24 h; gratis*), donde los nadadores tiritan. Los valientes pueden apuntarse al **Loony Dook** (4d; *24 h; gratis*), un chapuzón de Año Nuevo en el estuario del Forth, en South Queensferry.

05 Vistas

Para contemplar una de las capitales más hermosas de Europa hay que ascender en 1 h a **Arthur's Seat** (5a; *24 h; gratis*), un pico volcánico que domina la silueta de Edimburgo y donde se encumbra una fortaleza con 2000 años de historia. Más llevaderos son los 143 escalones hasta la cima de **Calton Hill** (5b; *24 h; gratis*), donde un edificio inconcluso preside la Atenas del Norte.

06 Festivales

En agosto empieza una temporada de festivales que incluye un **Book Festival** (edbookfest.co.uk), **Military Tattoo** (edintattoo.co.uk) y las tres semanas del famosísimo **Edinburgh Fringe** (edfringe.com). Tanto movimiento hace que los alojamientos baratos escaseen, pero hay espectáculos callejeros y actos con entrada libre por todas partes. Fuera de agosto se puede asistir gratis los domingos por la tarde a los espectáculos cómicos de **The Stand** (6; *thestand.co.uk; 5 York Pl*).

De un vistazo

- Población: 500 000 hab.
- Lo mejor: festivales, museos y galerías gratis, artículos de segunda mano
- Moneda: libra (£ o GBP)
- Presupuesto: 150 € diarios

ARTE Y CULTURA   MÚSICA Y CINE   DEPORTE Y OCIO   COMIDA Y BEBIDA   FIESTAS Y CELEBRACIONES

GINEBRA

¿Por qué no pasarlo en grande en Ginebra? La experiencia será de lo más gratificante; eso lo prometemos. Esta ciudad en la ribera suiza del lago Ginebra es de las más caras del mundo. La mejor época es el verano, cuando la oferta cultural gratuita abunda bajo el ojo de nieve del Mont Blanc. ¡Como telón de fondo no está mal!

01 CERN

El visitante alucina en un circuito guiado gratuito por el laboratorio donde nació la World Wide Web en 1989; y alucina más todavía echando un vistazo al Gran Colisionador de Hadrones, la máquina más colosal del mundo, que acelera protones por un tubo circular de 27 km creando materia nueva con las colisiones que se producen. Increíble pero cierto. *cern.ch; Meyrin; circuito guiado 11.00 lu-sa y 13.00 lu, ma, ju y vi; gratis.*

02 Aubes Musicales @ Bains de Paquis

Las mañanas de verano, mientras la ciudad duerme, una mezcla de melómanos, juerguistas y curiosos de la cultura se agolpa en los baños de la ciudad, construidos en la década de 1930 en un embarcadero del lago, para asistir a un concierto clandestino al rayar el día. *Jazz*, música latina, Bach, *chanson* francesa... se escucha de todo, y en un ambiente mágico. *bains-des-paquis.ch; Quai du Mont-Blanc; 6.00 jul-ago; entrada y café gratis.*

03 La Barje

Esta caravana *vintage* junto al lago, pintada a rayas con alegres colores, irradia energía y genera un alegre bullicio. Las bebidas y picoteos son baratos (con los beneficios se ayuda a jóvenes en apuros), pero lo mejor es el programa de conciertos gratuitos y teatro callejero. Consejo: agenciarse un asiento de primera fila en las herbosas riberas del Ródano y relajarse en plan elegante. *labarje.ch; Promenade des Lavandières; 11.00-24.00 lu-vi, 15.00-24.00 sa y do abr-sep; gratis.*

GINEBRA

UN DÍA GRATIS

Se saca una fotografía de L'horloge Fleurie de Ginebra *(Quai du Général Guisan; gratis)* y se visita la catedral de St-Pierre *(saintpierre-geneve.ch; Pl du Bourg-de-Four 24; 10.00-19.30; gratis)*. Se come en plan pícnic en la Terrasse Agrippa d'Abigné *(24 h; gratis)* y se va a ver arte en la Cité du Temps *(citedutemps.com; Pont de la Machine 1; gratis)* y nadar en L'amarr@GE *(10.00-20.00 do-mi, hasta 21.00 ju-sa may-sep; adultos/niños Sfr2/1)*. Se cena en Buvette des Bains *(buvettedesbains.ch; Quai du Mont-Blanc)* y se ven películas en CinéTransat *(cinetransat.ch; Parc de la Perle du Lac; gratis)*.

04 Jet d'Eau

Esta fuente, uno de los símbolos de Ginebra, lanza un chorro de agua a 140 m de altura a la increíble velocidad de 200 km/h. Quien se coloque debajo en el muelle a orillas del lago debe saber que en todo momento hay siete toneladas de agua en el aire. Y todo lo que sube debe bajar... *Quai Gustave-Ador; 10.00-16.00 med nov-feb, 10.00-anochecer lu-ju, 10.00-22.30 (con iluminación) vi-do mar, abr y med sep-oct, 9.00-23.15 lu-do (con iluminación) may-med sep; gratis.*

05 Parc des Bastions

¿Qué tal desafiar a un ginebrino a una partida de ajedrez en el Parc des Bastions? Una multitud se congrega en torno al gigantesco tablero de ajedrez de este parque para observar el duelo. Y cuando uno esté ya can-sado de reyes y reinas puede dar un paseo por la historia de la ciudad: aquí se levanta una estatua del cofundador de la Cruz Roja Guillaume-Henri Dufour, y también están Juan Calvino y sus compañeros de la Reforma protestante. *Promenade des Bastions; 24 h; gratis.*

06 Fuegos artificiales

No se escatiman gastos en la exhibición pirotécnica que marca el final de la Fêtes de Genève, todo un espectáculo al que asisten medio millón de personas. Una quincena de conciertos y actos culturales gratuitos alcanza su clímax con 1 h de espectaculares fuegos artificiales sobre el lago Ginebra, acompañados con música y lanzados con precisión suiza desde el agua. *fetes-de-geneve.ch; jul-ago; gratis.*

De un vistazo

- Población: 200 000 de hab.
- Lo mejor: animación a orillas del lago
- Moneda: franco suizo (Sfr o CHF)
- Presupuesto: 140 € diarios

ARTE Y CULTURA • MÚSICA Y CINE • DEPORTE Y OCIO • COMIDA Y BEBIDA • FIESTAS Y CELEBRACIONES

HELSINKI

Capital novísima –solo 200 años– si se mide por el estándar europeo, el centro de Helsinki, lleno de boutiques de diseño y parques, es cómodo para disfrutarlo a pie y en plan barato. En verano los finlandeses abarrotan las playas, islas y cafés. Vale la pena instalarse, bebida en mano, en una cervecería al aire libre, donde los capitalinos se desmadran bajo el sol de medianoche.

04

veces se pueden encontrar actuaciones gratuitas.

02 Museo Kiasma de Arte Contemporáneo

Merece una visita solo por su arquitectura. Este vanguardista edificio de cristal, inaugurado en 1998, fue proyectado para que la luz pudiera jugar en el interior. El museo consta de una galería con fondos rotatorios de arte contemporáneo y exposiciones multimedia, una tienda de regalos y un café. *kiasma.fi; Mannerheiminaukio 2; 10.00-17.00 ma y do, 10.00-20.30 mi-vi, 10.00-18.00 sa; adultos 12 €, gratis 1er vi mes.*

01 Distrito del Diseño

El epicentro de la Finlandia más moderna es el Distrito del Diseño, donde las **tiendas insignia** (*Pohjoisesplanadi; 10.00-20.00 entre semana, 10.00-17.00 sa y do; gratis*) de marcas como Iittala, Marimekko y Aarikka bordean el parque Esplanadi. Curiosear por los aproximadamente doscientos estudios de diseño, galerías y *boutiques* equivale a ir saltando (y gratis) de museo en museo. El distrito llega hasta el **parque Brychoff** (*hel.fi; Blvd 40*), donde a

03 Temppeliaukion

Concluido en 1969 y conocido como la Iglesia de la Roca, la cúpula de cobre de este templo luterano remata un anillo de ventanucos que bañan el interior de luz etérea. Una programación casi constante de música de órgano o conciertos gratuitos pone de manifiesto la extraordinaria acústica de la iglesia. *Lutherinkatu 3; por lo gene-*

Map labels

PARQUE SIBELIUS

Töölöntori

Töölönlahti

HAKANIEMI

06 HAKANIEMI

Hakaniementori (mercado Hakaniemi)

TÖÖLÖ

JARDÍN BOTÁNICO DE LA UNIVERSIDAD

KAISANIEMENPUISTO

03

02

KAISANIEMI

ESTACIÓN DE TRENES DE HELSINKI

Eliellinaukio

Rautatientori (Plaza del Ferrocarril)

KAISANIEMI

RAUTATIENTORI

Seurasaarenselkä

Senaatintor (Plaza del Senado)

TRILLBY & CHADWICK

Golfo de Finlandia

Tervasaari

De un vistazo

- Población: 1,2 millones de hab.
- Lo mejor: arte y diseño modernos
- Moneda: euro (€)
- Presupuesto: 178 € diarios

ATELJEE BAR AT HOTEL TORNI

ESPLANADIN PUISTO (PARQUE DE LA EXPLANADA)

Kauppatori (mercado)

Etelásatama

RUOHOLAHTI

PARQUE SINEBRYCHOFF

01

0 — 1 km

PUNTO DE VISTA AUTÓCTONO

"Los finlandeses suelen pasar la noche de los viernes en el parque Sinebrychoff (Blvd 40; gratis). Los mejores sitios para tomar algo son Trillby & Chadwick (Katariinankatu; 16.00-0.30 ma-ju, 16.00-1.30 vi y sa) y el Ateljee Bar (Sokos Hotel Torni, Yrjönkatu 26; 14.00-1.00 do-ma, 14.00-2.00 mi y ju, 12.00-2.00 vi y sa). Se come barato en los cuatro Días de Restaurante, cuando la gente monta puestos de comida en calles y parques. Me encantan las actuaciones musicales gratuitas: las fiestas al aire libre organizadas por el sello techno Dept. Music o la Kallio Block Party de agosto." Jenni Salonen, cineasta, Veli Creative

---

ral 10.00-17.00 cuando no se ofician cultos; gratis.

04 Isla Suomenlinna

Un ferri llega hasta este lugar reconocido por la Unesco que data de 1748, cuando Finlandia era colonia sueca. Se puede visitar la fortaleza, tomar el sol o aprovechar los actos, exposiciones y museos gratuitos. Hay una docena de restaurantes y bares y un albergue. suomenlinna.fi; puerto de Helsinki; billetes de ferri desde el kauppatori de Helsinki hasta el muelle principal de Suomenlinna ida/ida y vuelta 2,50/5 €, 15 min, 3 cada hora, menor frecuencia en invierno, 6.20-2.20.

05 Sauna

Lo más finlandés que se puede hacer en Helsinki es gratis, se encuentra por doquier y no precisa nada. Nada de nada: ni siquiera ropa. Casi todos los edificios de la ciudad cuentan al menos con una sauna, y eso incluye hoteles, posadas y albergues. Muchos lugares públicos tienen dos, y así el visitante y sus hermanos o hermanas de desnudez sudarán por separado a una temperatura media de 70-90ºC. Precios variables.

06 Mercado Hakaniemi

¿Nos hemos quedado sin pieles de reno, regaliz salado con cloruro de amonio o pan de queso? Pues los venden, junto con otros alimentos típicos de Finlandia y souvenirs y artesanía tradicional no comestible, en las dos plantas del mercado Hakaniemil. Lo mejor es olvidarse de los restaurantes caros y comer a base de exquisiteces vernáculas como albóndigas de reno, sopa de salmón o pan de queso (leipäjuusto) con mermelada de mora. hakaniemenkauppahalli.fi; Hämeentie 1a; 8.00-18.00 lu-vi, 8.00-16.00 sa; gratis.

LOS MEJORES MUSEOS Y GALERÍAS GRATUITOS

Las incursiones en los museos pueden costar caras, pero no hace falta desenfundar la cartera para disfrutar de estas colecciones

01 EL PRADO - ESPAÑA
Antigua colección real, este festín de arte es ahora gratuito todas las tardes. Se trata de una de las principales pinacotecas del mundo, con obras de Velázquez, Rafael, Rubens, Goya... *museodelprado.es; Pº del Prado, Madrid, España; gratis 18.00-20.00 lu-sa y 17.00-20.00 do.*

02 SCHUTTERSGALERIJ - PAÍSES BAJOS
Esta galería, una de las contadas "calles-museo" del mundo, mezcla retratos de personajes históricos con obras de los maestros holandeses, algo de arte moderno y un enorme Goliat tallado en madera hace 350 años. *amsterdammuseum. nl; Kalverstraat 92, Ámsterdam, Países Bajos; 10.00-17.00; gratis.*

MONUMENTO CONMEMORATIVO DEL MURO DE BERLÍN - ALEMANIA
Este emotivo museo guarda la última sección del Muro, cuenta la historia de la estación fantasma Nordbahnhof del S-Bahn y relata episodios de horror, heroísmo y esperanza en Bernauer Strasse. *berliner-mauer-gedenkstaette. de; Bernauer Strasse 119, Berlín, Alemania; 8.00-22.00; gratis.*

CASA-MUSEO GORKI - RUSIA
En la mansión Rya-bushinsky –una casa *art nouveau* de 1906 proyectada por Fiódor Shéjtel y regalada a Máximo Gorki en 1931– se repasa la vida de uno de los escritores más famosos de Rusia. *museum.ru/M402; Malaya Nikitskaya ul 6/2, Moscú, Rusia; 11.00-17.30 mi-do; gratis.*

03 ARTE CALLEJERO DE BRISTOL - INGLATERRA
Algunas de las mejores manifestaciones del arte callejero pueden verse en Bristol. En la ciudad natal de Banksy, la actividad artística al aire libre es sensacional, con los espacios públicos decorados con murales e instalaciones de artistas guerrilleros. *bristol-street-art.co.uk; Bristol, Inglaterra; 24 h; gratis.*

MUSÉE CARNAVALET – FRANCIA

La historia se da la mano con el arte en esta institución parisina donde 100 salas que parecen dibujadas por Tardi transportan a los visitantes a través del tiempo con pinturas y objetos que ilustran el pasado de la Ciudad de la Luz. *carnavalet. paris.fr; 16 Rue des Francs-Bourgeois, París, Francia; 10.00-18.00 ma-do; gratis.*

04 MUSEO DEL ARSENAL DE LA REAL ARMADA – DINAMARCA

Esta colección empezada por el rey guerrero Cristián IV en 1604 abarca desde espadas de samuráis hasta una bomba volante alemana *V-1* de la II Guerra Mundial, pasando por armas de fuego y cosas puntiagudas. *natmus.dk/museerne/ toejhusmuseet; Tøjhusgade 3, 1220 Copenhague, Dinamarca; gratis 12.00-16.00 ma-do.*

05 MUSEO BRITÁNICO – INGLATERRA

Londres está lleno de lugares famosos gratuitos, pero este museo rebosante de *souvenirs* afanados en todo el mundo durante la época de esplendor de Inglaterra es el no va más. Un día no basta para verlo: hay que volver. *britishmuseum.org; Great Russell St, Londres, Inglaterra; 10.00-17.30 sa-ju, 10.00-20.30 vi; gratis.*

Ilustración | Holly Exley

06b

06a

BÜYÜKDERE

ANADOLU
KAVAGI

EUROPA
(AVRUPA)

KIREÇBURNU

BEYKOZ

Estrecho
del Bósforo

TARABYA

ISTINYE

PASABAHÇE

De un vistazo

- Población: 14,2 millones de hab.
- Lo mejor: bazares y excursiones
  intercontinentales en barco
- Moneda: lira turca (TL o TRY)
- Presupuesto: 80 € diarios

05

EMIRGAN

ÇUBUKLU

BALTA
LIMANI

KANLICA

ETILER

ANADOLU
HISARI

GAZIOSMANPASA

ESENTEPE

BEBEK

KÜÇÜKSU

ASIA
(ASYA)

ARNAVUTKÖY

KANDILLI

MERCADILLO
DE BOMONTI

KURUÇESME

VANIKÖY

10

ÇENGELKÖY

EYÜP

SÜTLÜCE

BESIKTAS

PALACIO BEYLERBEYI

03

BEYLERBEYI

BEYOĞLU

ÜMRANIYE

ISKELE CAMII (MEZQUITA DEL MUELLE)

MERCADO DE LAS
ESPECIAS EGIPCIAS

04

08

EMINÖNÜ

ÜSKÜDAR

ALTUNIZADE

02

01

MERCADO DE LIBREROS
SAHAFLAR ÇARSISI

KADIKÖY

BAKIRKÖY

MERCADO KADIKÖY

MODA

FENERBAHÇE

Aeropuerto
Internacional
Atatürk

CADDEBOSTAN

BOSTANCI

PASEO FENERBAHÇE
A BOSTANCI

09a

09b

MERCADO YEŞILKÖY

Mar de Mármara
(Marmara denizi)

0   10 km

ESTAMBUL

Con un pie en Asia y otro en Europa, Estambul es una vorágine cultural donde
Occidente se abraza con Oriente. Mercaderes de la Ruta de la Seda, comerciantes
palabreros y cazadores de gangas han regateado en sus bazares durante siglos,
y aunque se maneje un presupuesto escaso, hay mucho de lo que disfrutar.

01 Mezquita Azul

La impresionante Sultanahmet Camii fue construida hace alrededor de 400 años por el sultán Ahmet I para rivalizar con Santa Sofía. El "Azul" procede de los 20 000 azulejos que revisten sus cúpulas. Hay que evitar las horas de oración, cinco veces al día entre el amanecer y la puesta de sol (desde los seis alminares se canta el *ezan*), y respetar las normas recogidas en la web. *bluemosque.co; 9.30-17.30, excepto durante la oración; gratis.*

02 Derviches danzantes

Para conocer esta tradición, incluida por la Unesco en el Patrimonio Inmaterial de la Humanidad, basta con asistir los jueves por la noche a una ceremonia *sema* oficiada por la Asociación Mevlana. Después de ver a los bailarines (los derviches giróvagos) se puede participar en un coloquio con los místicos para recabar más información sobre la práctica y la teoría de esta ceremonia sufí. *emav.org/emav/silivrikapi-mevlana-cultural-center; Centro Cultural Slivrikapı Mevlana, Mevlânakapı Mah; 7.30-23.00 ju; gratis.*

03 Museo Doğançay

Este museo de arte moderno en un estrechísimo edificio de cinco plantas del bullicioso Beyoğlu encierra una interesante colección de obras de Burhan Doğançay y su padre Adil Doğançay, dos de los pintores más importantes de Turquía. Se exponen cinco décadas de expresión artística, incluidos los trabajos de juventud de Doğançay hijo, inspirados en los grafitis. De 15.00 a 17.00 se puede tomar un té por gentileza del museo. *dogancaymuseum.org; Balo Sokak No: 42, Beyoğlu 34335; 10.00-18.00 ma-do; gratis.*

04 Gran Bazar

Es gratis visitar el Gran Bazar, el mercado más grande y populoso del mundo, y hasta 400 000 personas recorren cada día las 61 calles y callejones cubiertos que lo integran, curioseando en 3000 tiendas y comiendo barato. Los viajeros llevan 600 años frotando lámparas y revolviendo entre baratijas en este lugar, y no es raro que los vendedores de alfombras inviten a un té. *grandbazaaristanbul.org; 9.00-19.00 lu-sa; gratis.*

05 Museo Elgiz

El primer museo de arte contemporáneo de Turquía expone una colección privada con obras de figuras internacionales como Tracey Emin y Jan Fabre y de talentos del país como Ömer Uluç

02

LADO ORIENTAL

Cruzar el Bósforo en barco y visitar el Estambul asiático es una experiencia fundamental, además, la enigmática orilla oriental ofrece mucho que ver gratis. En el barrio de Moda hay cafés, teatros, librerías y tiendas de discos, y después se recorre Sahil Yolu, el paseo marítimo, desde Fenerbahçe hasta Bostancı. Después puede verse el palacio de Beylerbeyi (antigua residencia de verano de los sultanes) y la İskele Camii (también llamada mezquita del Muelle y mezquita de la Sultana Mihrimah) en Üsküdar, encargada en el s. XVI por la hija de Solimán *el Magnífico*, la sultana Mihrimah. *24 h; gratis.*

ESTAMBUL

y la princesa Fahrelnissa Zeid. Se emplaza, más bien fuera de lugar, entre los altos edificios del barrio financiero de Maslak y tiene una terraza al aire libre que los escultores utilizan para dar a conocer sus obras. *Beybi Giz Plaza 34398 Maslak; 10.00-17.00 mi-vi, 10.00-16.00 sa; gratis.*

06 Bosque de Belgrado

Este bosque de 5500 Ha de superficie (6a) al norte de Estambul está poblado por ciervos, jabalíes, serpientes y algún lobo. Antiguo coto de caza, toma su nombre de los miles de serbios que terminaron en el lugar tras ser expulsados de Belgrado en 1521. Entre semana la entrada al **Arboreto de Atatürk** es reducida (6b; *Sarıyer Köyü; 4 TL 8.00-anochecer lu-vi, 10 TL fines de semana*), con miles de plantas.

07 Barcos del Bósforo

Beber té mientras se navega por el Bósforo –cordón umbilical de 32 km entre el mar Negro y el de Mármara– es una experiencia insoslayable. Los servicios de ferri rápido y autobús marítimo de **İDO** *(ido. com.tr)* son una alternativa barata a los cruceros turísticos. Hay que mantener los ojos abiertos: en el estrecho viven tres especies de delfines que suelen cabriolear a la proa de los barcos.

08 Parque Gülhane

En las hermosas riberas del Bósforo, este arbolado jardín ofrece un poco de espacio donde respirar y también algún concierto en directo. Antiguamente formaba parte del palacio de Topkapi, residencia durante cuatro siglos de los sultanes otomanos, entre ellos Solimán *el Magnífico* (1520-1566), que vivía allí con su harén, eso sí: protegido por eunucos. *Cankurtaran Mh; amanecer-anochecer; gratis.*

MERCADOS MÁGICOS

Aparte del Gran Bazar (p. 109) hay muchos más mercados que visitar en esta estación terminal de la Ruta de la Seda. El Mercado de las Especias Egipcias (*misircarsisi.org; Misir Çarsisi, Eminönü; 9.00-19.00 lu-sa, 10.00-18.00 do*) lleva abierto desde 1663. Se puede visitar una Asia nada turística para comprar alimentos frescos y ropa barata en Kadiköy (*ma y vi*), o buscar sombra bajo los castaños con intelectuales mascadores de tabaco en el mercado de libreros, Sahaflar Çarşısı (*Beyazıt Mh; lu-do*), que se remonta al s. XVI. El mercadillo de Bomonti es un revoltijo de tesoros y quincalla, mientras que Yeşilköy (pueblo verde) ofrece ropa de mejor calidad, té y plantas.

09 Islas de los Príncipes

Pagando solo 3 TL por trayecto se pueden visitar las Adalar ("las Islas") del mar de Mármara, sin tráfico rodado. Desde Kabataş, los ferris brindan vistas del palacio de Topkapi, Santa Sofía y la Mezquita Azul (estribor), y de Üsküdar y Haydarpaşa (babor) en ruta hacia Kadiköy, antes de poner rumbo a las islas. Vale la pena desembarcar en **Heybeliada** (9a) –con pinares, playas y el monasterio de Hagia Triada– y la bonita **Büyükada** (9b) para ver el Splendid Palace Hotel. Véase el horario en *ido.com.tr*.

10 Parque Yıldız

Antes cercado y reservado para el sultán Abdülhamid II y otros residentes del palacio Yıldız, este bonito parque es hoy un oasis público en medio de la ciudad. Muy visitado por los estambulinos para sus pícnics, ofrece antiguas casas otomanas, senderos floridos, preciosos lagos, pabellones pintorescos e incluso un gimnasio al aire libre para quemar las calorías de los deliciosos *döners*. *Yıldız Mh; 24 h; gratis*.

11 Festival Internacional de Jazz

Lo que empezó en 1984 como un vástago de una celebración cultural más amplia (el Festival de Estambul) se transformó en un festival de *jazz* que abarca muchos géneros (*rock, pop, blues, reggae*) y ha convocado a figuras de primera fila, desde Miles Davis y Dizzy Gillespie hasta Massive Attack, Björk y Lou Reed. Los conciertos gratuitos, como "Jazz en los Parques", coexisten con otros de pago. *caz.iksv.org/tr; jul*.

12 Festivales de cine

Cada noviembre, el **Festival Internacional de Cortometrajes de Estambul** (*istanbulfilmfestival.com*) presenta una cuidada selección de cortos de 20 min o menos para un público entusiasta en numerosos cines. Las películas se proyectan tres veces al día (con subtítulos en inglés), la entrada es gratuita y se puede participar en talleres y coloquios con los cineastas. En verano, el **Festival de Cine de la Montaña** (*dagfilmfest.org*) ofrece películas de aventureros, con charlas y exposiciones. *Véanse los detalles en las webs*.

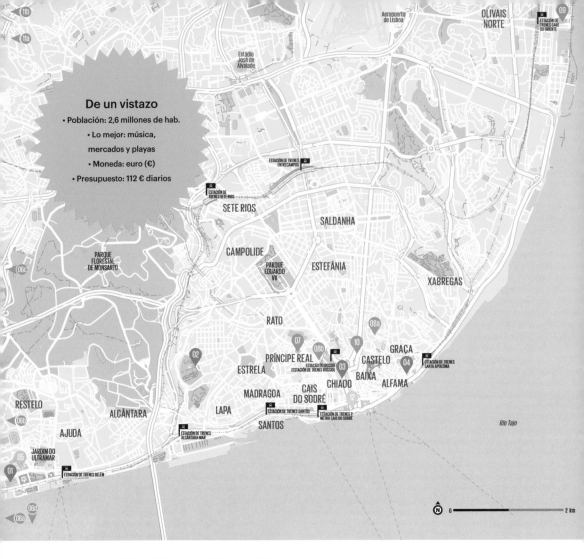

De un vistazo
- Población: 2,6 millones de hab.
- Lo mejor: música, mercados y playas
- Moneda: euro (€)
- Presupuesto: 112 € diarios

OLIVAIS NORTE

Aeropuerto de Lisboa

ESTACIÓN DE TRENES GARE DO ORIENTE

Estádio José de Alvalade

ESTACIÓN DE TRENES ENTRECAMPOS

ESTACIÓN DE TRENES SETE RIOS

SETE RIOS

SALDANHA

XABREGAS

CAMPOLIDE

PARQUE FLORESTAL DE MONSANTO

PARQUE EDUARDO VII

ESTEFÂNIA

RATO

08a

GRAÇA

07

06c

ESTRELA

PRÍNCIPE REAL

06d

ESTAÇÃO DO ROSSIO (ESTACIÓN DE TRENES ROSSIO)

10

02

03

CASTELO

04

ESTACIÓN DE TRENES SANTA APOLÓNIA

BAIXA

ALFAMA

CHIADO

MADRAGOA

CAIS DO SODRÉ

12

RESTELO

06b

ALCÂNTARA

LAPA

ESTACIÓN DE TRENES SANTOS

ESTACIÓN DE TRENES Y METRO CAIS DO SODRÉ

Rio Tajo

AJUDA

SANTOS

ESTACIÓN DE TRENES ALCÂNTARA-MAR

JARDIM DO ULTRAMAR

05

01

ESTACIÓN DE TRENES BELÉN

06d

06a

N 0 — 2 km

LISBOA

En la periferia occidental de Europa, Lisboa es la única capital del continente con playas oceánicas y olas que rompen en zonas urbanas, lo que ya garantiza diversión gratuita. Pero las gangas no acaban con el reflujo de la marea: hay mucho que explorar en esta metrópolis ibérica.

ARTE Y CULTURA   MÚSICA Y CINE   DEPORTE Y OCIO   COMIDA Y BEBIDA   FIESTAS Y CELEBRACIONES

01 Museo de la Colección Berardo

Con más de 1000 obras de artistas como Bacon, Dalí, Picasso, Pollock y Warhol, esta colección valorada en 316 millones de € incluye un amplio muestrario de arte conceptual de Europa y EE UU que abarca desde el surrealismo hasta el hiperrealismo y desde el minimalismo hasta el pop art. No hay que perderse los carteles antiguos de la magnífica exposición sobre arte publicitario. *museuberardo.pt; Centro Cultural de Belém, Praça do Império; 10.00-19.00; gratis.*

02 Cementerio de los Placeres

Cuando su tiempo se acaba, las luminarias de Lisboa reciben sepultura bajo los cipreses del Cemitério dos Prazeres (el curioso nombre proviene del cercano barrio de Prazeres: "Placeres"). Las estatuas de los difuntos se alzan entre capillas funerarias grandes como casas, y el cementerio ofrece vistas impresionantes del valle de Alcántara y el río Tajo. *Praça São João Bosco; 9.00-17.00, 9.00-18.00 may-sep; gratis.*

03 Elevador de Santa Justa

Es natural que *A Cidade das Sete Colinas* (la Ciudad de las Siete Colinas) tenga cuestas empinadas. Se puede evitar la subida hasta el Barrio Alto tomando este elevador diseñado por un discípulo de Gustave Eiffel, con arcos de hierro neogóticos y maravillosas cabinas de madera. Los billetes específicos (5 € ida y vuelta) son un robo, pero el elevador está integrado en la red de transporte público de Lisboa, así que los billetes de metro/autobús para un día son válidos. *Barrio de Baixa; 7.00-23.00.*

04 Mosteiro dos Jerónimos

La construcción de este monasterio Patrimonio Mundial por la Unesco empezó en 1501, costeada por Manuel I, cuyas arcas rebosaban con el dinero de las especias después de que Vasco da Gama (enterrado aquí) descubriera una ruta por mar a la India, y tardó un siglo en terminarse. La entrada es gratuita una vez al mes, o bien puede uno contentarse con ver las gárgolas dando la vuelta a este hito del gótico. *mosteirojeronimos.pt; Praça do Império 1400-206; 10.00-17.30 ma-do; 10 €, gratis 1ʳ do mes.*

05 Fado

Lisboa es famosa por el fado, la música popular por excelencia de la ciudad, interpretada con guitarras, mandolinas y una cantante que desgrana su nostalgia. Se escucha fado por todas partes, pero para garantizar el placer auditivo se recomienda reservar en **Mesa de Frades** (*Rua dos Remédios 139A; 19.00-2.00 lu-sa*), antes una capilla y hoy un restaurante azulejado. La comida hay que pagarla, pero el fado es gratis y se prolonga hasta tarde.

LISBOA

Playas y rompientes

06 Lisboa posee posiblemente las mejores playas urbanas de Europa. Los arcos de arena al oeste de la ciudad, en la orilla norte del estuario del Tajo, son los más accesibles. Con olas y arena suaves y buenos servicios ferroviarios, la **Praia de Carcavelos** (6a) es muy visitada, y la **Praia de Tamariz** (6b) en Estoril es otro sitio clave. Los surfistas deben visitar la **Praia do Guincho** (6c), al norte, y la **Costa da Caparica** (6d), en el sur.

Jardim do Príncipe Real

07 En este apacible jardín romántico del s. XIX se instala semanalmente un **mercado** (9.00-14.00 sa) de comida ecológica, artesanía (bolsos y joyas) y antigüedades. Su centro neurálgico es el centenario ciprés mexicano, un parasol gigantesco para los jugadores de cartas lisboetas, algunos casi tan viejos como el árbol. Hay también un gran lago octogonal, un acueducto y el subterráneo **Museu da Água Príncipe Real** (10.00-17.30 mi-sa; 2 €). Jardim França Borges; 24 h; gratis.

Miradores

08 La ciudad de las siete colinas ofrece otros tantos miradouros. El más alto es el **Miradouro da Senhora do Monte** (8a), donde un panel con azulejos explica que lo que se está contemplando es el Castelo de São Jorge, la Mouraria, el Convento do Carmo y el mar de la Paja en el estuario del Tajo. Otra vista maravillosa es la que ofrece el **Miradouro de São Pedro de Alcântara** (8b), al que se sube en el **Elevador da Glória**.

Parque das Nações

09 El Parque de las Naciones acogió la Exposición Universal de 1998, cuyo tema central era el 500º aniversario de la

TRANSPORTE ECONÓMICO

Una alternativa a los caros circuitos en autobús es el Eléctrico 28e (2,50 €), un tranvía amarillo que va renqueando desde Praça Martim Moniz hasta Campo de Ourique pasando por los rincones más bonitos de Lisboa; se abarrota y conviene tomarlo temprano. Los ferris de cercanías también brindan vistas desde el río mucho más baratas que las de los cruceros turísticos. Los ferris (2,65 €) cruzan el Tajo desde Cais do Sodré, Terreiro do Paço y Belém, deparando estampas magníficas, incluida la Torre de Belém. Los billetes combinados (transporteslisboa. pt; 6 €/24 h) cubren el metro, el elevador de Santa Justa, los tranvías y los funiculares. Las Lisboa Cards (visitlisboa.com; 18,50 €) son válidas para viajar en transporte público y entrar en museos y otros lugares de interés.

llegada de Vasco da Gama a la India. Este espacio al aire libre con acceso gratuito se extiende a lo largo de 5 km a orillas del Tajo y posee fuentes "volcánicas" en erupción, impresionantes obras de arte urbano, un **Oceanário** de fama mundial (oceanario.pt; Esplanada Dom Carlos I; 10.00-20.00; 16 €), teleférico (5,90 € ida y vuelta) y la altísima **Torre Vasco da Gama**, que parece una vela. portaldasnacoes.pt; parque gratis.

10 Praça Martim Moniz

Así llamada por un caballero muerto en el sitio de Lisboa en 1147, esta plaza es el centro neurálgico de la zona multicultural de Lisboa. Al amparo del Castelo de São Jorge, lisboetas de toda clase, condición y procedencia beben cerveza, practican yoga, juegan a la pelota, comen comida internacional barata y divertida, y bailan al compás de los DJ (15.00-24.00 ju y vi). En el fin de semana, los puestos del **Mercado de Fusión** venden de todo, desde empadão (empanada) hasta afrodisíacos.

11 Parque Natural Sintra-Cascais

El punto más occidental de la tierra firme europea lo marcan los acantilados de **Cabo da Roca** en el Parque Natural Sintra-Cascais, a las afueras de Lisboa. El faro dibuja una estampa evocadora. Un poco más al norte, las atracciones descomunales continúan con los rastros de dinosaurios que ascienden por el acantilado sur, por detrás de **Praia Grande**. Las 60 huellas fosilizadas tienen 100 millones de años y las dejaron megalosaurios e iguanodontes. 24 h; gratis.

12 Cata de vinos

¿Produce Portugal vinos de calidad aparte del celebérrimo oporto? Uno podrá decidirlo por sí mismo en las salas de catas de **ViniPortugal**, organismo promotor de la Asociación de la Industria Vinícola Portuguesa, donde pueden probarse 12 vinos de diferentes regiones del país. viniportugal.pt; Sala Ogival, Terreiro do Paço; 11.00-19.00 ma-sa; gratis, cata 2 € por 4 vinos.

🔴 ARTE Y CULTURA   🔴 MÚSICA Y CINE   🔴 DEPORTE Y OCIO   🔴 COMIDA Y BEBIDA   🔴 FIESTAS Y CELEBRACIONES

LONDRES (texto lateral vertical)

LONDRES

Aunque Londres haya limpiado su atmósfera con las leyes de protección del medio ambiente, no es raro ver a los visitantes asfixiados por los precios de la comida, la bebida y los servicios. No obstante, Londres es una de las ciudades más maravillosas del mundo, y hay mucho que ver gratis.

01 Grant Museum of Zoology

¿Qué aspecto habrían tenido los esqueletos de los mamíferos machos si los gazmoños conservadores victorianos no les hubiesen retirado los huesos del pene? Se puede averiguar en el último museo zoológico universitario de Londres, con 68 000 especímenes del reino animal, entre ellos el tilacino (tigre de Tasmania) y el dodo. Una vez cerrado, el museo revive con noches de cine y sesiones de micrófono abierto. *ucl.ac.uk/museums/zoology; Rockefeller Building, 21 University St, WC1E; 13.00-17.00 lu-sa; gratis.*

02 Highgate Cemetery

El cementerio protegido más famoso de Londres (*de facto*, una reserva natural) acoge a numerosas celebridades –desde Karl Marx y Malcolm McLaren hasta George Eliot y Douglas Adams– junto con otros 170 000 residentes. A la sección oeste solo se puede entrar en circuitos guiados (caros), pero los visitantes pueden explorar el cementerio del este; se cobra algo, pero no como para quedarse... tieso. *highgatecemetery.org;*

Swain's Lane, N6; 10.00-17.00 lu-vi, 11.00-17.00 sa y do; mayores de 18 años 4 GBP.

03 London Wall

Antes de pagar una pequeña fortuna para entrar en la Torre de Londres, es recomendable cruzar la calle para ver los restos de una estructura mil años más antigua. Es la sección mejor conservada de la muralla romana que antaño circunvalaba la ciudad, que está datada hacia el 200 d.C., 150 años después de que Boadicea saqueara la ciudad. *www.english-heritage.org.uk; Tower Hill, EC3N; 24 h; gratis.*

04 National Gallery

Pueden admirarse más de 2300 obras de los mejores artistas del pincel y el cincel, desde el Medievo hasta principios del s. xx. Entre lo más valioso hay que destacar los nenúfares de Monet, los girasoles de Van Gogh, los retratos de Rembrandt, estampas de la Inglaterra preindustrial de Constable y un sinfín de obras maestras de artistas tan importantes como Leonardo, Miguel Ángel, Rafael, Rubens, Turner y Cézanne, entre otros. *nationalgallery.org.uk; Trafalgar Square, WC2N; 10.00-18.00 sa-ju, 10.00-21.00 vi; gratis.*

05 Natural History Museum

El *tsunami* de furor que desató el anuncio de que *Dippy*, el diplodocus (una réplica) del vestíbulo del Natural History Museum iba a ser sustituido en el 2017 por un esqueleto de ballena revela el cariño que se profesa a esta institución. Todos los niños británicos visitan el edificio al menos una vez, y lo mismo debería hacer el viajero; tan solo por la arquitectura victoriana ya vale la pena, y no digamos por los 80 millones de piezas expuestas. *nhm.ac.uk; Cromwell Rd, SW7; 10.00-17.50; gratis.*

© Matteo Franzil | 500px, © Helen Cathcart | Lonely Planet Images

EN BICI O A PIE

Para ver Londres lo más aconsejable es viajar por tierra y siempre autopropulsado, como en una bicicleta de Santander Cycle *(tfl.gov.uk/modes/cycling/santander-cycles; gratis primeros 30 min, después 2 GBP/30 min)* después de haberse descargado las rutas desde la web. O, mejor todavía, a pie: pasear es gratis y las calles de Londres están llenas de sorpresas. Hay varios paseos autoguiados *(tfl.gov.uk/modes/walking/)*, pero uno de los primeros sigue siendo el mejor; aunque solo se recorra el tramo central de los 24 km de la Jubilee Walkway *(tfl.gov.uk/modes/walking/jubilee-walkway)*, se pasa por la Southbank y se ve la Tate Modern, el Parlamento, el London Eye, la catedral de San Pablo, el HMS *Belfast*, Trafalgar Square y el Tower Bridge.

06 The Science Museum

Esta catedral consagrada al culto del pensamiento científico y las conquistas técnicas de la humanidad atrae cada año a unos 3,3 millones de personas. La colección de 300 000 objetos abarca desde aeronaves hasta microchips, con piezas tan valiosas como el "Cohete" (locomotora) de Stephenson, una réplica del módulo de alunizaje "Eagle" de 1969 y el "Reloj del Largo Ahora", diseñado para marcar la hora durante 10 000 años. *sciencemuseum.org.uk; Exhibition Rd, SW7; 10.00-18.00 sa-ju, 10.00-22.00 vi; gratis.*

07 The Tate

Esta galería con cuatro sedes expone piezas polémicas y obras experimentales, como la exposición Sensorium en 4D, que combina pinturas con elementos olfativos, auditivos y táctiles. Dos de las cuatro sedes de la galería en el Reino Unido están en Londres: la **Tate Britain** (7a; *Millbank, SW1P; 10.00-18.00*), con arte británico desde 1500 hasta nuestros días; y la **Tate Modern** (7b; *Bankside, SE1; 10.00-18.00 do-ju, 10.00-20.00 vi y sa*), que expone arte desde 1900 en adelante. *tate.org.uk; gratis.*

08 The Wallace Collection

Prima la gran pintura –como el *Caballero sonriente* de Franz Hals y obras de Rembrandt–, pero quizá sea más interesante conocer la colección de armas y armaduras. El imponente arsenal incluye una espada del s. x y numerosas armas de fuego del s. xvi. Además se exhibe un muestrario de muebles franceses, como piezas de los aposentos de María Antonieta en el palacio de Versalles, y un retrete de roble que perteneció al mismo Luis XV. *wallacecollection.org; Manchester Sq, W1U; 10.00-17.00; gratis.*

09 The Wellcome Collection

Vale la pena visitar el "destino gratuito para curiosos incurables" y descubrir que el tratamiento que los médicos dispensaban a quienes caían al Támesis consistía en insuflarles humo por el ano. Fundado por el farmacéutico del s. xix Sir Henry Wellcome, este museo explora el territorio donde convergen la medicina, la vida y el arte. Entre las curiosidades médicas se encontrarán hojas de guillotina y el cepillo de dientes de Napoléon. *wellcomecollection.org; 183 Euston Rd, NW1; 10.00-18.00 lu-mi y vi, 10.00-20.00 ju, 10.00-16.00 sa; gratis.*

10 Victoria and Albert Museum (V&A)

Con 4,5 millones de objetos que llenan 145 galerías y abarcan 500 años, el V&A (10a) es el museo de arte y diseño más importante del mundo: una colección ecléctica y abrumadora que abarca desde pinturas, esculturas y fotografías hasta textiles y loza oriental. El museo administra también el **Museum of Childhood** (10b; *vam.ac.uk/moc; Cambridge Heath Rd, E2; 10.00-17.45; gratis*), con la mayor colección de juguetes y juegos del Reino Unido. *vam.ac.uk; Cromwell Rd, SW7; 10.00-17.45 sa-ju, 10.00-20.00 vi; gratis.*

11 Mediatheque

La sede en Southbank del British Film Institute está llena de tesoros de las pantallas grande y pequeña, más un espacio para exposiciones, salas de cine y bares; pero lo que no hay que perderse es la Mediatheque, donde se accede desde una pantalla de ordenador a miles de documentales, películas y programas de televisión. Se puede reservar sitio por internet o ir sin más, pero recuérdese que las cabinas son limitadas. *bfi.org.uk/mediatheque; BFI Southbank, SE1; 11.00-23.00 lu-ju, 11.00-23.30 vi y sa; gratis.*

The Vault

12 En una sala sin problemas de seguridad (la antigua cámara acorazada del Coutts Bankt), el primigenio Hard Rock Cafe de Londres guarda un cúmulo de objetos relacionados con la música, como las gafas de sol de Kurt Cobain, una guitarra de Jimi Hendrix y una camiseta del ejército de EE UU que vistió John Lennon. La entrada es gratuita si se pide una hamburguesa con patatas fritas. *hardrock.com/cafes/london; Hard Rock Cafe, 150 Old Park Lane; 11.30-0.30 lu-ju, 11.00-1.00 vi y sa, 11.30-22.30 do; gratis.*

Estanques de Hampstead Heath

13 En este oasis en el norte de Londres se puede practicar la natación al aire libre desde hace décadas. Hay tres estanques: para hombres (con trampolín), para mujeres y mixto (se llena durante el verano). Las instalaciones incluyen zonas para cambiarse y tomar el sol. Son las únicas zonas de Gran Bretaña vigiladas por socorristas los 365 días del año. Las vistas de la ciudad son impresionantes, y el cercano Golders Hill Park tiene un recinto con ciervos.

cityoflondon.gov.uk/things-to-do/green-spaces/hampstead-heath/swimming; 7.00-anochecer; 2 GBP/día.

Parques

14 Los pulmones de Londres son sus parques. Millones de personas toman el sol, reman, nadan y comen al aire libre en el Serpentine de **Hyde Park** (14a; *royal-parks.org.uk/parks/hyde-park; 5.00-24.00; gratis*) o escuchan a los oradores en el Speaker's Corner. El Winter Wonderland (*nov-ene*), con entrada gratuita, ofrece atracciones y espectáculos fabulosos. A 2 km, **Regent's Park** (14b; *www.royal-parks.org.uk/parks/the-regents-park; 5.00-20.00; gratis*) cuenta con un fantástico jardín, y cerca del círculo interior se encuentra la entrada secreta al idílico St John's Lodge Garden.

Project Awesome

15 ¡Qué gusto da ver Londres al alba con las gotas de sudor corriendo por la frente tras haberse unido a una sesión de carreras y ejercicios en grupo! Project Awesome

13

se reúne a las 6.30 tres veces por semana: los miércoles en The Scoop junto al Tower Bridge (15a), los viernes en Primrose Hill (15b) y los lunes en un lugar secreto. Las sesiones están adaptadas a todos y después se invita a café. Para ponerse al día hay que entrar en los grupos de Facebook, Twitter o Instagram. *projectawesomelondon.com; gratis.*

16 La línea del arte

Esta ruta autoguiada por el arte contemporáneo y moderno –la primera de su estilo en la ciudad– sigue más o menos la línea del meridiano de Greenwich desde el O2 y la península de Greenwich hasta el Queen Elizabeth Olympic Park. Por el camino hay obras escultóricas de Damien Hirst, Martin Creed, Gary Hume y Eduardo Paolozzi indicando el camino que hay que seguir. La web incluye mapas interactivos. *the-line.org; gratis.*

17 Cabmen's Shelters

La comida gratis es algo raro en Londres, pero aun así se puede comer barato; basta con... ¡seguir un taxi! Los Cabmen's Shelters se introdujeron en el s. xix para que los cocheros de punto mataran el hambre con poco dinero. De aquellos "refugios" verdes sobreviven 13 que todavía sirven comida baratísima a los taxistas y, si es para llevar, a todo hijo de vecino. Un buen sándwich cuesta 2,80 *GBP* y una taza de té 0,50 *GBP. 24 h.*

18 More London Free Festival

Este festival gratuito toma posesión de la orilla sur del Támesis durante el verano con una programación que comprende desde música en directo y teatro alternativo hasta espectáculos para niños y proyecciones de películas en el Scoop, un anfiteatro de hormigón con 1000 localidades de aforo cerca del Tower Bridge. Pero la actividad no se reduce al verano y la enorme pantalla transmite acontecimientos deportivos como el torneo de tenis de Wimbledon y el Tour de Francia. En la orilla sur se instala además un mercado navideño. *morelondon.com; The Scoop; jun-sep; gratis.*

LA ORILLA SUR

A orillas del Támesis, el Southbank Centre es un centro cultural de primer nivel, pero cuando llega el verano se convierte además en un hervidero de actividades al aire libre. El Queen Elizabeth Hall Roof Garden es un oasis verde, con un prado florido, minihuertos y un jardín forestal, todo con unas vistas que quitan el hipo. La plaza acoge todas las semanas mercados de comida callejera, y la Riverside Terrace es escenario habitual de actuaciones en directo. La gente se divierte en los chorros de la fuente "Appearing Rooms" de Jeppe Hein, y hay una playa urbana en el río. *southbank centre.co.uk; Belvedere Rd, SE1; 10.00-22.00 jun-sep; gratis.*

LOS MEJORES CIRCUITOS A PIE GRATIS

Sí, eso es: un paseo guiado por la ciudad, gratis (aparte de la propina optativa).

ALTERNATIVE BERLIN – ALEMANIA

Para conocer la otra cara de la capital alemana: arte callejero, *skateparks*, okupaciones artísticas, barrios multiculturales, galerías de grafitis, *raves* diurnas, mercadillos, etc. *alternativeberlin. com; 11.00, 13.00 y 15.00.*

RUNNER BEAN TOURS – ESPAÑA

Gaudí dejó una huella indeleble en Barcelona; este paseo gratuito se centra en el gran arquitecto, desde su primera obra maestra, el Palau Güell, hasta su magna obra inacabada, la Sagrada Família. *runnerbeantours.com; 11.00 (y 16.30, verano).*

NENO Y SUS AMIGOS – BOSNIA Y HERZEGOVINA

Neno y Merima enseñan lo imprescindible de Sarajevo y proporcionan una visión personal y apasionada de la historia, la política y la cultura del país. *sarajevo walkingtours.com; 10.30, abr-oct.*

BRUSSELS GREETERS – BÉLGICA

Esto no es un circuito urbano gratuito normal y corriente; previo acuerdo, estos voluntarios organizan una ruta al gusto del visitante y en función de sus intereses, ya sea la historia, el fútbol o las *frites*. No hace falta dejar propina. *brussels. greeters.be.*

NEW ROME FREE TOUR – ITALIA

Lo mejor de este circuito es la hora. Se sale de la escalinata de la plaza de España a las 17.30 para recorrer los lugares clave (Templo de Adriano, Panteón, Fontana de Trevi), así que va bien para quienes viajen solos y busquen compañía por la tarde y por la noche. *newromefree tour.com; 17.30.*

BELGRADE WALKING TOURS - SERBIA

Se empieza con un circuito por el centro como introducción a la capital serbia, y después el grupo se une al Zemun Tour (15.00, sa), que recorre el barrio antiguo. *belgrade walkingtours.com; 11.00 y 16.00.*

FREE WALK ZÚRICH - SUIZA

Si se cree que la lacustre Zúrich se reduce a frías finanzas empresariales, vale la pena apuntarse al circuito Zúrich Oeste, que descubre el lado alternativo de la ciudad helvética: desde fábricas convertidas en teatros hasta el barrio de prostitución. *freewalk zurich.ch; 15.00.*

LJUBLJANA FREE TOUR - ESLOVENIA

Desde la Iglesia Rosa, un guía vestido de amarillo enseña la capital eslovena, tanto sus lugares destacados como los rincones secretos que solo alguien de allí puede divulgar. *ljubljanafreetour.com; 11.00.*

FREE WALKING TOUR.COM - POLONIA

Se puede elegir entre el clásico circuito por el casco antiguo de Cracovia, la Cracovia judía, la comida de Cracovia o, por la noche, la Cracovia macabra. *freewal kingtour.com/krakow; 10.00 y 15.30, mar-oct (circuito por el casco antiguo, los demás varían).*

BATH GUIDES - INGLATERRA

Los "guías honorarios del alcalde de Bath" llevan 80 años ofreciendo circuitos gratuitos por esta ciudad georgiana. Se sale del exterior de las Pump Rooms. *bathguides.org.uk; 10.30 y 14.00 do-vi, y 19.00 ma-ju may-sep, 10.30 sa.*

ARTE Y CULTURA   MÚSICA Y CINE   DEPORTE Y OCIO   COMIDA Y BEBIDA   FIESTAS Y CELEBRACIONES

MADRID

La vida en Madrid transcurre en la calle de día y de noche con una pasión muy española. Esta es también una de las grandes capitales culturales de Europa, con una oferta sin par de pinacotecas. Esta combinación de diversión ruidosa y sensibilidad artística es el regalo de Madrid al mundo, que en buena parte se disfruta gratis.

01 Caixa Forum

Esta profusión de hierro forjado oxidado y un jardín vertical de varios pisos que se asoma al bulevar más distinguido de Madrid ofrece interesantes exposiciones y una de las mejores tiendas de regalos de todos los museos que hay en la capital española. Bienvenidos a Caixa Forum, una dinámica experiencia cultural y el ejemplo de arquitectura contemporánea más notorio de la capital española. *Pº del Prado, 36; 10.00-20.00; gratis, exposiciones desde 4 €.*

02 Centro de Arte Reina Sofía

Continuando la travesía allí donde el Prado se detiene, el Reina Sofía se introduce en el arte español del s. xx. Están representados numerosos maestros modernos, pero dominan los tres grandes: Picasso, Miró y Dalí. El *Guernica* de Picasso es quizá lo más destacado. Hay que calcular bien la hora para entrar gratis. *museoreinasofia.es; c/ Santa Isabel, 52; 10.00-21.00 lu y mi-sa, 10.00-19.00 do adultos/reducida 8 €/gratis, gratis 13.30-19.00 do, 19.00-21.00 lu y mi-sa.*

MADRID

N 0 2 km

De un vistazo
- Población: 6,46 millones de hab.
- Lo mejor: equilibrio entre excelencia artística y fascinante vida callejera
- Moneda: euro (€)
- Presupuesto: 118 € diarios

Universidad Complutense

COMPLEJO AZCA

PARQUE DE SANTANDER

ARAPILES

RÍOS ROSAS

CASTELLANA

CHAMBERÍ

ARGÜELLES

TRAFALGAR

SALAMANCA

LAS VENTAS
07

ALMAGRO

JARDINES DE MARÍA EVA DUARTE DE PERÓN
05

CONDE DUQUE MALASAÑA

03

RECOLETOS

GOYA

CHUECA

JARDINES DEL DESCUBRIMIENTO

RECOLETOS

PARQUE FUENTE DEL BERRO

PARQUE DE LA MONTAÑA

PLAZA DE ESPAÑA

RECOLETOS

PRÍNCIPE PÍO

JUSTICIA

12

CAMPO

11

PARQUE DEL BUEN RETIRO

Estanque

PARQUE DE ROMA

CAMPO DEL MORO

Plaza de la Armería

CENTRO

SOL

06

RETIRO

16

14

LOS AUSTRIAS

13

08

BARRIO DE LAS LETRAS

04

10

JARDÍN DE LOS PLANTELES

LA MORERÍA

09

JERÓNIMOS

PLAZA DE LA PAJA

CALLE CAVA BAJA

HUERTAS

JARDINES DE LAS VISTILLAS

17

LA LATINA

01

REAL JARDÍN BOTÁNICO

EL RASTRO

LAVAPIÉS

02

ATOCHA

JARDÍN DEL RASTRO

ESTACIÓN DE ATOCHA

Estadio Vicente Calderón

Río Manzanares

03 Museo de Historia de Madrid

La historia de Madrid se narra maravillosamente en este museo restaurado. La portada más ornamentada de la ciudad, construida en estilo barroco en el s. XVIII por Pedro de Ribera, franquea la entrada a una colección que incluye la *Alegoría de la ciudad de Madrid* de Francisco de Goya, caricaturas de Napoleón y, en el sótano, una maqueta a escala de Madrid en 1830. *madrid.es/museodehistoria; c/ Fuencarral, 78; 11.00-14.00 y 16.00-19.00 ma-vi, 10.00-14.00 y 16.00-19.00 sa y do; gratis.*

04 Museo del Prado

Es verdaderamente extraordinario; un espacio mágico donde pueden admirarse obras de Velázquez y Goya, o de maestros flamencos como Rubens y Rembrandt. Y de ninguna manera hay que perderse uno de sus cuadros estelares: el alucinatorio *Jardín de las delicias* del Bosco. Es gratis las 2 h antes del cierre. *museodelprado.es; Pº del Prado; 10.00-20.00 lu-sa, 10.00-19.00 do; adultos/niños 14 €/gratis, gratis 18.00-20.00 lu-sa y 17.00-19.00 do.*

05 Ermita de San Antonio de la Florida

Pinacotecas aparte, esta ermita (también conocida como Panteón de Goya) junto al Manzanares encierra uno de los tesoros de la ciudad. Los fabulosos murales pintados por Francisco de Goya en 1797 adornan el techo, y el maestro está enterrado bajo el altar (misteriosamente, sin cabeza). *sanantoniodelaflorida.es; Glorieta de San Antonio de la Florida, 5; 10.00-20.00 ma-do, horario variable jul y ago; gratis.*

06 Museo Thyssen-Bornemisza

Esta colección particular es la pinacoteca madrileña preferida por muchos visi-

 MADRID

PISTAS PARA AHORRAR

Madrid puede ser un sitio caro para comer, pero existen algunas estrategias para reducir costes. Por la mañana hay que aprovechar los desayunos del hotel o, si no van incluidos en el precio, dirigirse a algún bar de la zona, donde un cruasán y un café casi nunca harán saltar la banca. Todos los restaurantes y la mayoría de los bares ofrecen al almuerzo un menú del día: tres platos con un precio bastante inferior al que costarían en la carta. Algunos bares sirven también una pequeña tapa gratis con la bebida.

tantes. Su bien reconocido acierto consiste en reunir a todos los maestros europeos, pasados y presentes, bajo un mismo techo. Todos los «grandes», desde el siglo XIII a finales del XX, están representados. Y la mejor información: los lunes es gratis. *museothyssen.org; Pº del Prado, 8; 10.00-19.00 ma-do, 12.00-16.00 lu; adultos/niños 10 €/gratis, gratis lu.*

07 Plaza de Toros Monumental de Las Ventas

Epicentro del toreo madrileño, la plaza de Las Ventas posee un exterior neomudéjar y un enorme coso de cuatro plantas con un aforo de 25 000 espectadores. En el caso de que no se tenga suficiente estómago como para asistir a una corrida pero se sienta curiosidad, el **Museo Taurino** (*9.30-14.30 lu-vi, 10.00-13.00 do mar-oct, 9.30-14.30 lu-vi nov-feb; gratis*) está abarrotado de objetos relacionados con la tauromaquia. *las-ventas.com; c/ Alcalá, 237; 10.00-17.30; véase la web para los precios de las entradas.*

08 Casa Pueblo

El *jazz* en directo y gratuito es lo que atrae a la gente a este fabuloso bar de ambiente bohemio situado en el corazón del Barrio de las Letras. Pero su fama centenaria no se labró solo con la música: hay desde oferta de tartas y cócteles hasta reuniones de treintañeros que discuten la actualidad política. Lo único que no es gratuito son las bebidas. *C/ León, 3; 17.00-2.00 lu-ju, 17.00-3.00 vi, 15.00-3.00 sa, 15.00-2.00 do; gratis.*

09 Jazz Bar

Fue en la década de 1920 cuando Madrid empezó a sonar como una de las capitales europeas del *jazz*, y todavía es un destino de primer nivel para los aficiona-

dos. En este bar de ambiente íntimo con *jazz* de fondo el procedimiento es sencillo: uno paga las bebidas, inspecciona la colección de CD, elige lo que le apetezca y después se instala en un reservado y escucha. *C/ Moratín, 35; 15.00-3.00 vi-do, 17.00-3.00 lu-ju; gratis.*

10 Populart

En el corazón del animado barrio de Huertas, Populart es un local de *jazz* fabuloso (y además gratis). La música es de primera, con mezcla de *jazz* clásico, ritmos latinos, *blues* y *swing*. Que hayan actuado entre sus paredes Compay Segundo y la Canal Street Jazz Band da idea del excelente nivel en actuaciones en directo. *populart.es; c/ Huertas, 22; 18.00-2.30 do-ju, 18.00-3.30 vi y sa, conciertos 22.00; gratis.*

11 Campo del Moro

Estos bonitos jardines por debajo del Palacio Real poseen toda la gracia y las dimensiones asociadas con las monarquías europeas. El Campo del Moro es también importante desde el punto de vista histórico: una histórica victoria alcanzada aquí en el s. XII conservó Madrid en manos cristianas y la ciudad no volvió a ser tomada. La elegante **Fuente de las Conchas** es el mirador perfecto a últimas horas de la tarde. *patrimonionacional.es; Pº Virgen del Puerto; 10.00-20.00 abr-sep, 10.00-18.00 oct-mar; gratis.*

12 Parque del Retiro

En el corazón de Madrid, El Retiro es un oasis verde y una de las zonas de asueto preferidas por los madrileños. La vegetación, el Palacio de Cristal, una estatua del diablo, el árbol más viejo de Madrid y espacio suficiente para que el gentío se solace, convierten la visita al parque en una experiencia muy madrileña, sobre todo en una tarde de

MADRID

domingo. *esmadrid.com/informacion-turistica/parque-del-retiro; plaza de la Independencia; 6.00-24.00 may-sep,6.00-23.00 oct-abr; gratis.*

Plaza de Santa Ana

Si se quisiera entender el secreto de la vida callejera de Madrid en un solo lugar, la plaza de Santa Ana sería buena elección. Bordeada por atractivos edificios, animada por bares cargados de historia y llena de anécdotas protagonizada por artistas, cineastas y toreros, Santa Ana es el punto de partida de muchas noches épicas de Madrid. *24 h; gratis.*

Plaza Mayor

Muchos visitantes se han enamorado de Madrid en esta hermosa plaza –un notable ejemplo del barroco madrileño– que a lo largo de su historia ha sido escenario de corridas de toros, bodas reales, beatificaciones e incluso de procesos de la Inquisición. Para entender cabalmente su fascinación hay que unirse a la

gente y sentarse para contemplar el animado espectáculo del desfile incesante y entretenido de la vida callejera de Madrid. *24 h; gratis.*

El Rincón de Jerez

Como este sitio no hay nada en Madrid. Después de la cena, a las 23.00 de martes a sábados, se apagan las luces, se encienden las velas y se canta *La salve rociera*, un canto hondamente enraizado en las tradiciones religiosas andaluzas. Escucharla produce escalofríos ¡Y la comida tampoco está mal! *elnuevorincondejerez.es; c/ Rufino Blanco, 5; 13.00-16.30 y 19.00-24.00 ma-sa, 13.00-16.30 do sep-jul; raciones (tapas) 7-13 €.*

Mercado de San Miguel

Este reformado mercado de hierro y cristal de la *belle époque* representa todo lo bueno de comer fuera en Madrid. Los puestos, la mayoría con vinos y tapas, combinan tradición e innovación, los pilares de

MADRID CARD

Reducir el coste de las visitas turísticas y otros gastos resulta más fácil si se compra la Madrid Card *(madridcard.com; 24/48/72/120 h 47/60/67/77 €)* y se está dispuesto a seguir un programa bastante intensivo. Con el desembolso inicial queda cubierto el transporte público, los circuitos a pie y la entrada a más de 50 museos de Madrid y alrededores (incluidas las grandes pinacotecas, el estadio Santiago Bernabéu del Real Madrid y el Palacio Real), además de obtenerse descuentos en varios restaurantes, tiendas, bares y agencias de alquiler de coches.

la revolución culinaria española; en casi todos hay que pagar según lo que se consuma, pero en realidad el verdadero reclamo del mercado es el irresistible bullicio que envuelve la comida. *mercadodesan miguel.es; plaza de San Miguel; abierto 10.00-24.00 do-mi, 10.00-2.00 ju-sa; gratis.*

El Rastro

Es uno de los mercadillos más grandes de Europa y una institución madrileña los domingos por la mañana. En una maraña de calles donde La Latina se funde con Lavapiés, los numerosos puestos del mercado ofrecen baratijas y tesoros casi en igual medida, desde ropa y bolsos baratos hasta antigüedades y discos de flamen-

co. Después hay que seguir a los madrileños hasta la **Cava Baja** para tomar unas tapas. *Ribera de Curtidores; 9.00-15.00 do; gratis.*

18 Fiesta de San Isidro

Todos los años, el 15 de mayo y varios días antes y después, la capital española honra a su patrono, san Isidro, con procesiones, fiestas, verbenas, corridas de toros y muchos conciertos gratuitos. Madrileños de todas las edades visten trajes típicos, y la víspera se celebra una de las fiestas más lucidas de Madrid, que se prolonga hasta por la mañana. *esmadrid.com; véase la web para lugares y horarios; gratis.*

UN DÍA GRATIS

Se empieza en la plaza de la Paja del barrio de La Latina, una de las más antiguas de Madrid. El trazado medieval se prolonga en la cercana Cava Baja, una de las mejores calles de Madrid para tapear, antes de subir a la Plaza Mayor. Se hace un alto para picotear algo en el Mercado de San Miguel y se toma el metro hasta el Parque del Retiro (p. 127). Por la tarde se elige entre el Museo del Prado o el Thyssen-Bornemisza (ambos p. 126) y se sube después por Huertas para escuchar *jazz* en directo gratis en Populart (p. 127).

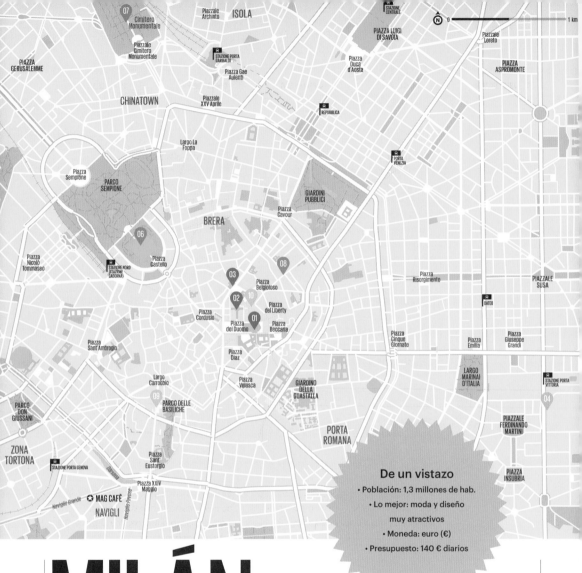

MILÁN

Bienvenidos al mundo opulento de la urbe más glamurosa de Italia. Alabada como centro mundial de la moda, el diseño y las finanzas, el gusto impecable se funde con el lujo y la riqueza en esta ciudad. Los precios son altos, pero ahondando un poco se encuentra un Milán de patios escondidos y rincones secretos que no cuestan casi nada.

De un vistazo
- Población: 1,3 millones de hab.
- Lo mejor: moda y diseño muy atractivos
- Moneda: euro (€)
- Presupuesto: 140 € diarios

ARTE Y CULTURA   MÚSICA Y CINE   DEPORTE Y OCIO   COMIDA Y BEBIDA   FIESTAS Y CELEBRACIONES

01 Duomo

Es imposible pasar por alto esta formidable catedral revestida de mármol que tardó seis siglos en concluirse. Sus pasmosas dimensiones y el detallismo de sus pináculos y estatuas (cada una diferente de la vecina), junto con la gloriosa Madonnina dorada que la corona, impresionan a todos los que la contemplan, especialmente a la puesta del sol, cuando la fachada adquiere su famosa tonalidad rosácea. *duomomila no.it; Piazza del Duomo; visitantes 8.00-20.00, última entrada 19.00; 2 €.*

02 Galleria Vittorio Emanuele II

Es una de las galerías comerciales más antiguas del mundo y también de las más elegantes, con elementos neoclásicos, pasillos abovedados y techo de cristal y hierro colado. Son de admirar sus tiendas más famosas, como Camparino, de estilo *art nouveau,* y la primigenia tienda de Prada. Según la leyenda, trae buena suerte dar tres vueltas con los talones apoyados sobre los testículos del toro en un mosaico del suelo. *Piazza del Duomo; 24 h; gratis.*

03 Teatro alla Scala

Rebosante de añejo encanto (lámparas de araña, interior dorado y carmesí), una velada en este celebérrimo teatro no se olvida con facilidad. Las entradas son bastante caras, pero el día de la función se ponen a la venta 140 localidades de gallinero por solo 7 € (dependiendo del programa, véanse los detalles en *teatro allascala.org*); la vista del escenario no es la mejor, pero como experiencia merece la pena. *Via Filodrammatici 2; horarios variables.*

04 Macao

Este centro fue puesto en marcha por un grupo de personas del mundo del arte y la industria del entretenimiento, así como estudiantes, izquierdistas y otros defensores de un espacio gratuito para la cultura y el diálogo con la ciudad. Macao está situado en un antiguo matadero *art nouveau,* y en este centro reina un alegre ambiente okupa, con una oferta de ocio que va desde películas hasta bailes nocturnos y conciertos. *macaomilano.org; Via Caposile 68; gratis o con donativo.*

05 Mazurka Klandestina Milano

Imaginemos un lugar de reunión secreto iluminado con velas, donde la gente baila al son de un violín con un telón de fondo de imponentes espacios públicos, como la Bolsa de la ciudad. Esta es la clase de resistencia elegante que propone un movimiento alternativo que empezó en Milán y pretende recuperar simbólicos espacios de poder para bailes tradicionales. *Véase Facebook del grupo para más detalles.*

03

MILÁN

01

07

06 Castello Sforzesco

Este imponente castillo rojo es uno de los más grandes de Europa y desempeñó un papel decisivo en la historia de la ciudad: primero fue fortaleza de los Visconti, después residencia de la dinastía Sforza y hoy institución cultural. Un recorrido por sus museos *(gratis ma después 14.00 y última hora)* sumerge en el pasado de Milán, y después se puede pasear por el parque *(6.30-anochecer)*. *milanocastello.it; Piazza Castello; 7.00-18.00, 7.00-19.30 horario de verano; gratis.*

07 Cimitero Monumentale

Construido conforme al proyecto que ganó Carlo Maciachini en 1866, este cementerio da más sensación de magnificencia que de lúgubre tristeza. En el lugar reposa la élite milanesa en grandiosos monumentos que atestiguan la gloria de sus dinastías de industriales. Se entra por el *Famedio* (Templo de la Fama), un edificio neomedieval de mármol con las lápidas de los próceres de la ciudad. *Piazzale Cimitero Monumentale, 8.00-18.00 ma-do, cerrado lu excepto fest; gratis.*

08 Quadrilatero della Moda

Ninguna visita a Milán estaría completa sin pasar por esta meca de la alta costura, uno de los barrios de la moda más prestigiosos del mundo. Bordeado por cuatro calles –**Via Montenapoleone**, **Via Manzoni**, **Via della Spiga** y **Corso Venezia**–, es todo lo que se imaginaba y más: calles empedradas, tiendas lujosísimas y *fashionistas* impenitentes. Todo ello merece unas horas de paseo. *24 h; gratis.*

09 Colonne di San Lorenzo

Nada es más italiano que relajarse en espacios públicos, y nada es más natural para

APERITIVO

Puede que este ritual no empezara en Milán, pero en ningún sitio goza de más popularidad. Se celebra después del trabajo o antes de la cena, entre 18.00 y 21.00, y en esencia consiste en un bufé ligero o un plato de tentempiés italianos que se pueden tomar por el precio de una bebida. Casi todos los bares ofrecen su variante *(aprox. 8-15 €)*; los del Navigli son los más pintorescos, pero también los más turísticos. Recomendamos el Mag Cafè *(Ripa di Porta Ticinese 43; aperitivo lu-do 5.30-21.30)* por su ambiente distendido, cócteles excelentes *(8 €)* y la tradicional bandeja de *formaggi* (quesos) y *salumi* (embutidos y fiambres).

MILÁN EN BICI

Milán es una ciudad ideal para la bicicleta: pequeña, llana y con poco tráfico en el centro. Su servicio de bicicletas compartidas (*bikemi.com*) permite montar gratis (al menos los primeros 30 min) suscribiéndose por semanas o días. Lo más recomendable es dar un paseo nocturno por el centro para verlo tal y como se concibió: sin aglomeraciones y jalonado de edificios impresionantes. Otra posibilidad es bordear el canal conocido como Naviglio Grande, donde lo antiguo convive con lo nuevo y las *case di ringhiera* (casas de vecindad para clases humildes construidas a principios del s. XIX) se intercalan con bares modernos.

los jóvenes milaneses que disfrutar de una copa bien entrada la noche entre las ruinas romanas de Colonne di San Lorenzo. Se encontrarán desde estudiantes extranjeros hasta profesionales jóvenes e izquierdistas milaneses. Se pueden pedir bebidas en numerosos bares cercanos o en pintorescos puestos callejeros como "Becks Man", fácilmente identificable por un enorme sombrero mexicano. *Corso di Porta Ticinese; 24 h; bebidas 3-6 €.*

Panzerotti Luini

La cola lo dice todo. Este lugar es una institución por sus *panzerotti,* una comida callejera consistente en empanadas con rellenos dulces y salados. La clave es su masa suave y aceitosa, cuya receta se transmite de mano en mano desde 1949. El *panzerotto* clásico, de *mozzarella y pomodoro* (*mozarella* y tomate), nunca defrauda. *luini.it; Via Santa Radegonda 16; 10.00-15.00 lu, 10.00-20.00 ma-sa; clásico 2,50 €.*

Ii Aperti

¿Qué tal echar un vistazo a un monasterio reformado del s. IV? Solo una vez al año se presenta tal oportunidad: cuando se abren los imponentes palacios de las familias milanesas de alcurnia para enseñar sus patios secretos. La hora y el lugar cambian cada año; hay que buscar los detalles en la web. *adsi.it; anual; gratis.*

Fuorisalone

El **Salone del Mobile** (*salonemilano.it*), una feria de muebles y diseño de seis días con entrada de pago, es el más grande de su clase. Fuorisalone es el término que engloba todas las actividades y exposiciones gratuitas relacionadas con el diseño que animan la ciudad durante el mismo período: desde instalaciones ultramodernas de grandes marcas hasta el diseño *indie* más vanguardista, junto con elegantes fiestas gratuitas. *fuorisalone.it; ppios abr; gratis.*

MILÁN

De un vistazo

- Población: 16,1 millones de hab.
- Lo mejor: historia soviética y parques
- Moneda: rublo ruso (R o RUB)
- Presupuesto: 94 € diarios

MOSCÚ

*Aunque Moscú ha cargado mucho tiempo con la etiqueta de ser una de las ciudades
más caras del mundo, no todo son malas noticias para los presupuestos escasos.
Se pueden ahorrar no pocos rublos gracias a los muchos espacios verdes, grandiosos
monumentos al aire libre, museos gratuitos y comida tradicional barata.*

ARTE Y CULTURA   MÚSICA Y CINE DEPORTE Y OCIO COMIDA Y BEBIDA FIESTAS Y CELEBRACIONES

01 Catedral del Cristo Salvador

A orillas del Moscova, las refulgentes cúpulas doradas de la catedral del Cristo Salvador son espectaculares desde fuera y más si cabe desde dentro. Admirar los frescos del interior del domo es gratis. También hay que apuntarse ver otra obra de arte, en la capilla de la Transfiguración, el icono *Cristo no pintado a mano*, de Sorokin. *xxc.ru; ul Volkhonka 15; 13.00-17.00 lu, 10.00-17.00 ma-do; gratis.*

02 Mausoleo de Lenin

Lo único que se gasta para ver el mausoleo de Lenin es el tiempo en la cola, y algunas noches sin dormir si se es asustadizo. Lenin lleva embalsamado en la base de la muralla del Kremlin desde 1924. Conviene llegar temprano para ser conducido a la oscura tumba y verlo fugazmente camino de la salida. *lenin.ru; Plaza Roja; 10.00-13.00 ma-ju, sa y do; gratis.*

03 Arte en el metro

El metro de Moscú no solo conduce de un lugar a otro, sino que también introduce en un mundo de historia, monumentos y algunas de las mejores obras de arte que se pueden encontrar bajo tierra. Por lo que cuesta un billete se pueden recorrer las estaciones admirando desde el *art déco* del vestíbulo central de Mayakovskaya hasta los mosaicos con héroes militares de Komsomolskaya. *Metro abierto 5.30-1.00.*

04 Cementerio Novodevichy

No hay que pagar nada para presentar respetos a las personalidades rusas que reposan en el Novodevichy. Durante la época soviética este cementerio se destinaba a quienes no eran considerados merecedores de recibir sepultura en el Kremlin, pero hoy es uno de los más elitistas de Moscú, con las tumbas de Chejóv, Bulgákov y Stanislavski, y figuras polémicas como la esposa de Stalin y el presidente Boris Yeltsin. *Luzhnetsky pr 2; 9.00-17.00; gratis.*

05 Plaza Roja

Esta icónica plaza, cargada de significación histórica, cumple todas las expectativas al ser contemplada por primera vez. El enorme rectángulo deja impresionado cuando los ojos se ajustan al formato panorámico para encuadrar todos los prodigios arquitectónicos que se despliegan a la vista: desde la escala majestuosa de las murallas rojas del Kremlin hasta las brillantes cúpulas de la catedral de San Basilio. *Krasnaya pl; gratis.*

MOSCÚ

CIRCUITO GRATIS

En Moscú se ofrecen muchos circuitos que ayudan a conocer la ciudad, y algunos son gratis, como el Moscow Greeter Tours (*moscowgreeter. ru*), a cargo de voluntarios residentes en la capital, y el Moscow Free Tour (*moscowfreetour. com*), una caminata de 2 h guiada por unas señoras encantadoras que enseñan la Plaza Roja en un circuito sumamente instructivo.

 06 Conservatorio Chaikovski de Moscú

Esta sala de conciertos, y a la vez una de las instituciones musicales más prestigiosas de Rusia, es de visita obligada para los melómanos. Aunque las entradas pueden costar caras, con suerte la visita quizá coincida con alguna de las actuaciones gratuitas –una experiencia increíble– que se suelen ofrecer en el conservatorio. Véase la web para averiguar a qué conciertos se puede asistir gratis. *mosconsv.ru; ul Bolshaya Nikitskaya 13; gratis.*

07 Parque Gorky

Los moscovitas se solazan y disfrutan en este antiguo parque de atracciones donde actualmente se desarrollan toda clase de actividades. El verano es la mejor época para unirse al montón de a patinadores, jugadores de pimpón, *hipsters*, parejas en botes de pedales por el lago y gente practicando danzas tradicionales o aprendiendo a bailar salsa. *park-gorkogo.com; Krimsky Val 9; 24 h; gratis.*

 08 Jardines del Hermitage

Lo más *cool* de Moscú se refugia en estos pequeños y escondidos jardines con césped cuidado, bancos y un entorno apacible: el sitio ideal para relajarse después de un duro día turístico. No faltan bares y quioscos, pero para los ahorradores lo mejor es un pícnic en la hierba, así que habrá que comprar provisiones de camino. *mosgorsad.ru; ul Karetnyy Ryad 3; 24 h; gratis.*

 09 Reserva del Museo Kolomenskoe

Esta reserva del s. xiv ocupa 4 km² de parque a dos paradas de metro del centro. Este lugar declarado Patrimonio Mundial por la Unesco, residencia campestre de los zares, es un complejo de iglesias y puertas centenarias. Lo más destacado es la **iglesia de la Ascensión**, que preside el río desde la puerta central. *mgomz.com; metro Kolomenskaya; jardines 8.00-21.00, lugares de interés 10.00-18.00 ma-do; gratis excepto Gran Palacio de Madera (400 R).*

COMER POR MENOS

Para no exceder el presupuesto en Moscú son un buen recurso las cafeterías a la antigua, donde se puede comer comida tradicional por poquísimo dinero. Estos establecimientos permiten probar platos como "arenques con abrigo de piel" (arenques, remolacha, zanahorias y patatas), *borscht* y *pelmeni* (bolas de pasta rellena) acompañados de un trago de vodka; los mejores sitios son Stolovaya 57 *(GUM, Krasnaya pl 3, 3ª planta; 10.00-22.00; principales 200-300 R)*, en los grandes almacenes GUM en la Plaza Roja, y la cadena Grably *(grably.ru)*, con establecimientos por toda la ciudad, uno de ellos enfrente del Museo de Historia Contemporánea.

10 Parque Pobedy

Lo interesante del parque Pobedy empieza en el metro: repárese en los mosaicos antes de subir desde las profundidades de la estación. Al salir uno se encuentra delante de este enorme complejo, dominado por un obelisco de 141,8 m de alto, que celebra el triunfo en la Gran Guerra Patriótica. Se puede pasear entre las inacabables fuentes y monumentos, pero para entrar al museo hay que pagar. *Kutuzovksy pr; amanecer-anochecer; gratis.*

11 VDNKh

Para vivir una experiencia surrealista y barata no hay más que visitar este parque de atracciones de estilo soviético. Al salir de la estación surge un obelisco de titanio de 100 m de altura que representa un cohete; se construyó en 1964 para conmemorar el lanzamiento del *Sputnik 1*. Vale la pena ver la parafernalia del **Museo de Cosmonáutica** *(200 R)* antes de explorar el resto de este enorme parque con fuentes decorativas, monumentos soviéticos y pabellones señoriales. *119 Prospect Mira; 9.00-23.00; gratis.*

12 Mercado Izmaylovsky

Lo primero que se ve en Izmaylovksy es un palacio del zar de pega, y dan ganas de dar media vuelta. Pero no: es mejor continuar hasta el interior del mercado, donde lo *kitsch* continúa pero se vende además una magnífica colección de recuerdos. Curiosear es gratis y se pueden comprar regalos baratos: un sombrero de piel, *matrioshkas*, trajes de cosmonauta o algún Putin raro. *izmailovsky-park.ru; Izmayalovskoye shosse 73; 10.00-20.00; gratis.*

GANGA HENGE

Si la tienda de regalos, las barreras y el precio de las entradas en Stone Henge dejan frío como una piedra, es mejor visitar estas otras rocas famosas que se ven gratis.

DOLMEN DE POULNABRONE – IRLANDA

En el desolado paisaje de Burren, por el flanco occidental de Irlanda, este elegante dolmen (tumba de portal) tiene entre 5000 y 6000 años, y aunque hay cuerdas para subir, se puede caminar en derredor sin pagar nada. *Condado de Clare, Irlanda; 24 h; gratis.*

TRETHEVY QUOIT – INGLATERRA

Sobre un promontorio en la confluencia de dos arroyos, este *quoit* (dolmen/tumba de portal) fue construido entre el 3700 y el 3300 a.C., probablemente para guardar huesos que la acidez del terreno devoró hace mucho tiempo. www.english-heritage.org.uk; Bodmin Moor, Inglaterra; 24 h; gratis.

DOLMEN DE MANÉ KERIONED – FRANCIA

Carnac se halla cubierto de centenares de menhires y dólmenes. En el yacimiento principal se cobran 6 € por los circuitos (en verano la entrada es gratuita), pero el cercano dolmen de Mané Kerioned (tres dólmenes y pequeños menhires, todos datados hacia el 3500 a.C.) es gratis todo el año. *carnac tourism.co.uk; Carnac, Francia; 24 h; gratis.*

DOLMEN DE MENGA – ESPAÑA

Gigantesco montículo funerario, la cámara de este túmulo de 25 m de largo, construido hacia el 3000 a.C. con 32 megalitos, contenía cientos de esqueletos cuando fue abierta en el s. XIX. *www.museos deandalucia.es/ culturaydeporte/ museos/CADA; cerca de Antequera, Málaga, España; 24 h; gratis.*

GRIMSPOUND Y DRIZZLE-COMBE – INGLATERRA

El desolado Dartmoor se halla salpicado de *cairns* y círculos de piedras del Neolítico y la Edad del Bronce, que se pueden explorar libremente. Dos yacimientos notables son Grimspound cerca de Widecombe-in-the-Moor y los altos menhires de Drizzle-combe. *english-heritage.org.uk; Dartmoor, Inglaterra; 24 h; gratis.*

POSKÆR STENHUS – DINAMARCA

El mayor túmulo circular de Dinamarca consta de 23 piedras, entre ellas una de 11,5 toneladas que se ha mantenido en precario equilibrio sobre sus vecinas desde que se colocó hacia el 3300 a.C. Mirando a través de la cámara funeraria de Poskær al alba o en el equinoccio de primavera se ve salir el sol. *visitdjursland. com; Porskærvej 10, Dinamarca; 24 h; gratis.*

ANILLO DE BRODGAR – ESCOCIA

De los 60 megalitos de este yacimiento con 4000 años de antigüedad, probablemente el mejor conservado de los círculos de piedra de Gran Bretaña, se mantienen en pie 27. Con 104 m diámetro, el anillo sigue siendo un enigma; quizá servía para observaciones astronómicas o rituales religiosos. *historic-scotland.gov. uk; tierra firme, Orcadas, Escocia; 24 h; circuitos gratis lu-do jun-ago, ju resto del año.*

BRYN CELLI DDU – GALES

El "Montículo de la Arboleda Oscura" es una cámara funeraria y túmulo circular del Neolítico con 5000 años de antigüedad, concebido para alinearse con el sol naciente en el solsticio de verano, cuando un rayo de luz penetra en el corredor e ilumina la cámara funeraria. *cadw.gov.wales; Anglesea, Gales; 10.00-16.00; gratis.*

Fotografía | Daniel Di Paolo, estilismo | Hayley Warnham, © Robert Prucha; Pete Stubbs | 500px, © Justin Foulkes | Lonely Planet Images, © DEA / G. BERENGO GARDIN; Education Images; Moorefam; ricochet64; FatManPhotoUK | Getty Images

ARTE Y CULTURA   MÚSICA Y CINE   DEPORTE Y OCIO   COMIDA Y BEBIDA   FIESTAS Y CELEBRACIONES

OSLO

OSLO

Un almuerzo y una cerveza pueden costar un ojo de la cara en esta ciudad, y al recibir la cuenta se podría pegar un grito como el del cuadro de Edvard Munch; pero conociendo un poco el terreno hay mucho en la capital de Noruega que no cuesta ni una corona.

01 Fortaleza de Akershus

Antigua morada de reyes y sede del Gobierno, esta fortaleza medieval sobre el Oslofjord tiene una historia interesante. Cuando la ciudad vieja se quemó en el s. XVII, se construyó una nueva en torno a la base de Akershus. Las vistas de Oslo desde las almenas son espectaculares, lo que convierte esta fortaleza en un sitio magnífico para explorar. *7.00-21.00; gratis.*

02 Edificios notables

Varios de los edificios más conspicuos de Oslo pueden visitarse en una caminata autoguiada, entre ellos el **Teatro de la Ópera** (2a; *operaen.no; Bjørvika; 10.00-20.00 lu-vi, 11.00-18.00 sa, 12.00-18.00 do*). Los circuitos cuestan 100 NOK, pero se puede visitar gratis la azotea. También vale la pena ver las obras de arte del **Rådhuset** (2b; *oslo.kommune.no; Fridtjof Nansens plass; 9.00-18.00; gratis*); el primer miércoles de mes a las 13.00 se ofrece un concierto de carillones.

03 Museos

El domingo se puede entrar gratis en todos los museos nacionales de Oslo, como la **Galería Nacional** (3a; *Universitetsgata 13; 11.00-17.00*), donde se encuentra *El grito y Virgen*, de Edvard Munch, junto con pinturas de Cézanne y Manet; el **Museo de Arte Contemporáneo** (3b; *Bankplassen 4; 12.00-17.00*); el **Museo de Artes Decorativas y Diseño** (3c; *St Olavsgate 1; 12.00-16.00*) y el **Museo Nacional-Arquitectura** (3d; *Bankplassen 3; 12.00-17.00*). *Todos los museos pueden consultarse en nasjonal museet.no.*

OSLO

DAMSTREDET

SLOTTSPARKEN

Holbergs plass

St Olavs plass

CJ Hambros plass

Youngstorget

ÅPENT BAKERI

NATIONALTHEATRET T-BANE STATION

HAVSMAK

EIDSVOLLS-PLASS

FRIDTJOF NANSENS PLASS

WESSELSPLASS

STORTINGET T-BANE STATION

Stortorvet

Stortorget

Sonja Henies plass

OSLO.S JERNBANETORGET T-BANE STATION

OSLO SENTRALSTASJON

Vaterlands Bro

GRØNLAND

RÅDHUSPLASSEN

Akershus Festning

Bank Plassen

Bjørvika

Hovedøya

N   0   1 km

De un vistazo

- Población: 942 000 hab.
- Lo mejor: arte y actividades al aire libre
- Moneda: corona noruega (Nkr o NOK)
- Presupuesto: 206 € diarios

(véase a la dcha.)

04 Esculturas

En Oslo se puede recorrer el **parque de esculturas** de Ekeberg (4a; *ekebergparken.com; Kongsveien 23; 24 h; gratis*) para admirar sus 31 tallas en piedra representativas del arte europeo de los últimos 130 años, trepar en el parque de escalada, contemplar las vistas de la ciudad y crear la versión propia de *El grito* de Munch. Y por el noroeste, el **Vigelandsparken** (4b; *vigeland.museum.no; Majorstua/Frogner; 24 h; gratis*), con 212 obras de Gustav Vigeland, es el mayor parque de esculturas del mundo dedicado a un único artista.

05 Al aire libre

A solo 20 min de la capital noruega, el **bosque de Nordmarka** (5a) tiene muchos senderos para recorrer en verano caminando, corriendo o en bicicleta; o en esquís de fondo en invierno (se pueden alquilar). Hay playas en las afueras y en las islas (véase a la dcha.), y en el centro pistas de patinaje sobre hielo durante el invierno, como la de **Spikersuppa** (5b; *Karl Johan; 11.00-21.00; gratis, alquiler de patines 100 NOK/día*).

06 Pícnic en palacio

El **Parque del Palacio** o **Slottsparken** (6a; *kongehuset.no; 24 h; gratis*), con entrada gratuita, es escenario habitual de los pícnics de oslenses y foráneos, cuyo almuerzo a base de sándwiches suele coincidir con el cambio de la guardia (*13.30 lu-do*). Otro sitio fantástico para comer al aire libre es el **Jardín Botánico** (6b; *nhm.uio.no; Sars gate 1; 7.00-21.00 lu-vi, 10.00-21.00 sa y do med mar-sep, 10.00-17.00 resto del año*) del Tøyenparken (al lado del Museo Munch), con 7500 especies de plantas.

PUNTO DE VISTA AUTÓCTONO

"En verano se puede nadar en las islas. Los billetes del transporte público son válidos en los ferris ordinarios, y Langøyene ofrece acampada libre. Hay una playa en Tjuvholmen, y el balneario marino de Sørenga, junto al Teatro de la Ópera, tiene... ¡una sauna flotante! En invierno se puede ir en metro hasta Fognerseteren y alquilar un trineo en Korketrekkeren (*akeforeningen.no; Holmenkollveien; 10.00-21.00 lu-vi, 9.00-21.00 sa, 10.00-18.00 do, invierno; 100 NOK/día*). Para comer barato está la mermelada y mantequilla que dan al comprar panecillos en Åpent Bakeri (varias direcciones), y Havsmak (*havsmak.no; Henrik Ibsens gate 4; 11.00-24.00 lu-vi, 12.00-24.00 sa*) vende sopa para llevar por 79 Nkr." *Lars Moastuen, oslense.*

ARTE Y CULTURA   MÚSICA Y CINE   DEPORTE Y OCIO   COMIDA Y BEBIDA   FIESTAS Y CELEBRACIONES

PARÍS

París es una de las grandes ciudades gratuitas del mundo. Por el precio de una bebida se pueden pasar horas en la terraza de un café viendo el teatro eterno de la ciudad. Y existen otros incontables atractivos gratuitos en este París de un glamour impagable.

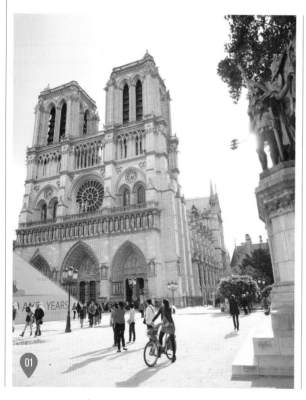

01

01 Cathédrale Notre Dame de Paris

La entrada a esta obra maestra del gótico francés, una de las iglesias más conocidas del mundo, es gratis. Primero hay que rodear el exterior, con sus famosos arbotantes; dentro, los rosetones causan pasmo. Si se quiere ver las gárgolas de cerca, hay que pagar por subir a la torre. *www.cathedraledeparis.com; 6 place du Parvis Notre Dame, 4e; 8.00-18.45 lu-vi, 8.00-19.15 sa y do; gratis.*

02 Cimetière du Père Lachaise

Este cementerio es conocido por sus tumbas de celebridades; las más visitadas son las de Jim Morrison, Oscar Wilde y Édith Piaf. Hay otros muchos residentes ilustres, como los escritores Molière, Proust y Colette e incontables revolucionarios y políticos. Es uno de los principales atractivos turísticos de París. *www.pere-lachaise.com; 16 rue du Repos y blvd de Ménilmontant, 20e; 8.00-18.00 lu-vi, 8.30-18.00 sa, 9.00-18.00 do; gratis.*

PARÍS

CLICHY

ST-OUEN 08

ST DENIS AUBERVILLIERS

LA VILLETTE

2 km

Cimetière
Sud

Stade Max
Rousié

Stade
Bertrand
Dauvin

Cimetière Parisien des
Batignolles

PORTE DE
CLICHY

Canal de
l'Ourcq

18E

PARC DE LA
VILLETTE

OIS-
ET

17E

PÉREIRE-LAVALLOIS

PÉREIRE-LAVALLOIS

Cimetière de
Montmartre

MONTMARTRE

15

PIGALLE

LA GOUTTE
D'OR

Bassin de la Villette

19E

06

10E

GARE DU
NORD

PARC DES
BUTTES
CHAUMONT

Canal St-Martin

GARE ST-LAZARE

Pl d'Estienne
d'Orves

9E

GARE DE
L'EST

CHARLES DE
GAULLE-ETOILE

GALERIES LAFAYETTE
HAUSSMANN

AUBER

10 St-Louis

Canal St-Martin

20E

PARC DE
BELLEVILLE

8E

2E

Pl de la
République

BELLEVILLE

TRIANGLE
D'OR

Pl de la
Concorde

MARGEN
DERECHA

3E

SQ MAURICE
GARDETTE

02

Pl de
l'Alma

Seine

JARDIN DES
TUILERIES

16a

CHATELET -
LES HALLES

CENTRE POMPIDOU

11E

SQ DE LA
ROQUETTE

PONT DE
L'ALMA

INVALIDES

MUSÉE
D'ORSAY

1ER

4E

LE MARAIS 04

ESPLANADE DES
INVALIDES

Pont du
Carroussel

Pont des
Arts

ÎLE DE
LA CITÉ

11

PARC DU
CHAMP
DE MARS

07 FAUBOURG
ST-GERMAIN

03

CARRÉ RIVE
GAUCHE

Pont
Neuf

Pl de la
Bastille

17

7E

ST-MICHEL NOTRE
DAME

01

ÎLE ST-
LOUIS

13

MARGEN
IZQUIERDA

ST-GERMAIN
DES PRÉS

6E

BARRIO
LATINO

INSTITUT DU MONDE ARABE

18

LUXEMBOURG

Universités
Paris
VI & VII

GARE DE
LYON

JARDIN DU
LUXEMBOURG

LUXEMBOURG

5E

JARDIN
DES PLANTES

14

GARE
D'AUSTERLITZ

12E

15E

BARRIO
LATINO

PONT ROYAL

De un vistazo

• Población: 10,5 millones de hab.

• Lo mejor: cultura

• Moneda: euro (€)

• Presupuesto: 198 € diarios

DENFERT-
ROCHEREAU

Pont de
Bercy

PARC DE
BERCY

PARC
GEORGES
BRASSENS

PL D'ITALIE

Seine

la Porte
Plaine

13E

BOULEVARD
MASSÉNA

PARC DE
CHOISY

ES

Cimetière de
Montrouge

Ste-Anne

PARC
MONTSOURIS

BARRIO CHINO

IVRY-
SUR-SEINE

MALAKOFF MONTROUGE

CITÉ UNIVERSITAIRE

PARÍS

03 Deyrolle

Este taller de taxidermia fundado en 1832 es un museo de historia natural. Se ven animales exóticos y más conocidos, grandes y pequeños, algunos que parecen vivos y otros en poses artísticas; todos proceden de zoos, circos o granjas, murieron por causas naturales y están a la venta. Si no es posible meter un tigre en el equipaje (ni en el presupuesto), se puede adquirir un cartel *vintage* ilustrado o un juego de insectos exóticos. *www.deyrolle.com; 46 rue du Bac, 6e; 10.00-13.00 y 14.00-19.00 lu, 10.00-19.00 ma-sa; gratis.*

04 Musée Carnavalet

Una de las mejores razones para visitar este museo de historia parisina es su emplazamiento en dos suntuosos *hôtels particuliers* (palacetes) del s. XVI levantados por nobles de Le Marais. Entre sus fascinantes objetos y obras de arte destacan los salones *fin-de-siècle* y los interiores barrocos, laboriosamente reconstruidos, que ilustran la vida de los ricos en el París del pasado. *carnavalet. paris.fr; 23 rue de Sévigné, 3e; 10.00-18.00 ma-do; gratis.*

05 Musée d'Art Moderne de la Ville de Paris

He aquí lo bueno de los museos menos conocidos de París: un arte increíble sin colas. Este es de los mejores, con una colección permanente de pinturas del s. XX y muebles y objetos *art déco*. Destacan *El hada Electricidad* de Raoul Dufy –un enorme mural que representa el descubrimiento de la electricidad–, *La danza* de Henri Matisse y una colección de obras maestras de Robert Delaunay. *mam.paris.fr; 11 av du Président Wilson, 16e; 10.00-18.00 ma-mi y vi-do, 10.00-22.00 ju; gratis.*

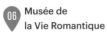

VISTAS SIN PAGAR

Contemplar la Ciudad de la Luz al caer la noche no tiene precio. Puede que Montmartre sea un lugar excelente, pero está abarrotado y la ciudad se ve con más tranquilidad desde el Parc de Belleville. Una de las mejores vistas de Notre Dame a lo largo del Sena se obtiene desde la terraza del Institut du Monde Arabe (*www.imarabe.org; 1 place Mohammed V, 5e; 10.00-18.00 ma-ju, 10.00-21.30 vi, 10.00-19.00 sa y do*) y solo cuesta un café. La azotea de las Galeries Lafayette (*haussmann. galerieslafayette. com; 40 blvd Haussmann, 9e; 9.30-20.00 lu-sa, 9.30-21.00 ju*) mira a la Opéra Garnier y los grandes bulevares. *Gratis.*

06 Musée de la Vie Romantique

Por un patio empedrado se entra en este *hôtel particulier* de 1839 y en la vida artística del París del s. XIX. Chopin, Delacroix, Ingres, Liszt y otras personalidades acudían los viernes por la noche a la tertulia de Ary Scheffer. El museo expone sus obras y también recuerdos de la vecina George Sand. Los talleres, el jardín y el salón de té son encantadores; y después se puede pasear por el *quartier* de Nouvelle Athènes. *vie-romantique.paris. fr; 16 rue Chaptal, 9e; 10.00-18.00 ma-do; gratis.*

07 Jardín del Musée Rodin

Merece la pena pagar la entrada al museo (7 €) para ver la colección del escultor moderno más genial de Francia, que vivió y trabajó en esta mansión del s. XVII. Si se anda escaso de efectivo, basta con pasear por los jardines, donde se emplazan algunas de sus esculturas más famosas, como *El pensador* y *Los burgueses de Calais*. *musee-rodin.fr; 79 rue de Varenne, 7e; 10.00-17.45 ma y ju-do; 2 €.*

08 Marché Paul Bert

El Marché aux Puces (mercadillo) de St-Ouen, un enorme conjunto de mercados, proporciona horas de entretenimiento gratuito. El Marché Paul Bert es más un museo que una tienda, y con precios en consonancia. Los aficionados al interiorismo de mediados de siglo se sentirán en el paraíso, y también abundan las antigüedades (cabezas de cebra para las paredes, objetos sobredorados...). *marcheauxpuces-saintouen.com; 96 rue Paul Bert, Saint-Ouen; 9.00-18.00 sa, 10.00-18.00 do, 11.00-17.00 lu; gratis.*

 10

09 Jardines del Château de Versailles

Aunque el palacio de Versalles es extraordinario, el gentío que lo abarrota dentro resulta difícil de soportar. Pero los jardines paisajísticos, cuidados con meticulosidad, salpicados de estatuas y fuentes y cruzados por senderos (se alquilan bicicletas), son divinos y gratuitos la mitad del año. Un sitio ideal para un pícnic lejos del mundanal ruido. *chateauversailles.fr; Versailles; 7.00-20.30; gratis nov-mar, de pago ma, sa y do abr-oct.*

10 Canal St-Martin

Quizá se reconozcan los puentecitos de hierro y los muelles arbolados por la película *Amélie*. Desde République hasta la Gare du Nord, el canal es territorio de profesionales burgueses que ejercen de bohemios, con el neobistró más de moda o ese *cocktail-bar* para dejarse ver. Los parisinos se instalan en sus orillas para disfrutar de un *apéro* o ponerse en modo pícnic provistos

PRIMER DOMINGO DE MES

Muchos de los principales museos de París son gratis el primer domingo de mes, como el Centre Pompidou (centrepompidou.fr; place Georges Pompidou, 4e; 11.00-21.00), el Musée d'Orsay (musee-orsay.fr; 62 rue de Lille, 7e; 9.30-18.00), el Musée Rodin (p. 145) y el Musée de l'Orangerie (musee-orangerie.fr; Jardin des Tuileries, 1er; 9.00-18.00), por citar solo algunos. Otras grandes atracciones como el Louvre (louvre.fr; rue de Rivoli, 1er; 9.00-18.00), el Arc de Triomphe (monuments-nationaux.fr; place Charles de Gaulle, 8e; 10.00-23.00 abr-sep, 10.00-22.30 oct-mar) y el Château de Versailles (chateauversailles.fr; 9.00-18.00 abr-oct, 9.00-17.30 nov-mar) son gratuitas solo algunos meses. Véase la lista completa en parisinfo.com.

de manteles, *baguettes* y fabulosos quesos. Es cuestión de imitarlos. *10e; 24 h; gratis.*

11 Le Marais en domingo

El más paseable de los *quartiers* gana puntos en *le weekend*, cuando se cierra al tráfico. Es el momento de deambular por sus calles medievales, con mansiones renacentistas, *boutiques* pintorescas, cafés de moda, plazas escondidas y restaurantes con encanto. Hay que visitar forzosamente la pequeña **Place des Vosges** y la antigua judería en torno a la Rue des Rosiers, donde se puede almorzar barato en **L'As du Fallafel** (*12.00-24.00 do-ju, 12.00-17.00 vi; platos para llevar 5,50-8,50 €*). *4e; 24 h; gratis.*

12 Admirar la Torre Eiffel

Alzada a orillas del Sena, la más icónica de las estructuras pone espectacular colofón a un paseo gratis por las márgenes del rí. Se puede montar un pícnic o jugar a la *pétanque* en el **Champ de Mars**, el enorme parque que se extiende a sus pies, y quien pueda estar allí el 14 de julio verá (gratis) los mejores fuegos artificiales de su vida. *Champ de Mars, 7e; 24 h; gratis.*

13 Promenade Plantée

La High Line de Nueva York se inspira en este parque elevado que se construyó sobre un viaducto ferroviario del s. xix y surge como un inesperado espacio verde flotando sobre el este de París. Empieza al este de Opéra Bastille, en el distrito 12e, y recorrer sus 4,5 km casi hasta el centro constituye una aventura urbana teñida de irrealidad. *12e; 8.00-17.30 lu-vi, 9.00-17.30 sa y do invierno, 9.00-21.30 verano; gratis.*

14 Rue Mouffetard

Esta calle del Barrio Latino, una de las más antiguas de París, posee un *glamour* algo canalla. Patio trasero de la **Universidad de la Sorbona**, epicentro de intelectuales y revolucionarios, se convirtió en el

LE CONSULAT
CAFÉ MONTMARTRE

quartier de Hemingway, Joyce y otras eminencias de la literatura que llegaron a París después de la I Guerra Mundial. Conviene visitarla por la mañana, cuando se instala el mercado del barrio, y relajarse después en una *terrasse* de la **Place de la Contrescarpe,** una de las plazas más bonitas de la ciudad. *Rue Mouffetard, 5e; 24 h; gratis.*

15 Calles de Montmartre

Las masas de gente acuden por la desmesura neobizantina de la **basílica del Sacré-Cœur**, por las vistas espectaculares de París o tal vez para que algún aspirante a Picasso de la **Place du Tertre** pinte su retrato. Pero apartándose unas cuantas calles de las multitudes de turistas se descubre el Montmartre de pueblo, con sus plazas umbrías, fuentes *art nouveau* y vestigios de su mítico pasado artístico. *18e; 24 h; gratis.*

16 Desde el Louvre al Arc de Triomphe

En este paseo hay numerosos lugares con interés histórico. Desde el **Louvre** (16a; *rue de Rivoli, 1er*) se camina en línea recta pasando por el **Jardin des Tuileries** y la enorme **Place de la Concorde** (donde funcionaban la guillotina durante el Terror) y después se enfilan los **Champs-Élysées** hasta el **Arc de Triomphe** de Napoleón (16b). ¡Cuánta magnificencia en una zona tan pequeña! Es el París más monumental. *1er-8e; 24 h; gratis.*

17 Marché d'Aligre

Curiosear sale gratis en este mercado, pero a la hora del almuerzo lo más probable es que se gaste a manos llenas. Desde *fruits de mer* hasta *fromage*, ofrece horas de delicioso entretenimiento y las fotografías más vistosas. Y la comilona con mejor relación calidad-precio de la ciudad está esperando en **Le Baron Rouge** (*1 rue Théophile Roussel, 12; 10.00-14.00 y 17.00-22.00 ma-vi, 10.00-22.00 sa, 10.00-16.00 do*). *marche daligre.free.fr; rue d'Aligre, 12e; 8.00-13.00 y 16.00-19.30 ma-sa, 8.00-13.30 do; gratis.*

18 Pícnic en el Jardin du Luxembourg

Con sus jardines renacentistas, estatuas impresionantes y su condición de sede del Senado de la República Francesa, el Jardin du Luxembourg es el parque público más señorial de París, y aun así, pese a tanta grandiosidad, acoge a todo el mundo: corredores, niños con barquitos en el estanque, jugadores de petanca, lectores en los bancos... Lo mejor que se puede hacer es aprovisionarse y disfrutar del pícnic más glamuroso. *Rue de Vaugirard, 6e; horario variable según las estaciones; gratis.*

'BROCANTES' Y 'VIDE-GRENIERS'

Los fines de semana se montan mercadillos de barrio por todo París. En los *vide-greniers* ("desvanes vacíos") se cierran al tráfico calles enteras para que los vecinos puedan vender los enseres que ya no deseen. Es un rastrillo doméstico al estilo parisino, con ambiente de fiesta, música en directo (a veces) y mucha comida (siempre). Los *brocantes* son más serios, con anticuarios que exponen sus mercancías en mercados cubiertos: un paraíso para curiosos. Se puede ver una guía diaria en brocabrac.fr. *Gratis.*

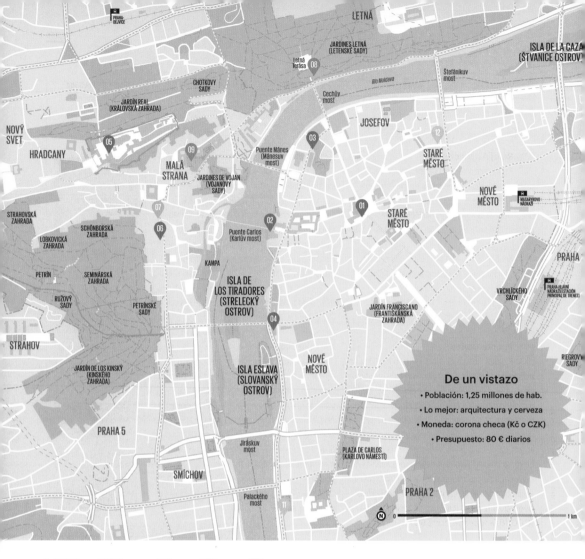

PRAGA

Un cuarto de siglo después de la caída del comunismo, Praga ha despuntado como la estrella de Europa central. Los visitantes acuden atraídos por el paisaje urbano del s. XIV, pero terminan fascinados por la cultura, el ambiente despreocupado y la cerveza barata. Los precios son todavía mucho más bajos que los de Europa occidental.

ARTE Y CULTURA   MÚSICA Y CINE   DEPORTE Y OCIO   COMIDA Y BEBIDA   FIESTAS Y CELEBRACIONES

01 Reloj Astronómico

En la pieza teatral más famosa de Praga no hay actores vivos: es un desfile de autómatas que asombra a la multitud cada hora desde la esfera de un Reloj Astronómico con 600 años de antigüedad. Las macabras figuras (un esqueleto da la hora con un martillo) remiten a la Edad Media. Conviene llegar unos minutos antes para conseguir los sitios privilegiados. *orloj.eu; Staroměstské náměstí; 9.00-21.00; gratis.*

02 Puente Carlos

Parece una obviedad, pero la primera atracción turística de Praga –un puente gótico de hace 650 años coronado por 30 estatuas barrocas– se cruza gratis. Interesa ir a primera hora, cuando el gentío es menos denso, y regresar por la noche, cuando las luces, se combinan con efectos mágicos. La torre del lado este ofrece oportunidades para sacar fotos merecedoras de "me gusta" en Instagram. *muzeumprahy.cz; Karlův most; puente 24 h, torre 10.00-22.00 abr-sep, 10.00-18.00 oct-mar; torre 90 Kč.*

03 Antiguo cementerio judío

El Museo Judío de Praga consta de cuatro sinagogas históricas y un conmovedor cementerio del s. xv. Es un lugar de visita obligada, pero las 300 CZK de la entrada combinada pueden descuadrar el presupuesto. Sin embargo, se pueden entrever las tumbas a través de una pequeña ventana en el muro oeste. *jewishmuseum.cz; cerca de to ul 17. Listopadu 2; 24 h; gratis.*

04 Teatro Nacional

El Teatro Nacional (Národní divadlo) es el escenario más importante de Praga para asistir a espectáculos de teatro, ópera y danza. Las mejores localidades salen bien de precio: 1000 CZK como máximo para las primeras filas y el centro; pero las de anfiteatro y de pie son una ganga. Las entradas se compran en taquilla. *narodni-divadlo.cz; Národní třída 4; funciones desde 19.00; entradas de pie 110 CZK.*

05 Castillo de Praga

El Pražský hrad preside la ciudad. Explorar sus edificios, incluida la catedral de San Vito, puede llevar medio día o más y costar por encima de 250 CZK. Los jardines, sin embargo, son gratuitos y abiertos al público. El pintoresco Callejón Dorado (Zlatá ulička), una hilera de casas en miniatura, es gratis después de las 18.00. *hrad.cz; Hradčanské náměstí; 1; jardines 5.00-24.00 abr-oct, 6.00-23.00 nov-mar; jardines gratis.*

PRAGA

06 El Niño Jesús de Praga

Esta notable imagen de cera escondida en la iglesia carmelita de Santa María de la Victoria, en el barrio de Malá Strana, es objeto de veneración para los católicos desde hace cuatro siglos, y todavía hoy atrae a una legión de fieles; según la tradición, protegió a Praga de la peste y de la destrucción de la Guerra de los Treinta Años. *pragjesu.cz; Karmelitská 9; 8.30-19.00 lu-sa, 8.30-20.00 do; gratis.*

07 Micrófono abierto en Little Glen's

Existen muchos clubes de *jazz* en la ciudad y el nivel es alto. Uno de los mejores es Little Glen's (U Malého Glena), así llamado por el propietario. Hay *jazz* en directo (con consumición) todas las noches, pero los domingos son especiales porque tocan músicos locales en una *jam session* gratuita. Conviene llegar temprano para encontrar asiento. *malyglen.cz; Karmelitská 23; desde 19.30, actuaciones a partir de 21.00; consumición 150 CZK, gratis do.*

08 Parque Letná

La capital checa es conocida como la "Ciudad de los Cien Chapiteles", y no hay mejor sitio para contarlos que las alturas de este parque, que bordea el Moldava al norte de la Ciudad Vieja. Se cruza el río por el puente Čechův, se sube a un metrónomo y después se camina hacia el este o el oeste para contemplar las vistas. En verano se abre una cervecería al aire libre en el extremo este. *letenskyzamecek.cz; Letenské sady; 24 h; gratis.*

09 Jardines Wallenstein

El barrio de Malá Strana es famoso por sus palacios barrocos y jardines. Los Jardines Wallenstein (Valdštejnská zahrada)

CÓMO DESPLAZARSE

Andando, andando y andando. El casco central de Praga es pequeño y cómodo para moverse a pie; de hecho, muchas calles están cerradas al tráfico y no queda más remedio que gastar suelas. Para distancias más cortas, el transporte público es barato y funciona bien. Un bono de 110 CZK permite viajar sin límite en tranvías, metros y autobuses durante 24 h. No hay que parar taxis por la calle: los taxis son relativamente baratos, pero abundan los conductores desaprensivos; es preferible encargar a alguien que lo pida en alguna compañía de radiotaxis que sea fiable.

son quizá los más señoriales, a espaldas de un palacio que alberga la ubicación del Senado checo. Los pavos reales campan por el césped mientras se pasean y corretean entre estatuas y estanques. Una gruta artificial puede visitarse en el extremo oriental de los jardines. *www.senat.cz; Letenská; 7.30-18.00 lu-vi, 10.00-18.00 sa y do mar-oct, 10.00-19.00 jun-sep; gratis.*

10 Cerveza

La cerveza checa, una de las mejores del mundo, sigue siendo una de las propuestas más buscadas y rentables de Praga. Con un precio habitual inferior a las 50 CZK por medio litro, es más barata que el agua y, al menos según un proverbio checo, es más mejor para la salud y el estado de ánimo. La cervecera nacional Pilsner-Urquell se mantiene firme como el patrón oro cervecero, pero está garantizado que la calidad es siempre alta. *Bares por toda la ciudad.*

11 Mercadillo del agricultor de Náplavka

El mercadillo del agricultor preferido por los praguenses no podía instalarse en un lugar más pintoresco: la orilla oriental del Moldava por debajo del Teatro Nacional. Los sábados se venden frutas y verduras, carnes y quesos. Las noches de verano, media ciudad se sienta a orillas del río y toma cerveza. *farmarsketrziste.cz; Rašínovo nábřeží (cerca de Palackého náměstí); mercado 8.00-14.00 sa; gratis.*

12 Almuerzo en Sisters

Los checos adoran las *chlebíčky* (tostas), con las que uno consigue almorzar barato y quedarse bien repleto. Estas rebanadas de pan blanco con rodajas de huevo duro picante o jamón se venden en panaderías y carnicerías. Sisters las ha elevado a la categoría de arte combinando las variedades típicas con novedades como las de arenque y mayonesa de *wasabi* o remolacha y caballa. *chlebicky-praha.cz; Dlouhá 39; 9.00-19.00 lu-vi, 9.00-16.00 sa; tostas aprox. 35 Kč.*

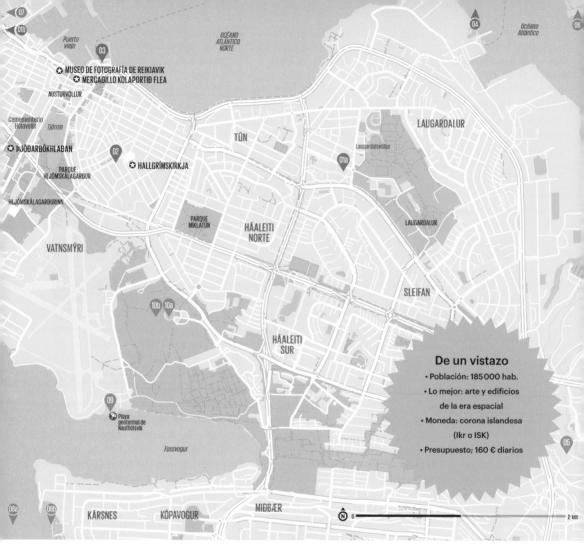

OCÉANO
ATLÁNTICO
NORTE

Océano
Atlántico

Puerto
viejo

○ MUSEO DE FOTOGRAFÍA DE REIKIAVIK
○ MERCADILLO KOLAPORTIÐ FLEA

AUSTURVÖLLUR

Cememenrerio
Hólavellir

Tjörnin

TÚN

LAUGARDALUR

○ ÞJÓÐARBÓKHLAÐAN

Laugardalsvöllur

PARQUE
HLJÓMSKÁLAGARÐUR

○ HALLGRÍMSKIRKJA

LAUGARDALUR

HLJÓMSKÁLAGARÐURINN

PARQUE
MIKLATÚN

HÁALEITI
NORTE

VATNSMÝRI

SLEIFAN

HÁALEITI
SUR

De un vistazo

- Población: 185 000 hab.
- Lo mejor: arte y edificios
  de la era espacial
- Moneda: corona islandesa
  (Ikr o ISK)
- Presupuesto; 160 € diarios

Playa
geotermal de
Nauthólsvík

Fossvogur

KÁRSNES   KÓPAVOGUR   MIÐBÆR   N 0   2 km

REIKIAVIK

La capital más septentrional del planeta preside una tierra de hielo y fuego.
La gente la visita para vivir una experiencia verdaderamente única –el comercio
tiene poco peso y Reikiavik no necesita tentar con gangas–, pero los viajeros
intrépidos encontrarán muchos tesoros.

ARTE Y CULTURA   MÚSICA Y CINE   DEPORTE Y OCIO   COMIDA Y BEBIDA   FIESTAS Y CELEBRACIONES

01 Jardín de esculturas de Ásmundur Sveinsson

La antigua casa (1a) del escultor Ásmundur Sveinsson está rodeada por sus creaciones abstractas, visibles a cualquier hora sin pagar la entrada al museo *(1200 ISK)*. Sveinsson se inspiró en el paisaje y folclore de Islandia, y entre sus obras figurativas se incluye *Mujer troll*. Otros trabajos suyos pueden verse al aire libre en los alrededores del Öskjuhlíð (p. 155) y por fuera de la Universidad de Islandia en Reikiavik (1b; *Sæmundur y la foca*). *artmuseum.is/asmundarsafn; Sigtún; 24 h; gratis.*

02 Esculturas de Einar Jónsson

El **Museo Einar Jónsson** cuesta 1000 ISK, pero el jardín es gratis y está lleno de obras del primer escultor famoso de Islandia, cuyas creaciones abordan temas del folclore y la mitología nacionales. Las esculturas de Jónsson salpican Reikiavik: *Forajidos* se encuentra junto al cementerio de Suðurgata; una efigie del navegante vikingo Ingólfur Arnarson preside el puerto, y una estatua del héroe de la independencia Jón Sigurðsson se alza en la plaza Austurvöllur. *lej.is; Eiríksgata 3; 24 h; gratis.*

03 Harpa

Al lado del mar, resplandeciente de acero y cristal, se halla la sala de conciertos y centro cultural Harpa. A medio construir cuando la economía de Islandia empezó a desmoronarse, su futuro parecía dudoso, pero al final las obras continuaron y el Harpa se inauguró en el 2011. Los circuitos cuestan 1500 ISK, pero la entrada es gratuita e incluso se podría asistir a un espectáculo gratuito. *harpa.is; Austurbakka 2; 10.00-18.00 lu-vi, 11.00-16.00 sa; gratis.*

04 Torre Imagina la Paz

Homenaje de Yoko Ono a John Lennon, la Friðarsúlan escribe "Imagina la Paz" en 24 idiomas sobre las nubes por encima de Reikiavik durante 61 días del año: del 9 de octubre (cumpleaños de John) hasta el 8 de diciembre (día de su asesinato). Esta torre alimentada con energía geotermal utiliza 15 reflectores para proyectar con haces de luz este mensaje de esperanza desde un pozo con un millón de deseos escritos por soñadores de todo el mundo y recopilados por Ono en su *Wish Trees*. *Isla de Viðey; oct-dic; gratis.*

05 Elliðaárdalur

Valle de fácil acceso pero oculto en medio de la ciudad, el oasis urbano de Elliðaárdalur se encuentra en un pliegue del terreno entre los barrios de Árbær, Breiðholt

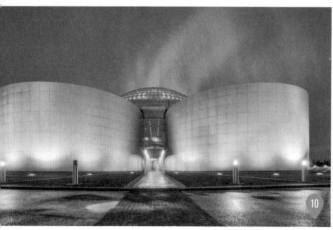

y Fossvogur. En tan bucólico paraje se puede explorar un bosque, seguir un río hasta una cascada, recoger bayas y pescar salmones; o tan solo ver a los conejos corriendo felices entre las flores. Un sitio perfecto para un pícnic si el tiempo acompaña. *24 h; gratis.*

06 Escapadas al Esja

Unos 10 km al norte de la ciudad, el monte Esja (914 m) no es una montaña aislada, sino una cordillera volcánica; coronarlo es un rito para los islandeses y una obligación para los visitantes con hambre de vistas. El accesible pero empinado Þverfellshorn (780 m) es el que tiene la ruta mejor trazada, y resulta relativamente fácil llegar a la cabecera del sendero en transporte público si no apetece caminar. *visit reykjavik.is/mount-esja; 24 h; gratis.*

07 Faro de Grótta

Uno de los paseos más espectaculares de la ciudad cruza una estrecha franja de tierra hasta el faro de Grótta, un lugar evocador, muy visitado e impresionante para contemplar la aurora boreal; pero hay que calcular bien la hora porque el sendero desaparece cuando sube la marea, o bien se puede tomar el autobús nº 11 hasta la calle Lindargotu. *Gratis.*

08 Hafnarfjörður

Aunque todos los lugares de interés de Reikiavik son de pago, Hafnarfjörður, carretera abajo, ofrece muchos atractivos gratuitos, como un museo (8a) de juguetes antiguos. Hafnarfjörður es famoso por su población de elfos y enanos (¡de verdad!). Estas y otras criaturas pueden buscarse en el Parque de Lava de Hellisgerði (*elfgarden. is; Jardín de los Elfos; 13.00-17.00 ma-do verano; gratis*), donde se ofrecen circuitos

REIKIAVIK

PUNTO DE VISTA AUTÓCTONO

"Se puede contemplar una panorámica de los tejados multicolores de Reikiavik desde la torre de nuestra iglesia, la Hallgrímskirkja, por 800 ISK. Recomiendo comprar especialidades del país –sopa de carne, perritos calientes, langosta y pescado– en los carritos y disfrutar de la comida en el jardín de esculturas, con entrada gratuita, del Museo Einar Jónsson (p. 153). Me encanta montar en bicicleta por la costa, visitar playas de arena negra, faros, fuentes termales y el puerto. No hay que perderse los helados, que los islandeses disfrutan todo el año, ni las piscinas termales de la ciudad, que cuestan unas 650 ISK." Brynja Ingólfsdóttir, urbanista.

guiados por expertos en elfos *(alfar.is; 14.30 ma y vi verano; 4500 ISK)*.

09 Playa geotermal de Nauthólsvík

Islandia no es un destino de playa, pero la natación al aire libre goza de una popularidad sorprendente. La ciudad cuenta con varias piscinas geotermales, pero Nauthólsvík es la más rara, y además gratuita. Esta playa a veces nevada tiene una laguna con calor geotermal (15-19°C) y *jacuzzis* (30-39°C), duchas y vestuarios. La gente nada y juega al voleibol, y vale la pena imitarlos. *nau tholsvik.is; 10.00-19.00 med may-med ago, 11.00-13.00 lu-vi y 11.00-15.00 sa med ago-med may.*

10 Perlan

Desde lo alto del Öskjuhlíð, la Perlan ("Perla") aporta un elemento de la era espacial a la silueta de Reikiavik. Sobre los cuatro tanques gigantescos que suministran agua a la ciudad, esta gran cúpula de cristal gira como la cabeza de R2D2. Dentro se encuentra el **Museo de las Sagas** *(sagamuseum.is; 10.00-18.00; 2000 ISK)* y el caro **restaurante Perlan** *(perlan.is; 10.00-tarde)*, pero el acceso a la terraza es gratuito y las vistas impresionantes.

11 Paseo por la ciudad

Los circuitos a pie "gratuitos" (o con unas monedas discrecionales) abundan, pero este destaca por su enfoque independiente y ameno. Marteinn, historiador residente en Reikiavik, guía un paseo por la ciudad (se paga la voluntad) y un periplo por los *pubs (22.00-1.00; 1000 ISK)* cuyo coste se compensa con los descuentos en las bebidas. Otra posibilidad es la ruta "Walk the Crash" *(2500 ISK)*, en la que el historiador Magnús explica el colapso fi-

nanciero de Islandia en el 2008 y su posterior recuperación. *citywalk.is.*

12 Menningarnótt

En agosto la capital islandesa se desmelena y celebra la Menningarnótt (Noche de la Cultura), que se ha convertido en la gran juerga nacional. Casi todos los museos y galerías abren sus puertas; proliferan las tiendas y bares efímeros, y por toda la ciudad se organizan bailes, conciertos y pruebas deportivas (como el maratón de Reikiavik). El día acaba con fuegos artificiales y mucha gente abre su casa e invita a gofres y bebidas. *mennin garnott.is; ago; gratis.*

LOS MEJORES CIRCUITOS EN TRANSPORTE PÚBLICO

Nada de circuitos caros: mejor los tranvías, autobuses y barcos que brindan una perspectiva más auténtica (y más barata) de las ciudades.

TRANVÍA Nº 28 – LISBOA, PORTUGAL

Nada como subir al barrio de Alfama en un clásico tranvía amarillo. Desde la década de 1930, los tranvías Remodelado que sirven la línea 28 son la mejor manera de adentrarse en las calles medievales del barrio, pero se abarrotan de pasajeros y hay que ir temprano. *Billete sencillo 2,85 €, bono día 6 €.*

TRANVÍA Nº 2 – BUDAPEST, HUNGRÍA

Bordeando el Danubio en este tranvía se contemplan los chapiteles y torrecillas de la colina del Castillo, el monumento a los judíos (esculturas de zapatos a orillas del río) y el Parlamento. *Billete sencillo 350 HUF, bono día 1650 HUF.*

FERRI DEL BÓSFORO – ESTAMBUL, TURQUÍA

¿Un viaje entre Europa y Asia por menos de 1 €? Pues eso es lo que hacen los ferris que cruzan el Bósforo uniendo ambos lados de esta ciudad. Lo mejor es viajar al ocaso para contemplar la silueta urbana erizada de alminares. *Billete sencillo 4 TRY.*

BATEAU BUS – MONTECARLO, MÓNACO

Los ferris eléctricos de Montecarlo ofrecen cierta distinción acuática en este ostentoso puerto; no son yates de multimillonario pero brindan las mismas vistas y dejan con ganas de jugarse las pestañas en el casino. *Billete sencillo 2 €.*

FERRI DEL MERSEY – LIVERPOOL, INGLATERRA

El ferri más antiguo de Europa cubre en 10 min la línea de cercanías Seacombe-Pier Head, y cuando se van acercando las torres gemelas del Royal Liver Building entran unas ganas locas de cantar… *7.20-9.40, 17.00-18.40 lu-vi; ida 2,50 GBP, ida y vuelta 3 GBP.*

KUSTTRAM – BÉLGICA

El "tranvía de la costa" bordea el litoral belga del mar del Norte: 68 km desde De Panne hasta Knokke-Heist. Unas 68 paradas jalonan la ruta, haciendo posible una aventura playera en Bélgica por una miseria. *Billete sencillo 3 €, bono día/semana 5/20 €.*

AUTOBÚS Nº 11 – LONDRES, INGLATERRA

Las vistas de la metrópolis se comparten con los londinenses apretujándose en este autobús de línea regular. La ruta 11 va desde Fulham hasta la estación de Liverpool Street pasando por Chelsea, el Parlamento, Trafalgar Square, San Pablo y el Banco de Inglaterra. *Billete sencillo 1,50 GBP, bono día 5 GBP.*

TRANSPORT CARD – GINEBRA, SUIZA

Bonita pero cara, Ginebra puede hacer llorar a los pobretones. Para amortiguar el golpe, la ciudad ofrece una ganga: hacer noche y conseguir gratis una Geneva Transport Card, que cubre los viajes en autobuses, tranvías y taxis acuáticos. *Gratis.*

'VAPORETTO' – VENECIA, ITALIA

Habrá que renunciar a las góndolas, pero si se opta por un *vaporetto* (autobús acuático) se ahorra mucho dinero y se contempla igualmente Venecia desde el agua. *Billete sencillo 7,50 €, bono día 20 €.*

Ilustración | Owen Gatley

ARTE Y CULTURA   MÚSICA Y CINE   DEPORTE Y OCIO   COMIDA Y BEBIDA   FIESTAS Y CELEBRACIONES

ROMA

Roma puede ser relativamente barata tratándose de una capital europea.
La ciudad ofrece lugares históricos con entrada gratuita cada pocas manzanas,
y no hay problema por comer todas las noches una porción de pizza por 3 €.
Los museos son de pago, pero se podría pasar todo un día en cualquiera de ellos.

01 Archibasílica de San Juan de Letrán

San Pedro acapara la fama, pero este edificio es tan impresionante por su estampa como fascinante por su historia. Esta catedral del s. IV d.C. sobrevivió a los visigodos, los vándalos, un terremoto en la Edad Media y varios incendios. Las enormes puertas de bronce del s. II d.C. proceden del Senado romano. *Piazza di San Giovanni in Laterano 4; 7.00-19.00, 7.00-18.00 en invierno; gratis.*

02 Domingo gratis

El primer domingo de mes se entra gratis al **Coliseo** (2a; romancolosseum.org; *Piazza del Colosseo; 8.30-1 h antes de anochecer*), el **Palatino** (2b; *Via di San Gregorio 30 y Via Sacra; 8.30-1 h antes de anochecer*) y el **Foro Romano** (2c; *Largo della Salara Vecchia y Via Sacra; 8.30-1 h antes de anochecer*). Lo malo es que lo sabe mucha gente... *Hay que llegar antes de la 8.00 para ocupar un buen sitio en la larga cola.*

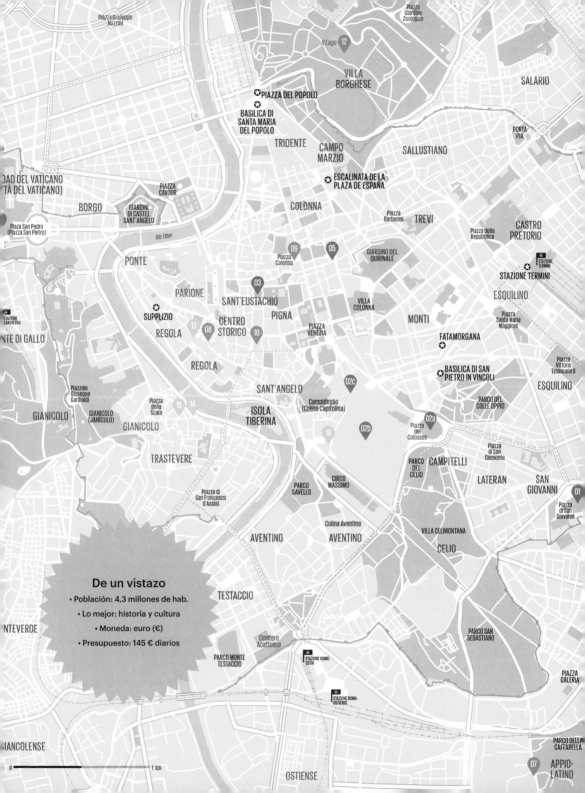

Piazza Giuseppe
Mazzini

Piazza Giardino
Zoologico

Il Lago ①②

VILLA
BORGHESE

SALARIO

⊕ PIAZZA DEL POPOLO

BASILICA DI
SANTA MARIA
DEL POPOLO

PORTA
PIA

TRIDENTE

CAMPO
MARZIO

SALLUSTIANO

⊕ ESCALINATA DE LA
PLAZA DE ESPAÑA

DAD DEL VATICANO
TÀ DEL VATICANO)

BORGO

PIAZZA
CAVOUR

GIARDINI
DI CASTEL
SANT'ANGELO

COLONNA

Piazza
Barberini

TREVI

Piazza della
Repubblica

CASTRO
PRETORIO

Plaza San Pedro
(Piazza San Pietro)

Rio Tiber

PONTE

Piazza
Colonna

① ⑨

① ⑤

GIARDINO DEL
QUIRINALE

STAZIONE
TERMINI

✪ STAZIONE TERMINI

PARIONE

① ③

SANT'EUSTACHIO

VILLA
COLONNA

ESQUILINO

⊕ STAZIONE
SAN PIETRO

⊕ SUPPLIZIO

PIGNA

MONTI

Piazza
Santa Maria
Maggiore

NTE DI GALLO

REGOLA

① ⑬ ① ⑧

CENTRO
STORICO

① ⑩

PIAZZA
VENEZIA

⊕ FATAMORGANA

Piazza
Vittorio
Emanuele II

REGOLA

Piazzale
Giuseppe
Garibaldi

Piazza
della
Scala

SANT'ANGELO

① ② c

⊕ BASILICA DE SAN
PIETRO IN VINCOLI

ESQUILINO

GIANICOLO

GIANICOLO
(JANÍCULO)

① ⑮ ① ⑭

ISOLA
TIBERINA

Campidoglio
(Colina Capitolina)

PARCO DEL
COLLE OPPIO

Piazza
di San
Clemente

GIANICOLO

① ② b

Piazza
dei
Colosseo

① ② a

SAN
GIOVANNI

① ⑯

PARCO
SAVELLO

CIRCO
MASSIMO

PARCO
DEL
CELIO

CAMPITELLI

LATERAN

Piazza
di San
Giovanni

① ①

TRASTEVERE

Piazza di
San Francesco
d'Assisi

VILLA CELIMONTANA

CELIO

AVENTINO

Colina Aventino

AVENTINO

De un vistazo

• Población: 4,3 millones de hab.

• Lo mejor: historia y cultura

• Moneda: euro (€)

• Presupuesto: 145 € diarios

TESTACCIO

PARCO SAN
SEBASTIANO

NTEVERDE

Cimitero
Acattolico

STAZIONE ROMA-
OSTIA

PARCO MONTE
TESTACCIO

STAZIONE ROMA-
OSTIENSE

PIAZZA
GALERIA

PARCO DELLA
CAFFARELLA

IANCOLENSE

0 ————————— 1 km

OSTIENSE

① ⑦ APPIO-
LATINO

03 Panteón

Erigido por el general y político Marco Agripa hacia el 29 a.C. y reconstruido varias veces hasta el 202 d.C., este majestuoso edificio circular posee una cúpula de hormigón sin reforzar que es todavía la mayor del mundo. Ver cómo entran los rayos de sol por el óculo y rebotan en el mármol constituye una experiencia casi mística. *turismo roma.it/cosa-fare/pantheon; Piazza della Rotonda; 9.00-19.30 lu-sa, 9.00-18.00 do; gratis.*

04 Basílica de San Pedro

Bramante, Bernini, Miguel Ángel... La lista de arquitectos y escultores que hermosearon la basílica de San Pedro es larga e ilustre. Aunque la espera para entrar podría ser larguísima, una vez en su colosal interior, viendo cómo penetra la luz por la cúpula dorada y baña la tumba de san Pedro, nadie recuerda la cola. *Plaza de San Pedro, Ciudad del Vaticano; 7.00-19.00 verano, 7.00-18.00 invierno; gratis.*

05 Fontana di Trevi

Sí, aunque esté repleta de turistas hay que ir. Esta monumental fuente barroca data de 1762 y era en su día el final de un antiguo acueducto romano. Según la leyenda, si se lanza una moneda a la fuente con la mano derecha por encima del hombro izquierdo, el regreso a Roma está garantizado. *Piazza di Trevi; 24 h; una moneda.*

06 Museos Vaticanos y Capilla Sixtina

Claro que son ineludibles, pero si se valora más el tiempo o la cordura que el ahorro de una entrada, no hay que ir a los Museos Vaticanos ni a la Capilla

© Justin Foulkes | Lonely Planet Images

PUNTO DE VISTA AUTÓCTONO

"Hay que probar comida callejera romana como *supplì* (croquetas de arroz) en Supplizio (*supplizio.net; Via dei Banchi Vecchi 143; 12.00-16.00 lu-sa y 5.30-22.00 lu-ju, 5.30-23.00 vi y sa; suppli 3-5 €*) o un gelato de Fatamorgana (*gelateriafatamorgana.it; 12.00-24.00 verano, 12.00-22.30 invierno; bolas/tarrinas desde 2 €*). Para arte gratis basta cualquier iglesia, como la Basilica di Santa Maria del Popolo (*Piazza del Popolo; 7.00-12.00 y 16.00-19.00 lu-sa, 7.30-13.3 y 16.30-19.30 do; gratis*) y la Basilica di San Pietro in Vincoli (*Piazza di San Pietro in Vincoli 4a; 8.00-12.20 y 15.00-19.00 verano, 15.00-18.00 invierno; gratis*)."
Linda Martínez, propietaria, The Beehive Ho(s)tel

Sixtina en domingo. Y si se va, habrá que llegar temprano (sobre las 7.30) para no pasar 2-3 h en la cola. *vatican.va; plaza de San Pedro; 9.00-18.00 lu-sa, última entrada 16.00; gratis último do mes 9.00-14.00.*

07 Vía Apia

Las autopistas existen gracias a Roma y la Vía Apia. Aunque las primeras carreteras del mundo se construyeron para transportar soldados y pertrechos en el 312 a.C., hoy son romanos y turistas quienes pasean bajo los árboles. Hay que calcular mucho tiempo porque se pasa por numerosos lugares antiguos, catacumbas incluidas (la entrada cuesta poco). *Via Appia Antica; 24 h; gratis.*

08 Campo de' Fiori

En el Campo de' Fiori puede uno sentarse con un *gelato* al pie de la estatua de Giordano Bruno, el astrónomo, filósofo, poeta y matemático, y meditar sobre la evolución de Roma y el mundo. Hace 400 años Bruno fue quemado por herejía en esta plaza que hoy está llena de turistas y también acoge un mercado. La visión de una plaza medieval llena de flores continúa siendo una imagen divina. *24 h, gratis.*

09 Columna de Marco Aurelio

Durante la *passeggiata* (paseo de tarde) se puede parar junto a la Columna de Marco Aurelio, construida con mármol de Carrara hace 1800 años y que honra al emperador y filósofo estoico. El Palazzo Chigi, en la plaza principal, es la residencia oficial del primer ministro de Italia. *Piazza Colonna; 24 h; gratis.*

05

10 Largo di Torre Argentina

La plaza donde fue asesinado Julio César en el 44 a.C. está acordonada en la actualidad, pero si no importa llevarse de recuerdo alguna que otra pulga se puede bajar: estas ruinas son el hogar de centenares de gatos callejeros. Una visita que agradará a los fans de los felinos. *Via di Torre Argentina; ruinas 24 h, refugio de gatos 12.00-18.00; gratis.*

11 Passeggiata a la romana

La *passeggiata* es lo más italiano que puede hacerse en Roma. Una vez provistos del bolso de Gucci y los zapatos de Prada hay que echar a andar del brazo por la elegante Via del Corso hasta la Piazza del Popolo. Se recomienda el refinado aditamento de un *gelato* con dos bolas de *nocciola* (nuez) y *riso* (arroz). *Toda la ciudad; tardes; gratis.*

Jardines de Villa Borghese

Primero se sube la escalinata de la plaza de España para contemplar la vista y después se escapa del caos turístico de la entrada de la Galleria Borghese haciendo lo que los romanos: pasear por los jardines ingleses de Villa Borghese, remar en el lago pasando por un templete neoclásico o celebrar un pícnic. *Entrada por Piazzale San Paolo del Brasile, Piazzale Flaminio, Via Pinciana, Via Raimondo y Largo Pablo Picasso; amanecer-anochecer; gratis.*

 Panadería Forno Campo de' Fiori

Mientras se admiran las flores de Campo de' Fiori intentando no imaginarse a un hombre ardiendo en la hoguera, se puede comprar una porción de *pizza* o un *panino* en el Forno Campo de' Fiori. Fundada en 1819, esta panadería y *forno* (horno) de *pizza* es el sitio perfecto para un almuerzo barato y rápido. *fornocampodefiori.com; Vicolo del Gallo, 14; 7.30-14.30 y 16.45-20.00 lu-sa; pizza en porciones desde 3 €.*

 Bar Freni e Frizioni

Elegante e informal, es un bar fabuloso en el corazón del Trastevere. Antiguo taller de mecánica (de ahí el nombre: "frenos y embragues"), atrae a jóvenes que en las noches cálidas pasan unas horas en la *piazza* con los amigos bebiendo cócteles a buen precio (7 €) y picoteando *aperitivi* (6-10 €, 19.00-22.00). *freniefrizioni.com; Via del Politeama 4-6; 18.30-2.00 lu-do.*

Restaurante La Renella

Para estirar las piernas y ver un barrio romano encantador con casas antiguas, calles empedradas y animada vida nocturna, hay que ir al Trastevere. Comparado con una comida en cualquier restaurante italiano *(media 25 €)*, La Renella es una ganga. Y lo mejor: abre casi las 24 h. *Via del Moro 15-16; 7.00-2.00 ma-sa, 7.00-22.00 do y lu; pizza en porciones desde 2,50 €.*

TRANSPORTE ECONÓMICO

Los autobuses turísticos son caros: conviene más moverse en transporte público con un bono Roma 24 h *(válido 24 h en todas las líneas de autobús, tranvía y metro, excepto rutas al aeropuerto de Fiumicino; 7 €).* El autobús nº 40 va de la Stazione Termini (Piazza dei Cinquecento) al Vaticano pasando por la Torre di Largo Argentina y Piazza Venezia. Si no apetece caminar hasta los jardines de Villa Borghese desde la escalinata de la plaza de España, se puede tomar el microbús eléctrico nº 117. Los billetes se compran en los *tabacchi* (estancos) y máquinas expendedoras de las principales paradas de autobús y estaciones de metro, y no hay que olvidarse de validarlos.

CONSEJOS

Como las cenas en los restaurantes romanos suelen ser caras, no empiezan hasta las 20.00 o más tarde y duran muchísimo, quizá sea mejor (y más barato) almorzar fuerte: a esas horas hace demasiado calor para andar de acá para allá y además algunos lugares de interés están cerrados. Hay que tomarse el tiempo necesario para digerir debidamente una comida generalmente rica en carbohidratos. Después, por la noche, se puede tomar una porción de *pizza*, buscar una *piazza* animada y terminar con un *gelato*. O visitar un bar con *happy hour* y probablemente un bufé o picoteo.

16 Mercato di Campagna Amica del Circo Massimo

Si el Campo de' Fiori resulta demasiado turístico, no estaría mal visitar este mercado cubierto para charlar con los agricultores. Después de comprar algo de comida, lo mejor es instalarse en una de las mesas de pícnic o ir al cercano Circo Máximo, que pese a su historia sangrienta es hoy un agradable parque. *mercatocircomassimo.it; Via di San Teodoro 74; 9.00-18.00 sa, 9.00-16.00 do, cerrado ago; gratis.*

17 Festival Estate Romana

Aunque muchos romanos se van de la ciudad en julio y agosto, los que se quedan o la visitan se ven recompensados con el maravilloso festival Estate Romana, cuando Roma es una explosión de arte y cultura: cine y música al aire libre, arte callejero, conciertos y muchas actividades más. *estateromana.comune.roma.it; véase la web y las redes sociales para fechas y lugares; jun-sep; muchos espectáculos gratis.*

04

08

ARTE Y CULTURA   MÚSICA Y CINE   DEPORTE Y OCIO   COMIDA Y BEBIDA   FIESTAS Y CELEBRACIONES

ESTOCOLMO

Estocolmo es conocida por su elegancia. Parece que todo cuesta una millonada y que las gangas escaseen… ¡pero existen! De hecho, algunos de los elementos más definitorios de la ciudad –hitos de su paisaje e historia– son gratuitos.

01 Medeltidsmuseet

Tras el puente de piedra más antiguo de la ciudad, el Museo Medieval parece una fortaleza secreta; iba a convertirse en aparcamiento, pero las excavaciones sacaron a la luz un tramo de una muralla del s. XVI y un túnel que conducía al Palacio Real, que hoy forman el núcleo de esta exposición multimedia. *medeltidsmuseet.stockholm.se; Ström parterren 3; 12.00-17.00 ma y ju-do, 12.00-20.00 mi; gratis.*

02 Riksdagshuset

El circuito guiado por el Parlamento sueco es como una clase sobre la política de consenso. Suecia está gobernada por 349 representantes del pueblo; los guías explican cómo evolucionó el sistema y cómo funciona hoy. Es instructivo, inspirador y más divertido de lo previsible. *riksdagen.se; Riksgatan 3; circuito 1 h en inglés (max. 28 personas) 12.00, 13.00, 14.00 y 15.00 lu-vi fin jun-ago, 13.30 sa y do med sep-fin jun; gratis.*

03 Djurgården

Esta isla con tranquilos parques y senderos arbolados, una de las 14 sobre las que se construyó la capital sueca, fue en su día el coto de caza real. Solo un puente peatonal la separa del centro y es ideal para un pícnic y un paseo. Con tiempo cálido se puede nadar o tomar el sol en sus playas. *visitdjurgarden.se/sv/nationalstadsparken; Djurgårdsbron; 24 h; gratis.*

05

04 Colinas de Söder y puente de Katarina

Es difícil superar las vistas desde las escaleras de madera al sur de Slussen hasta lo alto de las colinas de Söder. Hay que recorrer la pasarela que conduce al ascensor de Katarina y tomar después por Maria Trappgränd, una escalera al este de Slussen que asciende a Monteliusvägen, un camino de 500 m. *Estación Slussen del T-bana; 24 h; gratis.*

05 Cambio de la guardia

Si se está en la Ciudad Vieja (Gamla Stan) hacia el mediodía, se oirá la banda que anuncia el cambio de la guardia del palacio. Es digna de ver la coreografía de los guardias uniformados gritando órdenes y marchando en formación.

En verano suele haber un desfile militar previo a la ceremonia. *stockholmgamlastan.se/lang_en/se_gora/ hogvakten.php; patio exterior, Palacio Real; 12.15 lu-sa, 13.15 do verano, mi, sa y do solo sep-abr; gratis.*

06 Smaka på Stockholm

Estocolmo es famosa por sus restaurantes, con chefs valientes que utilizan con imaginación y osadía los ingredientes del país; pero comer suele desbaratar el presupuesto. En vez de derrochar en una sola comida, ¿por qué no probar bocados de las mejores cocinas regionales (y los viñedos, destilerías y fábricas de cerveza) en este festival anual de comida y bebida que se celebra en el Kungsträdgården? *smakapa stockholm.se; Kungsträdgården; 1ª semana jun; 11.00-tarde; gratis.*

De un vistazo

- Población: 1,5 millones de hab.
- Lo mejor: comida y moda
- Moneda: corona sueca (Skr o SEK)
- Presupuesto: 252 € diarios

ARTE Y CULTURA   MÚSICA Y CINE   DEPORTE Y OCIO   COMIDA Y BEBIDA   FIESTAS Y CELEBRACIONES

VENECIA

Venecia es la finca de recreo de la élite europea, con hoteles de cinco estrellas, comidas de cinco tenedores y góndolas acolchadas con terciopelo. Pero lo cierto es que algunos de sus mejores momentos resultan gratis: contemplar la basílica de San Marcos es gratis; el Carnaval es sobre todo diversión en la calle, y como mejor se ven los palacios es reflejados en el Gran Canal.

01 Basilica di San Marco

La basílica bizantina de Venecia es la apoteosis de esta ciudad. Se tardó 800 años en construirla para cobijar los huesos de san Marcos en un dorado caparazón de mosaicos. Todo esto es gratis, aunque se puede eludir la cola con reserva previa *(2 €)*. Los circuitos gratuitos son a las 11.00 de lunes a sábados (abr-oct). *basilica-* *sanmarco.it; Piazza San Marco; 9.45-16.45 lu-sa, 14.00-17.00 do verano, 14.00-16.00 do invierno; gratis.*

02 Circuito por la arquitectura

Aunque Venecia está repleta de museos, la auténtica belleza de la ciudad es la propia ciudad: una obra maestra de la arquitectura con palacios flotantes de piedra de Istria. Desde el s. VII el refinamiento que distingue a la ciudad ha evolucionado hasta una deslumbradora amalgama de estilos. El *vaporetto* nº 1 *(cada 10 min, 7 €)* efectúa un crucero por mil años de historia bajando por el Gran Canal hasta San Marcos y el Lido.

03 Isola di San Michele

Rodeada por una muralla y altos cipreses y presidida por el blanco perlado de la iglesia de Codussi (1469; la primera iglesia renacentista de Venecia), San Michele es la isla veneciana de los muertos, donde yacen Ezra Pound, Sergei Diaghilev e Igor Stravinsky. Los melómanos y aficionados a la arquitectura de todo el mundo acuden a

01

VENECIA

De un vistazo
- Población: 425 000 hab.
- Lo mejor: arte y arquitectura
- Moneda: euro (€)
- Presupuesto: 225 € diarios

BIENNALE

Magno escaparate del arte europeo desde 1907, la Biennale de Venecia alterna el arte (verano en años impares) con la arquitectura (otoño en años pares). Unos 300 000 visitantes gozan de las obras de arte de los 30 pabellones nacionales instalados en los Giardini y el Arsenale. Aunque la entrada a la exposición principal es cara *(30 €)*, la incipiente oferta alternativa es gratuita y brinda acceso a rincones escondidos de la ciudad. En el último recuento había más de 90 acontecimientos programados. *labiennale. org; gratis.*

presentar sus respetos a los difuntos y admirar la ampliación moderna, de David Chipperfield. *7.30-18.00 abr-sep, 7.30-16.00 oct-mar; gratis.*

04 Playas del Lido
Bastión de la ciudad durante siglos, el Lido revivió en el s. XIX como estación balnearia. Durante años atrajo al *bel mondo* y en septiembre continúa llegando un aluvión de celebridades para el festival de cine. Los simples mortales pueden apañarse con las tres playas gratuitas: **Spiaggia Comunale** (4a), **San Nicolò** (4b) y **Alberoni** (4c), donde lord Byron corrió con sus caballos en 1817. *24 h; gratis.*

05 'Happy hours' asequibles
Los turistas se lamentan por lo caro que cuesta comer bien en esta ciudad, pero los venecianos optan por *un'ombra* (una "sombra"; un vasito de vino) desde tan solo 0,60 € en **Bacereto Da Lele** (5a; *Santa Croce 183; 6.00-14.00, 16.00-20.00 lu-vi; 6.00-14.00 sa*) y **Cantina Aziende Agricole** (5b; *Rio Tera Farsetti; 9.00-13.30 y 17.00-22.00 lu-sa*), y lo acompañan con *cicheti*, versión veneciana de las tapas (*1-4 €/bandeja*).

06 Mercado de Rialto
Tras abastecer a la Serenísima durante más de 700 años, el mercado y *pescaria* (lonja de pescado) de Rialto forman parte de la historia viva de Venecia. La pesca sostenible no es nada nuevo en este emporio del pescado: unas placas de mármol indican las normas establecidas hace siglos sobre el tamaño mínimo de las capturas. Conviene prestar atención al género: así se reconocerán mejor los auténticos pescados venecianos en las cartas de los restaurantes. *Rialto-Mercato, 7.00-14.00 ma-do, gratis*

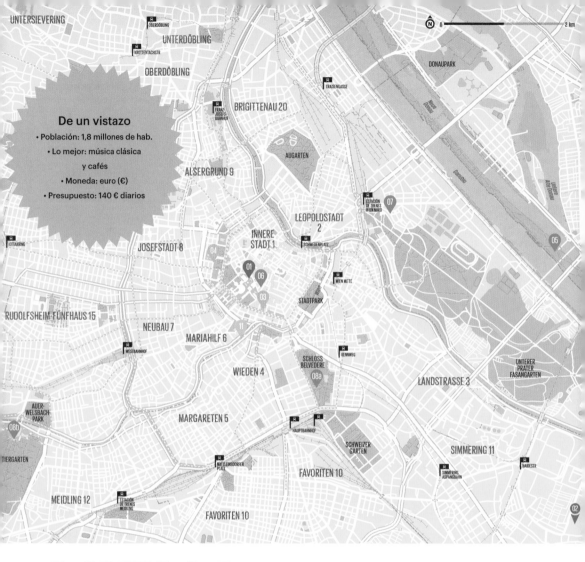

De un vistazo

- Población: 1,8 millones de hab.
- Lo mejor: música clásica y cafés
- Moneda: euro (€)
- Presupuesto: 140 € diarios

VIENA

Viena, con toda su pompa y grandeza imperial, quizá no parezca ciudad para un presupuesto reducido. Pero indagando un poco se encuentran conciertos clásicos gratuitos, jardines espléndidos e históricos cafés de los que se puede disfrutar gastando solo unas monedas.

01 Palacio de Hofburg

Antigua residencia de los Habsburgo, este palacio es la expresión máxima del antiguo poderío imperial de Austria. Al pasear entre sus impresionantes edificios, museos, plazas y aposentos imperiales, uno tiende a especular sobre lo que pasaba en este patio de recreo de la realeza austríaca. Se puede pasear gratis por el recinto, pero la entrada a los sitios se cobra. *hofburg-wien.at; Michaelerkuppel; 24 h; gratis.*

02 Cementerio Zentralfriedhof

Pasar el rato en un cementerio no parece la mejor manera de entretenerse en unas vacaciones, pero el Zentralfriedhof es un lugar fascinante. Con más de 2,4 km² es uno de los cementerios más grandes de Europa. Vale la pena dar un paseo y presentar respetos a difuntos tan ilustres como Beethoven, Brahms y Schubert. *Simmeringer Hauptstrasse 232-244; 7.00-19.00 vi-mi, 7.00-20.00 ju; gratis.*

03 Ópera del Estado

No hace falta gastar un dineral para ver una ópera en la Ópera Estatal de Viena. Si se está dispuesto a hacer cola más o menos 1½ h, quedarse de pie durante la función (¡mejor para la circulación!) y ver el escenario solo parcialmente (esto es más de escuchar que de ver), se podrá disfrutar de un espectáculo inolvidable por muy poco. *wiener-staatsoper.at; Opernring 2; entradas de pie desde 4 €.*

04 Verano en Rathausplatz

Para aprovechar lo mejor de la oferta gratuita de Viena hay que viajar en verano e ir directamente a la Rathausplatz (plaza del Ayuntamiento), que en las noches templadas despliega una gran oferta cultural y acoge desde conciertos clásicos y ópera hasta festivales gastronómicos, DJ y, en julio y agosto, el Musikfilm Festival (filmfestival-rathausplatz.at). *Gratis.*

05 Donauinsel

Creada en el año 1970, Donauinsel (isla del Danubio) es el parque acuático de la capital austríaca y ofrece muchas maneras de refrescarse en verano, ya sea nadar, remar en bote o incluso quedarse en cueros: una parte de la isla está declarada zona FKK (*Freikörperkultur; cultura del cuerpo gratis*) para nudistas. Si se prefiere conservar la ropa, se puede patinar o montar en bicicleta por los caminos que surcan la isla. *wien.gv.at; isla del Danubio; 24 h; gratis.*

03

SALCHICHAS, BUENA IDEA

La oferta gastronómica de Viena se ajusta a todos los presupuestos. Los puestos de comida callejera y los mercados abundan por toda la ciudad, y lo mejor para una comida barata es uno de los omnipresentes *Würstelstand* (puesto de salchichas): se elige la salchicha –todas de primera calidad– para el panecillo, como una picante *Debreziner* o una clásica *Bratwurst*, y después se le añade lo que apetezca, desde mostazas dulces y picantes hasta cebolla frita y queso.

VIENA

06 Dorotheum

A lo mejor no se tiene dinerillo suelto para pujar por un Monet o una colección de monedas antiguas, pero no por eso hay que perderse toda la diversión del Dorotheum. Aunque se trata de una de las casas de subastas más grandes de Europa, la visita se puede limitar a admirar el edificio y fantasear (¡pujar no!) con llevarse a casa algún tesoro. *dorotheum.com; Dorotheergasse 17; 10.00-18.00 lu-vi, 9.00-17.00 sa; gratis.*

07 Jardines del Prater

Si el presupuesto es escaso, mejor olvidarse de las atracciones de este parque, pero el Prater hay que verlo: es el parque más bonito de Viena, con una extensión de 60 km², merenderos y muchos bulevares arbolados para pasear. Se nota el paso de las estaciones: el brillo de los castaños en otoño y la explosión de color de las flores en primavera. *prater.at; 1020 Vienna; 24 h; gratis.*

08 Jardines de los palacios

Entrar en los suntuosos palacios vieneses cuesta dinero, pero por sus jardines se puede pasear sin pagar. El clásico jardín francés del **Schloss Belvedere** (8a; *belvedere.at; Rennweg 6; amanecer-anochecer; gratis*) brinda unas vistas excelentes, mientras que el jardín barroco del **Schloss Schönbrunn** (8b; *schoenbrunn.at; Schönbrunner Schlossstrasse 47; 6.30-anochecer; gratis*) está atravesado por senderos que zigzaguean entre parterres, setos, ruinas romanas y fuentes.

09 Un paseo por Ringstrasse

No es preciso gastar una fortuna para admirar la opulencia y grandiosidad de Viena:

VIENNA CARD

Si los museos encabezan la lista de prioridades en Viena, sale a cuenta comprar una Vienna Card (*wien.info*) nada más llegar para conseguir descuentos en muchos lugares de interés y atracciones. Además de las entradas gratuitas o rebajadas a los sitios más visitados, se puede usar sin límite en el metro, tranvías y autobuses de Viena durante 48/72 h (18,90/21,90 €). Se vende en el aeropuerto, en oficinas de información turística y en casi todos los hoteles.

un paseo por Ringstrasse permite ver los edificios más notables de la ciudad. Este bulevar que circunvala la Innere Stadt posee un caudal de obras maestras de la arquitectura del s. XIX, desde la fachada neoclásica del Parlamento y la impresionante Ópera del Estado hasta el majestuoso Palacio Imperial y el cupulado Kunsthistoriches Museum. *24 h; gratis.*

Cafés

Los cafés son una manera magnífica de que unas pocas monedas cundan mucho; por lo que cuesta un café se puede uno quedar todo el tiempo que quiera, leer el periódico y contemplar a la gente. Por su larga tradición de cafés, con una historia tan rica como la tarta Sacher, Viena es la ciudad ideal. *Café 3-5 €.*

Naschmarkt

El mercado de abastos de Viena data del s. XVI y consta de 100 puestos que se extienden más de 500 m a lo largo de Linke Weinzeile. Se encuentran especias, frutas y verduras, comida callejera de Oriente Medio, queso, aceitunas, carnes y *kraut* tradicional en barriles de madera. Es el lugar perfecto para tomar un *falafel* o un kebab y dejarse llevar por los sonidos, visiones y olores. *naschmarkt-vienna.com; 06, Linke y Rechte Wienzeile; 6.00-19.30 lu-vi, 6.00-17.00 sa; gratis.*

Menús para ahorrar

Salir a cenar en Viena puede costar un potosí, pero por suerte muchos restaurantes ofrecen algo que ayuda a reducir costes: el Mittagsmenü, por lo general un almuerzo de dos platos que se eligen de un menú fijo. El truco para ahorrar consiste en almorzar fuerte por tan solo 10 € y después cenar con un *Würst* de *Würstelstand*.

NORTE-AMÉRICA

ARTE Y CULTURA · MÚSICA Y CINE · DEPORTE Y OCIO · COMIDA Y BEBIDA · FIESTAS Y CELEBRACIONES

AUSTIN

En los últimos tiempos, Austin ha pasado de ser una aletargada ciudad universitaria a convertirse en un destino de pleno derecho, cada vez con más visitantes y nuevos residentes. En consecuencia, los precios han subido, pero sigue siendo un lugar tranquilo donde pueden hacerse muchas cosas por poco dinero.

a sí misma. Hay que empaparse del ambiente y si el viajero se enamora de alguna obra, es posible que pueda permitírsela. *austinartgarage.com; 2200 S Lamar; 11.00-18.00 ma-sa, 12.00-17.00 do; gratis.*

02 Elisabet Ney Museum

Oculto en un tranquilo barrio residencial, este modesto castillo en miniatura (1892) fue el hogar y estudio de la escultora Elisabet Ney. Este artista retrató a algunos de los personajes más notables de su época, y hay estatuas suyas en el Capitolio de Washington, D.C., en el Smithsonian y en esta joya de museo y galería de arte, donde creó algunas de sus mejores obras. *304 E 44th St; 12.00-17.00 mi-do; gratis.*

01 Austin Art Garage

Esta galería de arte alternativa pertenece a dos artistas de la ciudad y capta perfectamente el espíritu del mundillo artístico de Austin: es colorida, ecléctica y nunca se toma demasiado en serio

03 Capitolio Estatal de Texas

Construido en 1888 con granito rosa y declarado Monumento Histórico Nacional, es el capitolio más grande de EE UU y el llamativo elemento principal del centro de Austin. Los circuitos gratuitos de 45 min dan a conocer su historia, gobierno y arqui-

Estación de Amtrak

DUNCAN PARK

WATERLOO PARK

Universidad de Texas en Austin 02

03

REPUBLIC SQUARE

WAREHOUSE DISTRICT

ELEPHANT ROOM

BRUSH PARK

Shoal Beach

TOWN LAKE PARK

04

MARTIN PARK

Rio Colorado

05

06

De un vistazo

- Población: 1,9 millones de hab.
- Lo mejor: música en directo
- Moneda: dólar estadounidense (US$)
- Presupuesto: 233 € diarios

East Bouldin Creek

0 — 1 km

Shoal Creek

Waller Creek

MÚSICA EN DIRECTO

Austin es famosa por la música en directo. Hay conciertos todas las noches de la semana, que pueden dejar vacía la cartera o no costar nada, según cómo se organice uno. El Continental Club *(continental club.com; 1315 S Congress Ave; hasta 2.00; precio de entrada variable)* ofrece conciertos gratis en la *happy hour*. Elephant Room *(elephantroom. com; 315 Congress Ave; hasta 2.00; gratis do-ju)* ofrece jazz en un local subterráneo. Nunca se cobra entrada en el Little Longhorn Saloon *(thelittlelonghorn-saloon.com; 5434 Burnet Rd; gratis ma-do)*, el garito más agradable de la ciudad.

tectura; cuanto menos, hay que asomarse a ver la rotonda, cuyos techos curvos crean una "galería de los susurros". *1100 Congress Ave; 7.00-22.00 lu-vi, 9.00-20.00 sa y do; gratis.*

04 Éxodo de murciélagos

De finales de marzo a principios de noviembre, la mayor colonia estadounidense de murciélagos cola de ratón ofrece un espectáculo memorable todas las tardes, hacia el anochecer. La gente se congrega para observar la nube de 1,5 millones de murciélagos que emerge de debajo del puente de Congress Avenue para ir en busca de la cena. *Puente de Congress Avenue; atardecer; gratis.*

05 Zilker Metropolitan Park

En este parque se puede visitar un jardín japonés, jugar al *disc golf* o refrescar-

se en Barton Springs Pool, una poza de 1,2 Ha con las aguas más gélidas a este lado del Ártico. El acceso es gratuito en invierno y a primera hora de la mañana. Las tardes calurosas de verano, la gente paga de buena gana los 4 US$ de entrada. *2100 Barton Springs Rd; 5.00-22.00 vi-mi; gratis, 5 US$ aparcamiento fin de semana.*

06 Chuy's

Millones de estudiantes no pueden equivocarse: la forma más asequible de satisfacer el antojo de *tex-mex* es el "coche de nachos" que ofrece Chuy's gratuitamente en su *happy hour (16.00-19.00 lu-vi)*. La etiqueta manda pedir una cerveza o margarita. Este es el local original, y sigue tan *kitsch* como cuando abrió en los años ochenta del siglo pasado. *chuys.com; 1728 Barton Springs Rd; 11.00-22.00 do-ju, 11.00-23.00 vi y sa; gratis.*

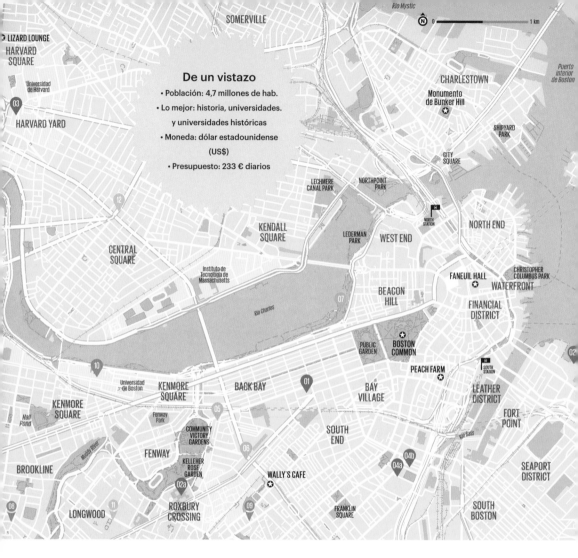

Rio Mystic

SOMERVILLE

LIZARD LOUNGE
HARVARD
SQUARE

Universidad
de Harvard

03

HARVARD YARD

CHARLESTOWN

Monumento
de Bunker Hill

Puerto
interior
de Boston

SHIPYARD
PARK

CITY
SQUARE

De un vistazo

- Población: 4,7 millones de hab.
- Lo mejor: historia, universidades.
  y universidades históricas
- Moneda: dólar estadounidense
  (US$)
- Presupuesto: 233 € diarios

12

LECHMERE
CANAL PARK

NORTHPOINT
PARK

NORTH
STATION

NORTH END

CHRISTOPHER
COLUMBUS PARK

CENTRAL
SQUARE

KENDALL
SQUARE

LEDERMAN
PARK

WEST END

Instituto de
Tecnología de
Massachusetts

07

BEACON
HILL

FANEUIL HALL

WATERFRONT

Rio Charles

FINANCIAL
DISTRICT

02

PUBLIC
GARDEN

BOSTON
COMMON

PEACH FARM

SOUTH
STATION

10

Universidad
de Boston

KENMORE
SQUARE

BACK BAY

01

BAY
VILLAGE

LEATHER
DISTRICT

KENMORE
SQUARE

Hall
Pond

Fenway
Park

06

SOUTH
END

FORT
POINT

COMMUNITY
VICTORY
GARDENS

06

FENWAY

KELLEHER
ROSE
GARDEN

04b

04a

SEAPORT
DISTRICT

BROOKLINE

Muddy River

WALLY'S CAFE

Rio Bass

02a

08

LONGWOOD

11

ROXBURY
CROSSING

09

FRANKLIN
SQUARE

SOUTH
BOSTON

BOSTON

La historia de Boston es la historia de EE UU, y ningún elemento ha influido tanto en ella como el amor de la ciudad por la enseñanza. Las instituciones educativas han sido fuente de innovación artística y científica. Además, la numerosa población estudiantil garantiza cerveza barata y mucha diversión gratis.

ARTE Y CULTURA   MÚSICA Y CINE   DEPORTE Y OCIO   COMIDA Y BEBIDA   FIESTAS Y CELEBRACIONES

01 Biblioteca Pública de Boston (BPL)

Obviamente, la biblioteca pública de Boston es gratuita pero, además, es un pequeño museo de arte y arquitectura, con murales de John Singer Sargent y Pierre Puvis de Chavannes, esculturas de Augustus Saint-Gaudens y magníficas puertas de bronce de Daniel Chester French. Se puede tomar un folleto y pasear libremente, o apuntarse a las visitas guiadas gratuitas. *bpl.org; 700 Boylston St; 9.00-21.00 lu-ju, 9.00-17.00 vi-sa, 13.00-17.00 do; gratis.*

02 Noches gratis en museos

Los museos de arte de Boston son verdaderamente de calidad, pero el precio de entrada es elevado. Por suerte, el Museum of Fine Arts y el Institute for Contemporary Art ofrecen entrada gratuita una noche a la semana. Los miércoles se podrá ver a los impresionistas del **MFA** (2a; *mfa.org; 465 Huntington Ave; 16.00-22.00 mi; gratis*) y los jueves, el arte contemporáneo del **ICA** (2b; *icaboston.org; 100 Northern Ave; 17.00-21.00 ju; gratis*).

03 Universidad de Harvard

Desde su fundación en 1636, mencionar Harvard nunca deja de impresionar: es la universidad más antigua y respetada del país. Su corazón histórico es Harvard Yard, cuyos edificios de ladrillo y caminos cubiertos de hojas rebosan ambiente académico. Las visitas guiadas por alumnos permiten conocer la vida estudiantil, la arquitectura antigua y la famosa "estatua de las tres mentiras". *harvard.edu/visitors; 1350 Massachusetts Ave; detalles en la web; gratis.*

04 SoWa Artists Guild

SoWa (So-uth of Wa-shington St, "al sur de la calle Wa-shington") es el colectivo artístico contemporáneo más candente de la ciudad. El mercado de temporada **SoWa Open Market** (4a; *newenglandopenmar kets.com; 460 Harrison Ave; 10.00-16.00 may-oct; entrada gratuita*) está lleno de puestos de arte y artesanía divertidos y diversos. En los **SoWa First Fridays** (4b; *sowaboston.com; 450 Harrison Ave; 17.00-21.00 1er vi de mes; gratis*), *los artistas abren sus estudios al público.*

05 Berklee College of Music

Para aprenderlo todo sobre *jazz* moderno, composición, músicas del mundo o electrónica, el lugar indicado es esta innovadora escuela de música. Aparte de en las grandes salas, Berklee ofrece recitales gratuitos en sus auditorios, donde alumnos, profesores y músicos invitados comparten sus emotivos sonidos. Han cosechado más de 250 premios Grammys, así que deben de ser buenos. *berklee.edu/events; gratis.*

BOSTON

06 Orquesta Sinfónica de Boston

¿Y si se pudiera escuchar música orquestal de primera clase en una sala magnífica, con un director joven y apasionado, sin pagar una fortuna? Es posible gracias a la Orquesta Sinfónica de Boston, que ofrece entradas a 20 US$ para clientes menores de 40 años. Además, el público de cualquier edad puede hacer cola para comprar entradas de último minuto a 9 US$; se ponen a la venta 3 h antes de los conciertos los martes y jueves por la noche y los viernes por la tarde. *bso.org; 301 Massachusetts Ave; diferentes precios.*

07 Charles River Esplanade

Hay que buscar sitio en este parque a orillas del río Charles para ver una película familiar gratuita (*atardecer vi, jul-ago*) o un concierto orquestal (*bostonlandmarks orchestra.com; 19.00 mi, jul-ago*). La Esplanade Association también ofrece zumba gratis en el Hatch Shell (*18.00 ma, jul-sep*) y yoga en Fiedler Field (*18.00 mi, jul-sep*), así como otras actividades deportivas gratuitas. *esplanadeassociation. org; gratis.*

08 Arnold Arboretum

Este arboreto de 107 Ha de superficie es más que un oasis urbano donde escapar de las muchedumbres y pasear en paz entre 15 000 árboles exóticos y arbustos en flor. También hay visitas guiadas (*10.30 lu, ju y sa, 13.00 do*), charlas y exposiciones de arte. La temporada de lilas, a principios de mayo, es un momento maravilloso. *arboretum.harvard.edu; 125 Arborway, Jamaica Plain; amanecer-atardecer; gratis.*

09 Reserva de Blue Hills

Con una superficie de más de 28 km², esta reserva es una estupenda escapada natural cerca de la ciudad, con 200 km de senderos que surcan las colinas, incluidas varias rutas a la cima de la Great Blue Hill (194 m), que ofrece vistas fantásticas de la urbe. La natación y el esquí hacen de Blue Hills un destino para todo el año solo

TRAS LOS PASOS DE LA HISTORIA

La lucha por la independencia de EE UU comenzó en Boston. La mejor introducción a esta historia revolucionaria es el **Freedom Trail** (*thefreedomtrail. org, gratis*), un circuito a pie de 3,8 km que recorre 16 enclaves históricos de la ciudad. Basta con seguir la línea roja que va desde el Boston Common (el parque público más antiguo del país) hasta Bunker Hill (escenario de una batalla clave). Pasa por varias iglesias, cementerios, casas de culto y museos, en muchos casos de acceso gratuito. Si se prefiere un guía, el National Park Service (*nps. gov/bost*) ofrece gratuitamente circuitos parciales a pie, con salida desde Faneuil Hall de abril a octubre (horario variable).

Los universitarios saben cómo aprovechar Boston al máximo sin gastar mucho. Si se tiene hambre, pero no dinero, el estudiante John Louis recomienda Chinatown: "Los mejores platos del día están en Peach Farm *(4 Tyler St, 11.00-3.00),* sabor en cantidades industriales por 4,99 US$. ¡Además, está en un sótano chungo de una calleja de Chinatown!". En cuanto a ocio, las noches de micrófonos abiertos "a veces son una auténtica pasada". Louis recomienda el Open-Mic Challenge del Lizard Lounge *(lizardloungeclub. com; 1667 Massachusetts Ave, Cambridge; 19.30 lu; cliente/ artista 6/3 US$).* La *jam session* diaria del Wally's Café *(wallyscafe.com; 427 Massachusetts Ave; 18.00-21.00; gratis)* también es popular.

23 km al sur del centro de Boston. *695 Hillside St, Milton; amanecer-atardecer; gratis.*

10 Observatorio Judson B. Coit

Los miércoles, cuando la noche está suficientemente despejada, es posible deleitarse observando las estrellas en el observatorio Coit de la Universidad de Boston. Los miembros del club de astronomía responden preguntas, solucionan dudas y se aseguran de que los telescopios estén listos y apunten en la dirección correcta. *bu.edu/astronomy; 725 Commonwealth Ave; 19.30 oct-mar y 20.30 abr-sep; gratis.*

11 Samuel Adams Brewery

¿Alguien ha dicho cerveza gratis? Quizá esta bebida no sea el legado más importante o duradero de Sam Adams, célebre patriota y fabricante de cerveza fracasado; pero es bastante buena, sobre todo si se busca una tarde de entretenimiento económico. Esta fábrica ofrece visitas guiadas para ver cómo se elabora la cerveza y asimismo se puede degustar su sabor. *samueladams.com; 30 Germania St; 10.00-15.00 lu-sa; donativo 2 US$.*

12 Improv Boston

Boston es una ciudad realmente divertida, en el sentido de hacer reír a la gente. Por citar unos ejemplos famosos, los humoristas Conan O'Brien, Jay Leno y Denis Leary proceden de esta ciudad. En Improv Boston es posible ver monólogos cómicos gratuitamente durante el Nightcap (fines de semana por la noche) o a cambio de la voluntad en el People's Show (domingos noche). *improvboston.com; 40 Prospect St, Cambridge; 23.30 vi y sa, 21.00 do; gratis.*

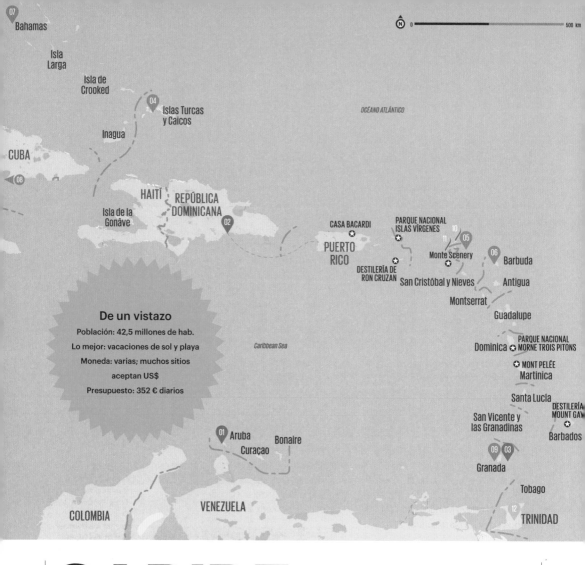

Bahamas

Isla Larga

Isla de Crooked

04 Islas Turcas y Caicos

Inagua

OCÉANO ATLÁNTICO

CUBA

08

HAITÍ REPÚBLICA DOMINICANA

Isla de la Gonâve

02

CASA BACARDI

PARQUE NACIONAL ISLAS VÍRGENES

10

11 **05**

PUERTO RICO

Monte Scenery

06 Barbuda

DESTILERÍA DE RON CRUZAN

San Cristóbal y Nieves

Antigua

Montserrat

Guadalupe

De un vistazo

Población: 42,5 millones de hab.

Lo mejor: vacaciones de sol y playa

Moneda: varias; muchos sitios aceptan US$

Presupuesto: 352 € diarios

Caribbean Sea

PARQUE NACIONAL MORNE TROIS PITONS

Dominica

MONT PELÉE

Martinica

Santa Lucía

DESTILERÍA MOUNT GAY

San Vicente y las Granadinas

Barbados

01 Aruba

Bonaire

Curaçao

09 **03**

Granada

Tobago

COLOMBIA

VENEZUELA

12

TRINIDAD

CARIBE

Siete mil islas ofrecen siete millones de razones para visitar el Caribe, la tierra de las vacaciones sin fin. Sí, la región tiene fama de cara, pero los veraneantes acuden en tropel por una razón en concreto: las playas. Y la buena noticia es que todas son gratuitas.

ARTE Y CULTURA   MÚSICA Y BAILE   DEPORTE Y OCIO   COMIDA Y BEBIDA   FIESTAS Y CELEBRACIONES

01 Museo y fábrica de Aruba Aloe

El aloe fue introducido en Aruba a mediados del s. xix, prosperó bajo el sol abrasador del Caribe y pronto se lo consideró una planta casi milagrosa. Poco después, la isla antillana estaba llena de plantaciones. Los visitantes de hoy pueden realizar un breve circuito por el museo y la fábrica para conocer su historia y probar muestras gratuitas. *arubaaloe.com; Pitastraat 115, Oranjestad; 8.00-17.00 lu-vi, 9.00-17.00 sa; gratis.*

02 Ciudad Colonial, República Dominicana

Este barrio histórico de Santo Domingo, conocido en la ciudad como Zona Colonial, es el asentamiento europeo permanente más antiguo de América y ha sido declarado Patrimonio Mundial por la Unesco. Contiene iglesias y capillas decoradas con arte secular; no hay que perderse de ninguna manera la catedral de Santa María la Menor, la basílica más antigua del Nuevo Mundo, que da al parque Colón, la plaza central. *24 h; gratis.*

03 El Carenage, Granada

Mirar escaparates no cuesta nada de nada, y no hay mejor lugar para hacerlo en todo el Caribe que el paseo marítimo de Saint George, en la isla de Granada. Llamado Carenage, bordea el puerto y es agradable para pasear, con casas parroquiales antiguas, barquitas de colores y una ladera llena de casas pintadas que sube hasta un fuerte de piedra. *Saint George; 24 h; gratis.*

04 Grace Bay, Turcas y Caicos

Nadie puede negar la belleza de Grace Bay, considerada por muchos la playa más bonita del Caribe por sus aguas y arena paradisíacas. Un grupo de ejecutivos ha descubierto los encantos de la playa y ha construido ostentosas viviendas de lujo en sus nacaradas orillas, pero por suerte el acceso al paraíso sigue siendo gratuito y abierto a todo el mundo. *24 h; gratis.*

05 Happy Bay Beach, San Martín (St Martin)

En una isla bendecida con playas magníficas, la privacidad es primordial. Happy Bay, a la que se llega por un camino que parte de Friar's Bay, cumple con creces dicho requisito. La playa suele estar bastante vacía (y sus ocupantes, bastante desnudos). Apenas hay tráfico de barcos, debido a que la cala no tiene una curvatura lo bastante grande para bloquear el fuerte oleaje. *sxm-beaches.com; 24 h; gratis.*

01

EXCURSIONES

Los tesoros naturales del Caribe se extienden más allá de las playas: cientos de picos volcánicos se elevan desde el fondo del océano ofreciendo amplias vistas y excursiones memorables. Nunca cuestan más que una pequeña tarifa, y entre las más espectaculares están: el Sandy Cruz Trail que sube al monte Scenery en Saba *(24 h; gratis)*, los senderos del Parque Nacional Morne Trois Pitons en Dominica *(24 h; gratis)*, las estribaciones del Mont Pelée en Martinica *(24 h; gratis)*, y el vasto Parque Nacional Virgin Islands en St. John (nps.gov/viis/index.htm; *parque 24 h, centro de información 8.00-16.30; gratis).*

CARIBE

© jimmyvillalta | Getty Images

06 Low Bay, Barbuda

Barbuda, la discreta hermana pequeña de Antigua, se considera generalmente la mejor isla de la región en cuanto a playas. Y Low Bay se lleva la palma: son 27 km ininterrumpidos de playa, más parecida a un banco de arena de poca altura que a una bahía o cala propiamente dicha. Es mucho más probable encontrarla llena de aves que de gente. *24 h; gratis.*

07 Pig Beach, Exuma, Bahamas

Esta playa es el único lugar del Caribe donde uno puede chapotear con famosos sin pagar un céntimo, porque estas estrellas desconocen que lo son. Los cerdos de Exuma, que de la noche a la mañana se convirtieron en una sensación en Instagram, viven en estado salvaje (según la leyenda, los dejaron allí unos marineros con la intención de volver y preparar cochinillo asado) y se dan un chapuzón diario. *Big Major Cay, Exuma, 24 h; gratis.*

08 Seven Mile Beach, Gran Caimán

Aunque su nombre, Siete Millas, es un tanto exagerado (solo mide cinco), la mejor playa de las Caimán atrae a gran parte del turismo de la isla y resulta agradable por la ausencia de vendedores ambulantes. Está perfectamente cuidada, tiene arena blanquísima y es en su mayor parte de acceso público, por lo que es fantástica para pasear, correr y bucear en los arrecifes cercanos a la Government House y el hotel Marriott. *caymanislands.ky/activities/beaches/ sevenmilebeach.aspx; 24 h; gratis.*

09 Underwater Sculpture Park, Granada

La galería de arte más singular del mundo está situada a 2 m bajo el agua. El proyecto, encabezado por el artista británico Jason deCaires Taylor, pretende concienciar so-

© Mikolaj Niemczewski; Travis Snelling; Jo Ann Snover | 500px, @ R Gombarik | Shutterstock

EL RON

El ron sostuvo gran parte de la economía del Caribe, y varias destilerías siguen produciéndolo. Se ofrecen circuitos por las fábricas, que no solo ilustran la historia de la región y la química de la destilación, sino que también sirven para acabar como una cuba. Se recomiendan Casa Bacardí en Puerto Rico (visitcasabacardi. com; ctra. 165 km 6,2, Cataño; 9.00-16.30 lu-sa, 10.00-16.30 do; entrada 12 US$), Cruzan Rum Distillery en Saint Croix (cruzanrum. com; 3A Estate Diamond, Frederiksted; 9.00-16.30 lu-vi, 10.00-14.00 sa-do; entrada 8 US$) y Mount Gay Distillery en Barbados (mountgayrum. com; Exmouth Gap, Brandons; 9.30-15.30 lu-vi, entrada 10 US$).

CARIBE

bre el medio ambiente a través de obras escultóricas atractivas. La más llamativa de sus piezas subacuáticas es *Vicissitudes*, un círculo de niños que miran hacia fuera. El precio para acceder es una botella de buceo o, para los más intrépidos, llenar bien de aire los pulmones. *grenadaunderwater sculpture.com; Molinière Bay, gratis.*

10 Hungry's, Anguila

Algunas islas del Caribe, como Anguila, se han convertido en punto de reunión de ricos y famosos, pero esta situación no tiene que ser sinónimo de pagar precios desorbitados para comer. El truco es optar por las *food vans* locales (furgonetas de comida), como Hungry's, que desde el 2004 cambia los manteles blancos por comida buena y auténtica de la zona, por ejemplo, sopa de pescado. *hungrysgoodfood.com; The Valley Rd, frente a la iglesia católica de St. Gerard; desayuno, almuerzo y cena; sopa 5 US$.*

11 Sunset Beach Bar, Sint Maarten

En el Caribe probablemente haya tantos bares como playas, pero este es un favorito de los gorrones. Situado peligrosamente cerca del aeropuerto internacional, el bar al aire libre ofrece asientos de primera fila para ver el aterrizaje de los *jumbos*. Buenas noticias para las damas: las que vayan en *topless* beben gratis. *sunsetsxm. com; 2 Beacon Hill Rd; desayuno, almuerzo y cena; cerveza desde 3 US$.*

12 Carnaval de Trinidad, Trinidad y Tobago

Trinidad organiza la mayor fiesta de todo el Caribe: cada año, el Carnaval invade la isla el lunes y martes anteriores al Miércoles de Ceniza (generalmente a mediados de febrero). Aunque hay que pagar para participar en el desfile, es gratis ver los fuegos artificiales, los bailarines de soca que giran con tocados coloridos y los tambores metálicos que resuenan en los *panyards*. *gotrinidadandtobago.com/trinidad/carnival; diferentes lugares y horarios; gratis.*

CHICAGO

Los rascacielos y los magníficos museos son los principales reclamos de Chicago, y merecidamente. Pero no hay que pasar por alto las galerías peculiares, las fiestas de música rock y las cafeterías de grandes chefs. La "Ciudad del Viento" resulta impresionante de una manera discreta y sofisticada.

● ARTE Y CULTURA　　○ MÚSICA Y CINE　　○ DEPORTE Y OCIO　　○ COMIDA Y BEBIDA　　○ FIESTAS Y CELEBRACIONES

01 American Toby Jug Museum

Una Toby Jug es una jarra de cerámica con forma de señor regordete ataviado con tricornio y atuendo del s. XVIII. Con los siglos, las jarras empezaron a representar a otros personajes, como John F. Kennedy, Stalin o un perrito de ojos tristes. La mayor colección mundial, unas 8000 piezas, se exponen en este sótano, cuyo propietario ofrece visitas guiadas. *tobyjugmuseum. com; 910 Chicago Ave, Evanston; 10.00-16.00 ma y ju; gratis.*

02 Chicago Cultural Center

Este emblemático edificio (1897) ocupa una manzana y es un centro cultural que ofrece muchos actos gratuitos, como exposiciones de arte de calidad museística, películas extranjeras y conciertos a mediodía de bandas de *jazz* y DJ de música electrónica. También tiene dos cúpulas con vidrieras que admirar. Los fines de semana, salen circuitos de 1 h por el centro de la ciudad, conducidos por voluntarios. *chicagoculturalcenter.org; 78 E Washington St; 9.00-19.00 lu-ju, 9.00-18.00 vi y sa, 10.00-18.00 do; gratis.*

03 Arquitectura de Frank Lloyd Wright

Se pueden pagar 17 US$ para visitar la **casa y estudio de Frank Lloyd Wright** *(951 Chicago Ave, Oak Park; 9.00-17.00),* donde el famoso arquitecto creó su "estilo de la pradera". Pero también se puede pasear gratis por el barrio y admirar otros edificios diseñados por él. Se agrupan diez en unas pocas manzanas. *Información a través de Google o comprando un plano del sitio arquitectónico (4,24 US$) en la tienda del estudio.*

04 Vintage Arcade Museum de Logan Hardware

Logan Hardware es una tienda de discos de segunda mano con un extra en la trastienda: un museo de máquinas recreativas antiguas. Comprando cualquier cosa en la tienda, se podrá jugar gratuitamente al Donkey Kong, al Ms Pac Man, al *pinball* de Dolly Parton y a otros 20 juegos fabricados a partir de 1985. *logan-hardware.com; 2532 W Fullerton Ave; 12.00-21.00 lu-sa, 12.00-19.00 do; discos desde 3 US$.*

05 Money Museum

Si se visita este pequeño museo del dinero, oculto dentro del Federal Reserve Bank of Chicago, se saldrá más rico de lo que se entró. Literalmente, ya que regalan una bolsa de dinero para llevar a casa (hecho trizas, por desgracia). Hay una exposición interesante sobre billetes falsificados, y se puede posar

con un maletín que contiene un millón de dólares. *cityofchicago.org, sección "Education", 230 S LaSalle St; 8.30-17.00 lu-vi; gratis.*

06 National Museum of Mexican Art

Fundado en 1982 por Carlos Tortolero, el centro de arte latino más grande del país lamentablemente suele pasarse por alto, quizá por hallarse en el apartado barrio de Pilsen (aunque es fácil llegar). El museo contiene arte popular abundante en esqueletos, *op art* psicodélico, piezas hechas con cuentas y obras latinas, mexicanas y chicanas con mensaje político. Además, ofrecen *ballet*, días de artesanía en familia, visitas guiadas y otros eventos. *nationalmuseu mofmexicanart.org; 1852 W 19th St; 10.00-17.00 ma-do; gratis.*

07 Second City

La comedia de improvisación nació en Chicago, y Second City es donde comenzó. Bill Murray, Stephen Colbert, Tina Fey y muchos otros afilaron aquí su ingenio. Los espectáculos suelen costar 30 US$ aprox., pero hay un chollo poco conocido: presentarse hacia las 22.00 (excepto vi y sa), después de la función principal, y ver un número de improvisación de media hora gratuito. *secondcity.com; 1616 N Wells St; improvisación gratis hacia las 22.00 lu-ju y do.*

08 Buddy Guy's Legends

Chicago es la cuna del *blues* eléctrico, y este es el mejor sitio para escuchar esos ritmos amplificados. Los conciertos nocturnos cuestan 10-20 US$, pero los músicos tocan gratis durante el almuerzo y la cena. Probablemente se deba consumir algo (comida o bebida), ya que el local también es un restaurante cajún, pero no hay importe mínimo. *buddyguy.com; 700 S Wabash Ave; conciertos gratuitos 12.00-14.00 mi-do y 18.00-20.00 diariamente.*

CONSEJOS

• La página web del Chicago Park District (*chicago-parkdistrict.com*) informa de los eventos gratuitos (cine, música, teatro, etc.) que tienen lugar en los espacios verdes.

• Hot Tix (*hottix. org*) vende entradas de teatro, comedia y artes escénicas para la misma semana a mitad de precio (más una comisión de 4 US$ aprox.). La selección es mejor a principios de semana.

• Muchos operadores turísticos que organizan circuitos en barco, bicicleta o a pie ofrecen descuentos (10% aprox.) reservando por internet.

• La tarjeta Go Chicago Card (*smartdestinations. com/chicago*) facilita descuentos para museos, circuitos y otros.

08

09 SummerDance

Es una fiesta internacional de baile al aire libre. Todos los fines de semana de verano, una mezcla multiétnica de gente se reúne para bailar en el Spirit of Music Garden, en el céntrico Grant Park. Las bandas tocan rumba, samba y otras músicas del mundo, precedidas de 1 h de clases de baile en el mismo estilo. *cityofchicago.org; 601 S Michigan Ave; 18.00-21.30 vi y sa, 16.00-19.00 do finales jun-med sep; gratis.*

10 The Whistler

Grupos *indie* locales y bandas de *punk, soul, country* y *jazz* tocan casi todas las noches en este pequeño y bohemio bar. Está ubicado en el moderno barrio de Logan Square y nunca cobra entrada, pero todo el mundo compra los fabulosos cócteles para que la música no pare. También es una discográfica, sala y galería de arte: en el escaparate se exponen obras de artistas de la ciudad. *whistlerchicago.com; 2421 N Milwaukee Ave; 18.00-2.00 lu-ju, desde 17.00 vi-do; gratis.*

11 John Hancock Center

Chicago es conocido como lugar idóneo para subir a las alturas: las de sus numerosos rascacielos. Los más altos cuentan con miradores que cuestan sobre los 20 US$, p. ej. el Hancock Center y su observatorio de la 94ª planta. Pero, subiendo otros dos pisos hasta el Signature Lounge, las vistas son completamente gratis si se consume una copa. *signatureroom.com; 875 N Michigan Ave; 9.00-23.00; bebidas desde 6 US$.*

12 Celebraciones en el Millennium Park

Este parque del centro contiene obras de arte público y ofrece un montón de cosas gratis en verano: circuitos por el jardín, clases de yoga y actividades infantiles. Pero nada supera los conciertos nocturnos gratuitos en el Pritzker Pavilion, sobre todo los de música clásica los fines de semana. La gente lleva vino y comida, las luces de los rascacielos parpadean y el crepúsculo se llena de una música maravillosa. *city ofchicago.org (buscar "Millennium Park"); 201 E Randolph St; 6.00-23.00; gratis.*

GRANDES CHEFS POR POCO DINERO

No hace falta arruinarse para degustar la comida de los mejores chefs de Chicago, pues muchos han abierto locales más económicos junto a sus restaurantes insignia. Por ejemplo, Stephanie Izard: frente al lujoso Girl and the Goat, tiene el Little Goat (littlegoatchicago. com; 820 W Randolph St; 7.00-22.00 do-ju, 7.00-24.00 vi y sa; principales 10-19 US$), una cafetería con platos más sencillos. Rick Bayless, junto a su lujoso restaurante mexicano Topolobampo, sirve *tortas, churros* y demás comida callejera de gran calidad, pero mucho más barata, en Xoco (rickbayless.com/restaurants/xoco; 449 N Clark St; 8.00-21.00 ma-ju, 8.00-22.00 vi y sa; principales 10-14 US$).

ARTE Y CULTURA   MÚSICA Y CINE   DEPORTE Y OCIO   COMIDA Y BEBIDA   FIESTAS Y CELEBRACIONES

DETROIT

Motor City. Motown. Hockey Town, EE UU. Cuando se trata de coches, música y deporte, Detroit puede competir con cualquier otra ciudad. También se lleva la palma en cuanto a deterioro urbano. Tiene sus problemas, pero también un optimismo reciente –y gangas imbatibles– si se sabe dónde buscar.

01 Circuitos arquitectónicos

Pure Detroit (*puredetroit.com*) ofrece circuitos guiados gratuitos que permiten vislumbrar la mejor arquitectura de Detroit. Se puede rodear el cilíndrico **Renaissance Center** (1a; *gmrencen.com; 330 E Jefferson Ave, visitas 12.00 y 14.00 lu-vi*), el elemento central de la ciudad. O admirar los mosaicos, murales y vidrieras del **Guardian Building** (1b; *guardianbuilding.com; 500 Griswold St*) y el **Fisher Building** (1c; *3011 W Grand Blvd; visitas 11.00, 13.00 y 15.00 sa*).

02 Heidelberg Project

Aquí pasan cosas raras: animales de peluche tomando el té en casas ruinosas, electrodomésticos en solares vacíos, relojes gigantes que no dan la hora. El artista urbano Tyree Guyton creó este proyecto para embellecer y llamar la atención sobre su deteriorada calle; 30 años después, la instalación al aire libre, que ocupa varias manzanas, aún alegra la zona y desconcierta a los viandantes. *heidelberg.org; 3600 Heidelberg St; 24 h; gratis.*

03 Detroit Jazz Festival

Durante el puente del Día del Trabajo, los habitantes de Detroit bajan el volumen del *rock and roll* y suben el del *jazz*, pues la ciudad acoge el principal festival gratuito del mundo dedicado a este género. Dura cuatro días y ocupa varias manzanas del centro, incluidas Hart Plaza y Campus Martius. Hay música en cinco escenarios, *jam sessions* nocturnas en locales de la zona y muchos otros eventos relacionados. Y todo es gratis. *detroitjazzfest.com; información en la web.*

DETROIT

LOS MÚSICOS ELIGEN

"Mi local favorito es Cliff Bells" (cliffbells.com; 2030 Park Ave; 20.00 ma-ju y 18.00 do), dice Jim Habarth, de los Savage Rascals. "Tiene un gran ambiente y conciertos de jazz de artistas de primera fila, como Dr. Lonnie Smith." La cantautora Paulina Jayne prefiere el Shelter (saintandrewsdetroit.com; 431 East Congress St; conciertos 13-17 US$): "Es una experiencia muy íntima. Estás muy cerca del cantante".

04 Belle Isle

Esta isla de 400 Ha, situada en el río Detroit entre EE UU y Canadá, es un oasis urbano diseñado por Frederick Law Olmsted en la década de 1880. Está cubierta de humedales, senderos y espacios ajardinados. También hay edificios beaux-arts, merenderos, zonas de juegos, jardines botánicos, carriles bici, museos, una playa, un zoo, un acuario y un tobogán gigante. belleisleconservancy.org; coches 10 US$ para cruzar el puente MacArthur, ciclistas y peatones gratis.

05 Slow Roll

Ofrece una perspectiva diferente de la ciudad: desde el sillín de una bicicleta. Cada semana, cientos de ciclistas se reúnen en el punto de inicio designado y dan un paseo lento, seguro y en comunidad por Detroit. Hay una ruta nueva cada semana, lo que garantiza ver algo inesperado. slowroll.bike; 18.00 lu; inscripción 10 US$/año, pero no rechazan a nadie por no poder pagar.

06 Mercados

Siempre hay algo en marcha en el **Eastern Market** (6a; easternmarket.com; 2934 Russell St; gratis), el floreciente mercado de productores de Detroit. El sábado es el día más animado (6.00-16.00 todo el año), pero hay un mercado más pequeño los martes y otro de artistas los domingos (10.00-15.00, jun-oct). Se encontrarán productos gourmet, hortalizas frescas, música en directo y clases de yoga, además de circuitos y otros eventos. El cercano **Market Garden** (6b; greeningofdetroit.com; Orleans St; gratis) es uno de los famosos huertos urbanos de la ciudad.

De un vistazo
- Población: 3,8 millones de hab.
- Lo mejor: música
- Moneda: dólar estadounidense (US$)
- Presupuesto: 184 € diarios

LAS MEJORES

Buscamos emociones por poco dinero en la "tierra de los libres y hogar de los valientes".

VIDA ACUÁTICA

Con unas aletas y un tubo de buceo se puede explorar el Santuario Marino Nacional Florida Keys, la reserva que protege el tercer mayor arrecife del planeta y contiene la estatua sumergida del Cristo del Abismo. *floridakeys. noaa.gov; Cayo Largo, Florida; gratis.*

GLACIARES

El glaciar Child's está al borde de la carretera cerca de Cordova (Alaska), y en verano cae un fragmento de hielo cada 15 min. Un glaciar al que es posible acercarse a pie es el de Matanuska, una lengua de hielo de 43 km que sale de las montañas Chugach. *Gratis.*

'BODYSURF'

¿Sin tabla? ¿Sin dinero? ¡Sin problema! La playa hawaiana de Point Panic, en plena meca del surf, tiene unas olas tan ideales para el *bodysurf* que los surfistas se apartan y se la ceden a los puristas ahorradores. *Hawái; gratis.*

'PSICOBLOC'

El *psicobloc* es escalada en roca sin el estorbo (y el coste) del material de seguridad: son solo el escalador, la roca y, debajo, agua. La extensa orilla del lago Powell es el sitio perfecto. *lakepowell. com; Glen Canyon National Recreation Area, Utah; gratis.*

CAZAR TORMENTAS

Las playas de Bandon-by-the-Sea, autoproclamada "capital mundial de observación de tormentas", son azotadas por el viento y las olas cuando el Pacífico se encoleriza en invierno. La acción puede verse desde detrás de las rocas de Bullards Beach, Oregón. *Gratis.*

© Stephen Frink | Getty Images

ESQUÍ NÓRDICO

En lugar de pistas abarrotadas y *forfaits* y hoteles de montaña carísimos, se puede optar por practicar esquí nórdico en sitios como el lago Higgins (Michigan), cuya red de 19 km de pistas bien cuidadas solo cuesta 8 US$ diarios.

'PARKOUR' EN SAN FRANCISCO

Es difícil mantener las flores en el pelo con tanto salto, pero tanto los *traceurs* expertos como los novatos en este deporte descubrirán que el mundo del *parkour* en "San Fran" es floreciente y acogedor. Se ofrecen sesiones de iniciación gratuitas. *facebook.com/ SFParkour; gratis.*

BARRANQUISMO

Como introducción no técnica a un arte adictivo, el espectacular Peekaboo-Spooky Gulch Loop y el Escalante-Grand Staircase National Monument (Utah) pueden empalmarse en recorridos fáciles de 5 km (3 h) ida y vuelta, con muchas grietas y arcos que explorar. *utah.com/ hiking; gratis.*

CARRERAS POR MONTAÑA

En otoño, se puede practicar *trail running* alrededor del lago Placid (estado de Nueva York) y explorar los senderos que surcan 24 200 km² de bosque fantástico en las montañas de Adirondack, disfrutando del colorido de las hojas. *lakeplacid.com; Lake Placid, Nueva York; gratis.*

'BOULDER'

Es otro deporte en el que casi no se necesita equipo, y consiste en resolver pequeños problemas de escalada en bloques de roca. Bishop, en la cordillera de Sierra Nevada (California), es uno de los mejores destinos del mundo. *bishopvisitor. info; Bishop, California; gratis.*

AVENTURAS ECONÓMICAS EN EE UU

De un vistazo
- Población: 2 millones de hab.
- Lo mejor: casinos y vida nocturna
- Moneda: dólar estadounidense (US$)
- Presupuesto: 185 € diarios.

SPRINGS PRESERVE

SYMPHONY PARK

FREMONT EAST ENTERTAINMENT DISTRICT

18B ARTS DISTRICT

DOWNTOWN

HOTEL STRATOSPHERE TOWER

Palace Station

THE STRIP

Las Vegas Convention Center

Wynn Golf and Country Club

Las Vegas National Golf Club

Encore

Fashion Show

Wynn

Wynn Golf Club

Chinatown Plaza

Mirage

Sands Expo Convention Center

Caesars Palace

Gold Coast

Palms

Planet Hollywood

Universidad de Nevada, Las Vegas (UNLV)

Aria

MANDARIN ORIENTAL

LAS VEGAS

Nadie necesita una excusa para visitar la "Ciudad del Pecado". Los casinos, los locales nocturnos glamurosos, las capillas para casarse abiertas toda la noche y el ruido de las tragaperras son el canto de sirena de esta ciudad. Se pueden gastar fácilmente más de mil dólares diarios, pero no hace falta, pues abundan las ofertas.

ARTE Y CULTURA   MÚSICA Y CINE   DEPORTE Y OCIO   COMIDA Y BEBIDA   FIESTAS Y CELEBRACIONES

01 Invernadero y jardín botánico del Bellagio

Con frecuencia, Las Vegas tiene un ambiente demasiado artificial, y en sus concurridos casinos llenos de humo no se ve ni la luz del sol ni vegetación de verdad. Un oasis agradablemente distinto es el invernadero interior de este opulento casino del Strip. Las impresionantes composiciones florales cambian de tema según varíen las estaciones y las festividades del año. *3600 Las Vegas Blvd S; 24 h; gratis.*

02 Burlesque Hall of Fame

Se encontrará ocio más barato que en los casinos en la zona de ocio alternativo Fremont East Entertainment District, un corto paseo al este de la hilera de casinos del Downtown llamada "Glitter Gulch". El colectivo Emergency Arts exhibe fotos *retro* y trajes con lentejuelas y poca tela, vestidos por bailarinas exóticas en décadas pasadas. *burlesquehall.com; 520 Fremont St; 11.00-19.00 ma-sa, 12.00-17.00 do; gratis, se sugiere un pequeño donativo.*

03 Circo en Circus Circus

No es una alucinación: realmente hay un funambulista sobre las mesas de *blackjack* y las ruletas. Bienvenidos al casino Circus Circus, donde la diversión gratuita ayudará a los jugadores a olvidar las apuestas perdidas (o los distraerá y no ganarán). No hay que pagar nada para contemplar como espectador a los contorsionistas, malabaristas y payasos. *circuscircus. com; 2880 Las Vegas Blvd S; 11.00-23.00 do-ju, 11.00-24.00 vi, 11.00-1.00 sa; gratis.*

04 Big Elvis

En el Piano Bar del Harrah's, un divertido casino de temática Mardi Gras en el Strip, Pete Vallee ha actuado más de 7000 veces en el papel de "Big Elvis". Aunque se exige un mínimo de dos consumiciones para sentarse en el salón-bar, no cuesta un céntimo quedarse de pie dentro del casino y escuchar. Big Elvis acepta peticiones del público. *bigelvislasvegas.com; 3475 Las Vegas Blvd S; el horario varía, generalmente 14.00, 15.30 y 17.00 lu, mi y vi; gratis.*

05 Carnaval Court

Situado en mitad del Strip, este local nocturno al aire libre recibe a todo el mundo sin cobrar entrada, excepto a última hora de la noche los fines de semana. Los bármanes hacen malabares con botellas de licor al preparar cócteles sofisticados,

LAS VEGAS

Se puede pagar para subir a la High Roller *(3545 S Las Vegas Blvd)*, la noria panorámica más alta del mundo. Pero existen alternativas gratuitas, como el ascensor de cristal del hotel Delano *(3940 S Las Vegas Blvd)* hasta el Skyfall Lounge de la 64ª planta, o contemplar el Strip desde el *"sky lobby"* del piso 23 del hotel Mandarin Oriental *(3752 S Las Vegas Blvd)*. El sitio más alto al que se puede subir es la Stratosphere Tower *(stratospherehotel. com; 2000 S Las Vegas Blvd)*; para evitar el desorbitado precio del mirador, la solución es tomar unos cócteles en el Skylounge 107 (el ascensor es gratis para los clientes del bar).

mientras en el escenario tocan bandas de versiones de alto voltaje. Hay gente muy fiestera de toda edad y condición, desde estudiantes tacaños hasta *baby boomers*. *3475 Las Vegas Blvd S; 11.00-3.00; normalmente entrada gratuita.*

06 Fremont Street Experience

Aunque psicodélico y hortera, no es posible pasar por alto el espectáculo de luces Viva Vision, que se proyecta en una bóveda de 450 m de largo y abruma con 550 000 vatios de sonido y 12,5 millones de luces LED. En la calle peatonal, tocan grupos gratuitamente para los jugadores que salen de los casinos. *vegasexperience. com; Fremont St, entre Main St y Las Vegas Blvd; 24 h, espectáculos cada hora desde el atardecer hasta 24.00 o 1.00; gratis.*

07 Las Vegas Strip

En el Strip hay reproducciones de lugares emblemáticos del mundo. Entre sus reclamos gratuitos se cuentan el volcán en erupción del **Mirage** *(mirage.com; 3400 Las Vegas Blvd S)* y las fuentes musicales y los gondoleros que reman por los canales artificiales del **Bellagio** *(bellagio.com; 3600 Las Vegas Blvd S)*. Al sur, es posible hacerse una foto con un imitador de Elvis (se espera propina) delante del cartel de "Welcome to Fabulous Las Vegas". *Las Vegas Blvd S, entre Tropicana Ave y Sahara Ave; 24 h; gratis.*

08 Urban Gallery del Neon Museum

Esta colección al aire libre de letreros de neón restaurados es un viaje de vuelta a los "fabulosos cincuenta" de Las Vegas y a la época del Rat Pack. Hay más neones alrededor del ascensor central del contiguo centro comercial Neonopolis, que también tiene una lámpara de Aladino gigante en el exterior. Cuidado: el "Neon Boneyard" del museo no es barato. *neonmuseum.org; Fremont St y N 3rd St; 24 h; gratis.*

COPAS GRATIS EN CASINOS

Al jugar en un casino de Las Vegas, aunque sea solo a las tragaperras, las bebidas son por cuenta de la casa. Hay que pedírselas a las camareras que deambulan por la zona de juego y darles al menos 1 US$ de propina cuando las traigan. Los grandes apostadores tienen habitación y comidas gratis. Al registrarse en un hotel con casino, los apostadores modestos pueden pedir cupones promocionales (a veces llamados *"fun book"*), que ofrecen 2 por 1 en copas, entradas rebajadas para espectáculos, etc.

09 Área de Conservación Nacional Red Rock Canyon

Se puede conducir muchas horas y pagar 30 US$ para visitar el Parque Nacional d el Gran Cañón, o ahorrar recorriendo la carretera panorámica del cañón Red Rock, que está justo al lado de Las Vegas. El paisaje desértico es impresionante. *3205 Hwy 159; centro de información 8.00-16.30, ruta panorámica desde 6.00, la hora de cierre varía de 17.00 a 20.00 según la estación; entrada 7 US$ por coche.*

10 Garden Court Buffet

Todo es más barato en el viejo Downtown que en el Strip, no solo el alcohol sino también los bufés libres, como el popular festín de gastronomía ecléctica del casino Main Street Station. La cena de marisco del viernes es más cara, pero aun así el precio está bien teniendo en cuenta la cantidad de cangrejos y ostras. *200 N Main St; 7.00-21.00 lu-ju, 7.00-22.00 vi-do; 8-15 US$.*

11 First Friday Las Vegas

Artistas locales, músicos, artistas callejeros, *hipsters* y aprovechados se reúnen en este festival mensual gratuito. Hay galerías de arte, puestos de comida de fusión a buen precio y música *indie* en directo. Tiene lugar en el 18b Arts District y el Fremont East District, y también se celebran varias fiestas posteriores. *Casino Center Blvd, entre Colorado St y California St; 17.00-23.00 1er vi de mes; gratis.*

12 World Series of Poker

Los grandes jugadores que han perfeccionado su cara de póker compiten en el popular torneo de Texas Hold 'Em sin límite, llamado "Main Event". Esta serie de torneos de póker se celebra cada año en el casino Rio, al oeste del Strip. Asistir como espectador es gratis, pero si se quiere jugar, hay que pagar 565 US$ o más. *3700 W Flamingo Rd; finales may-med jul y med nov; gratis como espectador.*

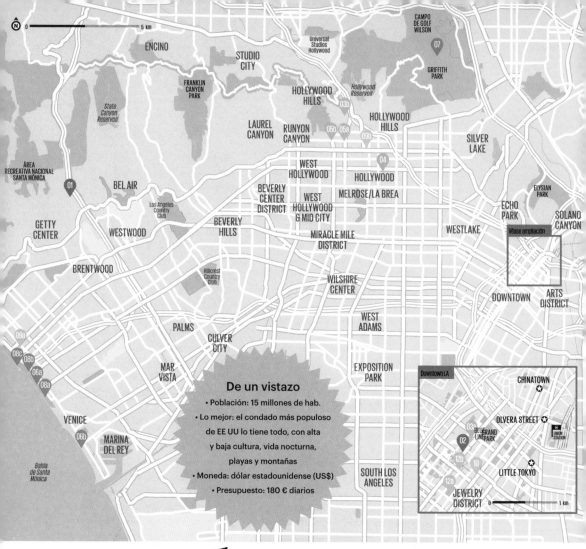

De un vistazo

- Población: 15 millones de hab.
- Lo mejor: el condado más populoso de EE UU lo tiene todo, con alta y baja cultura, vida nocturna, playas y montañas
- Moneda: dólar estadounidense (US$)
- Presupuesto: 180 € diarios

LOS ÁNGELES

LA es un faro para soñadores, roqueros y temerarios... y aquellos que los aman. Más allá del glamour de Hollywood, se encontrarán magníficas instituciones culturales, playas, excursiones y una mini ONU de grupos étnicos. Aunque es una de las ciudades más caras de EE UU, muchas de las mejores actividades no cuestan ni un céntimo.

ARTE Y CULTURA   MÚSICA Y CINE   DEPORTE Y OCIO   COMIDA Y BEBIDA   FIESTAS Y CELEBRACIONES

01 Getty Center

Situado en las alturas, en un edificio de mil millones de dólares, es uno de los museos favoritos de EE UU y ofrece cuatro reclamos: una fantástica colección de arte (desde el Renacimiento hasta David Hockney), arquitectura blanca y vanguardista, espléndidos jardines que cambian con las estaciones y vistas maravillosas de la cuenca de Los Ángeles, desde el Downtown hasta el Pacífico. *getty.edu; 1200 Getty Center Dr, Westside; 10.00-17.30 ma-vi y do, 10.00-21.00 sa; entrada gratuita, aparcamiento 15 US$ (10 US$ después de las 16.00).*

02 The Broad Museum

La última joya de la corona cultural de LA es este museo inaugurado en septiembre del 2015. Alberga la colección de arte contemporáneo de los filántropos y millonarios Eli y Edythe Broad, que está compuesta por 2000 piezas (y en aumento). Las obras, que van desde la posguerra hasta el s. XXI, se exponen tras los espectaculares muros exteriores perforados, llamados "el velo". *thebroad.*

org; *221 S Grand Ave; 11.00-17.00 ma y mi, 11.00-20.00 ju y vi, 10.00-20.00 sa, 10.00-18.00 do; gratis.*

03 Edificios de la Filarmónica de Los Ángeles

El arquitecto Frank Gehry lo dio todo en el **Walt Disney Concert Hall** (3a), una escultórica sala de conciertos de acero inoxidable que desafía la gravedad. Si el viajero no puede permitirse un concierto, hay circuitos gratuitos de 45 min con audioguía para ver el edificio. La sede veraniega de la orquesta, el impresionante **Hollywood Bowl** (3b; *hollywoodbowl. com; 2301 Highland Ave*), tiene casi 18 000 localidades y las más baratas solo cuestan ¡un dólar! *laphil.org; 111 S Grand Ave; véase web.*

04 Sábado noche en el cine

Los angelinos entendidos van a cines que solo se encuentran en LA, p. ej. la serie **Last Remaining Seats** (*laconservancy.org*), que pone clásicos de la edad de oro en diferentes salas. Al otro lado de la ciudad, **Cinespia** (*cinespia.org*) tiene una ubicación "para morirse": el **Hollywood Forever Cemetery** (*6000 Santa Monica Blvd*), el cementerio de las leyendas del cine. Es un paraíso *hipster* de pícnics, cócteles y DJ, y hay proyecciones sobre el muro de un mausoleo. *Diferentes horarios y precios, consúltense las páginas web.*

05 Hollywood Boulevard

Marilyn Monroe, Michael Jackson, Aretha Franklin y Big Bird se cuentan entre las 2400 estrellas que la gente busca, idolatra y pisa en el **Paseo de la Fama de Hollywood** (5a; *walkoffame.com; Hollywood Blvd; gratis*). Su epicentro es el **TCL Chinese Theatre** (5b;

LOS ÁNGELES

tclchinesetheatres.com; 6925 Hollywood Blvd; gratis), donde se conservan en hormigón las huellas de pies y manos de las mayores estrellas. En caso de hacerse una foto con un personaje disfrazado, hay que darle un par de dólares de propina.

06 Playas doradas

LA es un magnífico destino playero: hay kilómetros de arena dorada, palmeras, riscos, vóleibol, pistas para bicis y patines y olas cabalgadas por surfistas. La playa **Santa Monica State Beach** (6a; *smgov.net/portals/beach; 24 h; gratis*) posee un muelle recreativo con un siglo de antigüedad. Al sur, **Venice Beach** (6b; *venicebeach.com; 24 h; gratis*) ofrece una paseo marítimo entablado, culturistas, patinadores y *hippies* viejos y jóvenes vendiendo de todo; el "círculo de tambores" de los domingos es toda una institución.

07 Griffith Park

No suele asociarse LA con el senderismo, pero existen decenas de opciones. Griffith Park, uno de los parques urbanos más grandes de EE UU (cinco veces mayor que el Central Park neoyorquino), contiene 85 km de senderos, cuevas de Batman y el famoso letrero de Hollywood, además de un anfiteatro, zoo, observatorio, museos, golf y parques infantiles. *laparks.org/dos/parks/griffithpk; 4730 Crystal Springs Dr; 5.00-22.30, senderos amanecer-atardecer; gratis*.

08 ¡Un poco de ejercicio!

Se puede alquilar una bici en **Perry's** (*perryscafe.com, varias sucursales; 10/30 US$ por h/día*) y recorrer el **South Bay Bicycle Trail** (8a; *traillink.com*), un carril bici de 35 km. Al sur, la **Muscle Beach Venice** original (8b; *musclebeach.net; 1800 Ocean Front Walk; 24 h; gratis*) es donde comenzó la moda de la gimnasia

UN DÍA GRATIS

Para echar una ojeada rápida a los animados barrios étnicos, hay que seguir la línea dorada del metro (Gold Line) hacia el Downtown. La calle peatonal Olvera St (*olvera-street.com; 24 h; gratis*), el núcleo original de LA, es como un alegre (aunque *kitsch*) mercado mexicano: hay casas históricas de adobe, chocolate caliente al estilo mexicano y cachivaches del Día de Muertos. Al norte, tras una puerta china moderna, Chinatown (*chinatownla.com; 24 h; gratis*) ofrece *dim sum*, tiendas llenas de remedios de hierbas, zapatillas de falsa seda y bambú de la suerte. La Gold Line también lleva a Little Tokyo, (*littletokyola.org; 24 h; gratis*), con sus templos budistas, galerías de arte moderno, jardines tradicionales, tiendas de cultura pop y *sushi* auténtico.

TRANSPORTE ECONÓMICO

LA prácticamente inventó la cultura del automóvil, pero los angelinos de hoy, hartos de tener el peor tráfico del país, cada vez exigen más transporte público y barrios adaptados a peatones y ciclistas. El metro *(metro.net)* comunica el Downtown con Santa Mónica, Hollywood, Koreatown, Olvera Street, Chinatown y Little Tokyo por solo 1,75 US$ *(bono diario/semanal 7/25 US$).* Y a los angelinos les encantan los servicios de transporte basados en aplicaciones como Uber *(uber. com/cities/ los-angeles)* y Lyft *(lyft.com),* que cuestan menos que los taxis. Está proyectado un tren al aeropuerto; por ahora, los autobuses de Flyaway *(8 US$, lawa.org)* conectan LAX con Hollywood, Santa Mónica y el Downtown.

de SoCal (Sur de California) en la década de 1930; los aparatos modernos atraen a la generación actual. Las competiciones de ajedrez son igual de intensas en el **Santa Monica International Chess Park** (8c; *Ocean Front Walk; en horas de luz; gratis).*

Mercados de productores

LA posiblemente cuenta con los mejores mercados de productores del país, lo que es lógico teniendo en cuenta que California es una de las principales zonas agrícolas. Los **mercados de Santa Mónica** (9a; *smgov.net/portals/farmersmarket; Third Street Promenade con Arizona Ave, Santa Mónica; 8.30-13.30 mi, 8.30-13.00 sa)* están a la cabeza (hay hasta cocineros profesionales). El de **Hollywood** (9b; *hollywood farmersmarket.org; Ivar Ave esq. Selma Ave, Hollywood; 8.00-13.00 do)* ofrece buena comida, artesanía y ambiente vecinal. *Entrada gratuita.*

Grand Central Market

La mejor comida de LA no siempre es cara. En este mercado, los pasillos cubiertos de serrín y los letreros clásicos de neón en un edificio *beaux arts* de 1905 conducen a una charcutería *gourmet* (Wexler's), comida tailandesa (Sticky Rice), suculentos desayunos (Eggslut), quesos exquisitos (DTLA Cheese) y café y pasteles (Valerie), junto a puestos históricos de productos agrícolas. *grandcentralmarket.com; 317 S Broadway; 8.00-18.00 do-mi, 8.00-21.00 ju-sa; entrada gratuita.*

11 Artwalk Gallery Tours

Los amantes del arte invaden el centro urbano durante estos paseos artísticos mensuales, excursiones autoguiadas por el Downtown que conectan más de 40 galerías y museos, la mayoría entre las calles 3rd y 9th y Broadway y Main. Aunque a veces el ambiente supera al arte, suele ser divertido. Si no, se puede probar con otro paseo la próxima vez... *downtownartwalk.org; 12.00-21.00 2º ju de mes; gratis.*

12 Conciertos estivales

El verano en LA es sinónimo de conciertos gratuitos al aire libre. El que más público reúne es **Twilight Dance Series** *(santamonicapier.org/twilightconcerts; gratis),* que convierte el muelle de Santa Mónica y las playas contiguas en una fiesta *dance.* En el Downtown, **Pershing Square** (12a; *laparks.org/pershingsquare; 525 S Olive St; gratis)* acoge actuaciones en directo los sábados y jueves por la noche. Grand Performances (12b; *grandperformances.org; gratis)* lleva música internacional, baile y teatro a California Plaza los viernes y sábados por la noche.

● ARTE Y CULTURA   ● MÚSICA Y CINE   ● DEPORTE Y OCIO   ● COMIDA Y BEBIDA   ● FIESTAS Y CELEBRACIONES

MIAMI

No es solo una ciudad de playa (aunque ¡qué playa!), sino el punto donde se cruzan América Latina, Norteamérica y el Caribe. El maravilloso clima, el panorama artístico cosmopolita y la alegría de vivir hacen de la "Ciudad Mágica" un destino de primera clase que puede ser muy asequible.

MIAMI

05

Walls, una colección de murales que nunca dejan de impresionar. *thewynwoodwalls. com; entre NW 25th St, NW 26th St y NW 2nd Ave; 11.00-23.30 lu-ju, 11.00-24.00 vi y sa, 11.00-20.00 do; gratis.*

02 WALLCAST de la New World Symphony
El New World Center, diseñado por Frank Gehry, es el orgullo de Miami Beach en cuanto a artes escénicas. Si se quiere ver un concierto sin comprar entrada (y aprovechar el estupendo clima de Florida del Sur), la serie WALLCAST lleva al público los conciertos de la sinfónica: se proyectan en las paredes del edificio mientras las familias pasan el rato en un parque cercano. *nws. edu/wallcasts.aspx; Miami Beach, 500 17th St; detalles en la web; gratis.*

01 Wynwood Walls
Con sus almacenes y estudios poco convencionales, el barrio de Wynwood ha asumido desde el 2009 el papel de corazón bohemio de Miami. Varios paseos artísticos, noches de galerías y una creciente oferta gastronómica y de ocio nocturno giran en torno al maravilloso Wynwood

03 A1A/MacArthur Causeway
Es gratis, pero se necesita coche, ya que se trata de una carretera elevada. Es la ruta panorámica más icónica de Miami, un trayecto sobre las aguas verde azuladas entre las torres de pisos de Miami y Miami

© Marco Simoni | Getty Images

DESIGN DISTRICT

WYNWOOD

01

Miami City Cemetery

GIBSON PARK

MUSEUM PARK

WATSON ISLAND

Marina

BAYFRONT PARK

03

De un vistazo

• Población: 5,7 millones de hab.
• Lo mejor: cultura
latinoamericana y clima
inmejorable
• Moneda: dólar
estadounidense (US$)
• Presupuesto: 172 € diarios

LUMMUS ISLAND

BRICKELL KEY

Bahía Biscayne

Bahía Biscayne

Sunset Islands

Bayshore Municipal Golf Course

MIAMI BEACH BOTANICAL GARDEN

COLLINS PARK

Islas Venecianas

04   **02**

✪ HOTELES DE SOUTH BEACH

ART DECO HISTORIC DISTRICT

LUMMUS PARK

05

STAR ISLAND

MIAMI BEACH

OCEAN BEACH PARK

TERMINAL ISLAND

CAUSEWAY ISLAND

PIER PARK

SOUTH POINTE PARK

FISHER ISLAND

N   0   2 km

06

Beach. Lo mejor es recorrerla al atardecer, con el cielo rosa intenso y el mecer de las palmeras, y con las ventanillas bajadas. *24 h; gratis.*

04 Lincoln Road Mall

A Florida del Sur le gusta pavonearse, y donde mejor lo hace es en esta calle peatonal, que está situada en la zona de hoteles y locales nocturnos más de moda. Es fantástica para observar personas, pues hay una procesión constante de gente guapa, llamativa y que quiere ver y ser vista. *Miami Beach, entre 16th St y 17th St; 24 h; gratis.*

05 Miami Beach

Es una ciudad situada en una isla frente a Miami propiamente dicho y, a la vez, el nombre de la playa municipal de dicha ciudad. South Beach, que ocupa desde 1st St hasta 23rd St aprox., es el barrio más popular entre los turistas. Por debajo de 11th St, es una zona más joven y fiestera que atrae a ricos y famosos; la playa se va haciendo más familiar cuanto más alto es el número de la calle. *miamibeachfl.gov; 5.00-24.00; gratis.*

06 Viernes Culturales

El último viernes de mes, Miami rinde homenaje a su patrimonio latino y a su panorama artístico con una enorme fiesta callejera que se apodera del centro de Little Havana (Pequeña Habana). Hay un circuito a pie gratuito, mercados de arte, exposiciones de galerías, bebidas tropicales (para niños y adultos) y música, bailes y comida de toda Latinoamérica. *viernesculturales. org; SW 15th Ave con 8th St; 19.00-23.00; gratis.*

HOTELES DE SOUTH BEACH

Los hoteles de South Beach alardean de riqueza, opulencia y sensualidad. Aunque no sean del gusto de todos, el lujo de sus diseños y jardines –enormes piscinas flanqueadas de salones al aire libre y techos sostenidos por columnas– es impresionante. Se pueden explorar los vestíbulos y zonas exteriores, y quizá beber algo en el bar del hotel.

○ ARTE Y CULTURA   ○ MÚSICA Y CINE   ○ DEPORTE Y OCIO   ○ COMIDA Y BEBIDA   ○ FIESTAS Y CELEBRACIONES

NUEVA ORLEANS

No hay ningún lugar como Nueva Orleans: arquitectura histórica, casas de colores, la mejor gastronomía autóctona de EE UU, música en directo, cultura afrocaribeña y bares que siempre están ahí. Imperan el hedonismo y la belleza, y ambos abundan a cada paso del camino.

01 Jackson Square

Esta plaza se halla situada en el corazón del Barrio Francés, pero lejos de las carreteras principales; da al río Misisipi, que fue la primera vía de entrada a la ciudad. El bien cuidado espacio verde está flanqueado por la catedral de San Luis, una de las catedrales francesas más antiguas de Norteamérica. La plaza bulle de vida entre músicos callejeros, tarotistas y dibujantes. *jackson-square.com; entre St Peter, St Ann y Decatur Sts; 24 h; gratis.*

02 Lafayette Cemetery No. 1

Cubierto por un dosel de árboles antiguos, este cementerio es una de las "ciudades de los muertos" más evocadoras de Nueva Orleans. Está atestado de tumbas y mausoleos que van lentamente desmoronándose, creando un ambiente sentimental que se ve compensado por la rápida fecundidad verde del barrio circundante de Garden District. *Entre Prytania St, Coliseum St y Washington Ave; 7.00-15.30 lu-vi, 8.00-16.00 sa y do; gratis.*

03 Frenchmen Street

"Música" es un término que la gente asocia con Nueva Orleans, y la calle más accesible en cuanto a música en directo es Frenchmen. No se trata de una vía frecuentada por lugareños según los guías turísticos, pero hay una fantástica concentración de locales, bandas y fans, y se puede oír mucha música en la calle sin pagar entrada. *Música desde 18.00-2.00; gratis.*

© Basil Anas; Stuart Murray | 500px; © Kris Davidson | Lonely Planet Images

04 City Park

Es el parque más grande de Nueva Orleans y uno de los mayores espacios verdes urbanos del país, con tantos elementos que se necesitaría un libro para catalogarlos. Hay robles de Virginia cubiertos de musgo, pabellones de estilo griego, el New Orleans Museum of Art y su jardín de esculturas y un paisaje selvático no muy diferente de la naturaleza salvaje del sur de Luisiana. *neworleanscitypark.com; 1 Palm Dr; amanecer-atardecer; gratis.*

05 Mardi Gras

Esta celebración es el mejor resumen de Nueva Orleans. La madeja demográfica de la ciudad comienza a desenmarañarse. En el Uptown, la gente coge los abalorios que arrojan desde las carrozas las *krewes* (cofradías semisecretas). En los barrios negros, las Second Lines y los Mardi Gras Indians conquistan las calles. Río abajo, los artistas y músicos llevan disfraces caseros extravagantes. *mardigrasneworleans.com; feb, rutas y horarios en la página web; gratis.*

06 Second Lines

La cultura afrocaribeña de Nueva Orleans se manifiesta en las Second Lines, desfiles de barrio que se celebran los domingos (excepto en verano) y para conmemorar acontecimientos importantes. Las organizan los Social Aid And Pleasure Clubs (asociaciones de la comunidad negra) e incluyen bandas de música (la "First Line") y bailes. La web de la emisora WWOZ *(wwoz.org/new-orleans-community/inthestreet)* informa acerca de horarios y rutas. *Gratis.*

UN DESEO LLAMADO TRANVÍA

Un elemento indeleble del paisaje de Nueva Orleans es el St. Charles Avenue Streetcar *(norta. Com; 24 h; billete individual 1,25 us$, bono diario 3 us$)*, el tranvía que recorre la calle del mismo nombre, una de las más bonitas de Norteamérica. Pasa junto a enormes árboles y mansiones y para aprox. cada 20 min a lo largo del Garden District y el Uptown; es una forma maravillosa de ver la ciudad con tranquilidad.

De un vistazo

- Población: 1,2 millones de hab.
- Lo mejor: comida, música y buena bebida
- Moneda: dólar estadounidense (US$)
- Presupuesto: 175 € diarios

LAS MEJORES NOCHES DE CINE EN NORTEAMÉRICA

MOVIES WITH A VIEW - BROOKLYN, NUEVA YORK

Con los edificios de Manhattan como telón de fondo, el Brooklyn Bridge Park presenta películas clásicas y de culto agrupadas en temas anuales. Lo *hipster* se une con lo bohemio y con Woody Allen... solo en Nueva York. *brooklynbridgepark. org; 334 Furman St, Brooklyn; ju al atardecer, jul-ago.*

SCREEN ON THE GREEN - WASHINGTON, DC

Rodado por el Smithsonian y con vistas al Monumento Nacional, este festival de cine gratuito es una forma diferente de disfrutar del National Mall. *hbo.com/screen onthegreen/. En el National Mall entre 4th St y 7th St; lu al atardecer, jul-ago.*

NEW ORLEANS FILM SOCIETY: MOONLIGHT MOVIES - NUEVA ORLEANS, LUISIANA

El cociente cultural aumenta con esta exquisita selección de películas al aire libre, casi siempre gratuitas y en lugares interesantes de la ciudad (Old U.S. Mint, Sculpture Garden). *neworleans-filmsociety.org; programas de primavera y verano.*

LITTLE ITALY OPEN AIR FILM FESTIVAL - BALTIMORE, MARYLAND

Este festival, imbuido del inimitable espíritu del barrio italiano, proyecta películas gratuitas sobre un cartel inacabado en el lateral de un restaurante... desde la ventana de una vivienda particular. *littleitalymd.com/t/ Open_Air_Film_Fest; High St esq. Stiles St; vi 21.00, jul-ago.*

FREE FRIDAY FILMS EN EL INNIS TOWN HALL - TORONTO, ONTARIO

Bien conectada con los muchos festivales de cine de la ciudad, la Cinema Studies Students' Union de la Universidad de Toronto (Canadá) ofrece preestrenos, películas de autor y visitas de directores. *cinssu.ca/ fff-schedule/. Innis Town Hall, 2 Sussex Ave; 19.00 vi, sep-abr.*

EN PLEIN AIR - MONTRÉAL, QUEBEC

Se pueden ver gratis algunos de los mejores documentales del mundo en parques y otros lugares de esta urbe canadiense por cortesía del Montréal International Documentary Festival. *ridm.qc.ca/ en/ridm-en-plein-air; proyecciones a lo largo de la semana, jul-sep.*

CAPRI DRIVE-IN THEATER - COLDWATER, MICHIGAN

Es un típico autocine americano entre Detroit y Chicago, activo desde los años sesenta. Tiene dos pantallas y conserva una atmósfera antigua. Desde las largas colas de automóviles hasta el equipo de sonido (la radio del coche), merece los 8 US$ (adultos). *119 West Chicago Rd; fines de semana, abre a las 19.30.*

MIAMI BEACH SOUNDSCAPE CINEMA SERIES - MIAMI, FLORIDA

Entre palmeras y buganvillas, se proyectan películas sobre un muro de 650 m² en un parque urbano a pocos pasos de Lincoln Road. *mbculture. com; Soundscape ExoStage, 17 St con Washington Ave; oct-may, mi 20.00.*

OLD PASADENA FILM FESTIVAL - PASADENA, CALIFORNIA

Hogar de las primeras estrellas de Hollywood, Pasadena ofrece un festival gratuito en un mes con una selección ecléctica de películas. Los lugareños compran tentempiés en los *food trucks*. *oldpasadena.org; jul-ago, inicio 19.00-20.30.*

FILM ON THE ROCKS - MORRISON, COLORADO

Una oportunidad única de ver cine en un anfiteatro geológico natural de piedra rojiza. Situado en las afueras de Denver, cuesta 12 US$, pero la experiencia no tiene precio. *redrockson line.com; jun-sep, abre a las 18.30.*

Ilustración | Thomas Burden

⬤ ARTE Y CULTURA   ⬤ MÚSICA Y CINE   ⬤ DEPORTE Y OCIO   ⬤ COMIDA Y BEBIDA   ⬤ FIESTAS Y CELEBRACIONES

NUEVA YORK

Es una de las ciudades más cautivadoras del mundo, famosa por sus excelentes museos y teatros, sus barrios fascinantemente diversos y su gastronomía sin par. Aunque los precios son elevados, hay muchas formas de ahorrar, como ver conciertos o exposiciones gratuitos y comer en los mercados.

01 American Folk Art Museum

Este pequeño museo del Upper West Side de Manhattan permite asomarse a un mundo de arte alternativo, donde predominan artistas autodidactas e independientes. Hay tallas en madera, pinturas, tejidos, fotografías coloreadas a mano y muchas curiosidades, como obras de Henry Darger (conocido por sus escenas de batallas llenas de niñas). Música gratis los viernes por la tarde. *folkartmuseum.org; 2 Lincoln Sq; 11.30-19.00 ma-ju y sa, 12.00-19.30 vi, 12.00-18.00 do; gratis.*

02 Galerías de arte en Chelsea

El epicentro del mundo del arte en Nueva York está en West Chelsea, un antiguo barrio industrial que cuenta con cientos de galerías. Es gratis contemplar las obras de artistas famosos y emergentes, y los jueves por la noche suelen obsequiar con vino en las inauguraciones. Conviene empezar por las galerías de más categoría, como **David Zwirner** (2a; *davidzwirner.com*), **Gagosian** (2b; *gagosian.com*) y **Barbara Gladstone**

UNION CITY

UPPER WEST SIDE

GUGGENHEIM MUSEUM

MILL ROCK ISLAND

03

CENTRAL PARK

YORKVILLE

CARL SCHURZ PARK

01
Lincoln Center

09
06

UPPER EAST SIDE

Río Hudson

The Pond

ISLA ROOSEVELT

OKEN

Túnel Lincoln

HELL'S KITCHEN

THEATER DISTRICT

THE MUSEUM OF MODERN ART

ASTORIA

Rockefeller Plaza

Puente de Ed Koch Queensboro

QUEENSBRIDGE PARK

TIMES SQUARE

THE DIAMOND DISTRICT

GRAND CENTRAL TERMINAL

LONG ISLAND CITY

GARMENT DISTRICT

HERALD SQUARE

02b

CHELSEA PARK

02c **10**

PENN STATION

KOREATOWN

13

02a

CHELSEA

FLATIRON DISTRICT

MURRAY HILL

Túnel Queens-Midtown

SUNNYSIDE

LITTLE INDIA

WHITNEY MUSEUM OF AMERICAN ART

MEATPACKING DISTRICT

UNION SQUARE

GRAMERCY

De un vistazo

• Población: 8,5 millones de hab.

• Lo mejor: una oferta cultural apabullante

• Moneda: dólar estadounidense (US$)

• Presupuesto: 280 € diarios

WEST VILLAGE

HUDSON RIVER PARK

12

WASHINGTON SQ PARK

STUYVESANT TOWN

GREENWICH VILLAGE

EAST VILLAGE

Río Este

18

NOHO

DOWNTOWN BOATHOUSE

SOHO

NOLITA

ALPHABET CITY

EAST RIVER STATE PARK

MCCARREN PARK

TRIBECA

LITTLE ITALY

LOWER EAST SIDE

EAST RIVER PARK

15

BATTERY RK CITY

LOWER MANHATTAN

CHINATOWN

World Trade Center Site

TWO BRIDGES

EAST WILLIAMSBURG

LOWER MANHATTAN

Puente de Williamsburg

WILLIAMSBURG

FINANCIAL DISTRICT

04

Puente de Manhattan

BATTERY PARK

Puente de Brooklyn

11

08

DUMBO

VINEGAR HILL

17

05

N   0   2 km

(2c; *gladstonegallery.com*). *chelseagallery map.com; de 10th Ave a 11th Ave, entre 18th St y 25th St; gratis.*

03 Met Museum

Tierra prometida para todos los amantes del arte, el Metropolitan Museum abruma con sus 68 800 m² de superficie y sus dos millones de tesoros, que abarcan desde el Antiguo Egipto hasta los grandes maestros de la pintura europea. La entrada no es gratuita, pero siempre se puede pagar un poco menos del importe sugerido como donativo. *metmuseum.org; 1000 Fifth Ave; 10.00-17.30 do-ju, 10.00-21.00 vi y sa; donativo sugerido 25 US$.*

04 National Museum of the American Indian

Pese a ocupar un grandioso edificio *beaux arts* en Lower Manhattan, esta filial del Smithsonian a menudo pasa desapercibida entre los grandes museos de Nueva York. Sin embargo, sus colecciones incluyen impresionante arte decorativo, tejidos y objetos ceremoniales que documentan las diversas culturas nativas de América. Consúltese el calendario de espectáculos de música y baile, demostraciones de artesanía, películas y talleres. *nmai.si.edu; 1 Bowling Green; 10.00-17.00 vi-mi, 10.00-20.00 ju; gratis.*

05 Celebrate Brooklyn!

Para no quedar eclipsado por su hermano más famoso de la otra orilla del río East, Brooklyn organiza su propio festival veraniego al aire libre en Prospect Park. Es una serie gratuita de conciertos eclécticos: *jazz* al estilo de Nueva Orleans, *funk* africano, bailes brasileños, *bluegrass*, rock *indie*... También hay comida y bebida, incluidas cervezas artesanales elaboradas en Brooklyn. *bricartsmedia.org/performing-arts/ celebrate-brooklyn; Prospect Park, entrada por 9th St y Prospect Park W; gratis.*

06 SummerStage

Una de las mejores formas de pasar una noche de verano en Nueva York es ir a

PUNTO DE VISTA AUTÓCTONO

"Paso mucho tiempo en el parque, donde siempre sucede algo: cine gratis, yoga, conciertos... Para comprar, se encontrarán buenas ofertas en las *sample sales* (liquidaciones). Yo suelo usar Refinery 29 (*refinery29. com*) y Flavorpill (*flavorpill.com*)." Florence Foley, diseñadora de moda.

"Para comprar ropa y artículos del hogar, las tiendas de segunda mano Housing Works (*housingworks.org*) tienen cosas geniales y están por toda la ciudad. Los conciertos de verano valen mucho la pena. Si no son gratuitos, me llevo un pícnic y me siento en el césped de fuera." Heungman R. Kwan, fotógrafo (*heungman-photography.com*).

un concierto en Central Park. De junio a agosto, hay más de 20 espectáculos gratuitos dentro de un increíble programa de música y baile. Django Django, Femi Kuti, la Metropolitan Opera y la Martha Graham Dance Company han actuado en este escenario. *cityparksfoundation.org/summerstage; Central Park, entrada cerca de Fifth Ave y 72nd St; gratis, pero se agradecen donativos.*

07 Sunny's

Cerca de la zona ribereña del barrio de Red Hook, en Brooklyn, hay un bar de la vieja escuela que sirve bebidas fuertes a clientes de la zona. El sábado por la noche, sin embargo, llega gente de todas partes para oír quizá el mejor *bluegrass* de la ciudad. Sucede en la pequeña sala trasera, por lo que conviene llegar temprano para conseguir sitio. No se cobra entrada, pero es de buena educación aportar algo al sombrero para los músicos. *sunnysredhook. com; 253 Conover St; 14.00-4.00 sa; gratis.*

08 Brooklyn Bridge Park

Es difícil no enamorarse de Brooklyn después de pasear por este pintoresco parque de 34 Ha a orillas del río East. Además de admirar las vistas de Lower Manhattan, hay mucho que hacer, como patinar en el Pier 2, jugar al vóley playa en el Pier 6 o montar en el tiovivo histórico Jane's Carousel, al pie del puente de Brooklyn. *brooklynbridgepark.org; 6.00-1.00; gratis.*

09 Central Park

El espacio verde por excelencia de Nueva York ofrece toda clase de diversión gratuita, desde paseos a orillas del lago hasta lanzar *frisbees* y hacer pícnic en Sheep Meadow. Entre semana, es una experiencia más bucólica (hay que ir a

North Woods para escapar de las muchedumbres); los fines de semana son un festival de músicos callejeros, patinadores y familias que hacen cola para montar en el tiovivo y ver animales en el Tisch Children's Zoo. *centralparknyc.org; 6.00-1.00; gratis.*

10 High Line

Un paseo por el espacio verde más largo de Manhattan proporciona algunos de los mejores puntos panorámicos de la ciudad. Se trata de una antigua vía férrea industrial convertida en vía verde, con flores silvestres, instalaciones de arte y huecos por donde se ve la acción que sucede 9 m más abajo. El parque recorre 2,4 km desde Gansevoort St (en el Meatpacking District) hasta W 34th St. *thehighline.org; 7.00-19.00 dic-mar, 7.00-22.00 abr-may y oct-nov, 7.00-23.00 jun-sep; gratis.*

11 Ferri de Staten Island

En vez de hacer largas colas para tomar el barco a la Estatua de la Libertad (nada gratuito), se puede embarcar en el clásico ferri naranja de Staten Island. El viaje de 25 min a través del puerto no cuesta un céntimo, y ofrece vistas fabulosas de la

NUEVA YORK

dama de la antorcha. Además, se puede comprar cerveza a bordo. *siferry. com; extremo este de Battery Park; 24 h; gratis.*

12 Joe's Pizza

Joe's es una estrella, la Meryl Streep de las pizzerías: ha acumulado decenas de premios y elogios durante las últimas tres décadas, mientras consolidaba su reputación como uno de los principales destinos pizzeros de Nueva York. Las porciones son democráticas y se sirven sin distinción a estudiantes, turistas y famosos (por ejemplo Kirsten Dunst o Bill Murray). *joespizzanyc.com; 7 Carmine St; 10.00-4.00; porciones desde 2,75 US$.*

13 'Food trucks' en Roosevelt Avenue

En cuanto a comida callejera, es difícil superar a Roosevelt Ave y su ejército de

© kaarsten; Jose Luis Pelaez Inc | Getty Images, © Roman K | 500px

KAYAK EN LA CIUDAD

Es fácil olvidar que Nueva York está rodeada de agua. Una de las mejores formas de reconectar con el paisaje acuático son los kayaks gratuitos que prestan varias casetas de barcas de la ciudad. Solo hay que presentarse y registrarse para dar un paseo de 20 min por el agua, remando frente a unas vistas insuperables. Se encontrarán kayaks en Downtown Boathouse *(Hudson River Park cerca de N Moore St; 9.00-16.30 sa y do med may-ppios oct)*, Governors Island *(10.30-16.00 sa jun-ago)* y Brooklyn Bridge Park, cerca del Pier 2 *(10.00-15.00 sa, 17.30-18.45 ju jun-ago).*

puestos de comida latina abiertos hasta tarde. Basta un paseo desde 90th St hasta 103rd St para poder degustar champurrados (bebida espesa y caliente de maíz y chocolate), cemitas (bocadillos mexicanos) y guisos de pescado ecuatorianos. Es una experiencia barata y típica de Queens. *Diferentes horarios.*

14 Smorgasburg

Es uno de los mejores eventos gastronómicos de Nueva York y tiene lugar cada fin de semana en Brooklyn. Abarca un impresionante elenco de vendedores que sirven platos de todos los rincones del planeta. Se encontrarán sándwiches de *masala* al estilo indio, donuts, hamburguesas de *ramen*, pupusas salvadoreñas (tortillas rellenas), polos de guinda y mucho más. Direcciones en la página web. *smorgasburg.com; 11.00-18.00 sa y do; entrada gratuita.*

15 Brooklyn Flea

Los fines de semana, se instala en Brooklyn uno de los mejores mercadillos de la ciudad. Allí se venden multitud de tesoros del pasado y el presente: discos, carteles de los años treinta, ropa *vintage*, joyas, artículos del hogar, arte, piezas de colección antiguas, artesanía, etc. También se instalan varios vendedores de comida, con el objetivo de que los

compradores no pasen nada de hambre. La ubicación del mercadillo cambia según el momento del año; consúltese la página web. *brooklynflea.com; entrada gratuita.*

16 Día de la Independencia

Casi todas las ciudades de EE UU festejan este día con fuegos artificiales, pero es difícil superar la exhibición pirotécnica de Nueva York con los rascacielos como telón de fondo. El gran evento suele tener lugar sobre el río East, de modo que los habitantes de Brooklyn, Queens y el East Side de Manhattan disfrutan de las mejores vistas. Conviene llegar bastante antes del atardecer para conseguir un buen sitio. *social.macys.com/fireworks; 4 jul; gratis.*

17 Mermaid Parade

El estrambótico Desfile de Sirenas celebra la arena, el mar y el comienzo del verano. Es un despliegue de brillantina (y mucha carne) en el que personas disfrazadas exhiben sus atuendos de pez en Coney Island. Tiene lugar cada mes de junio, el sábado más cercano al inicio del verano. Participar es aún más divertido, pero cuesta 25 US$ por persona. *coneyisland.com/programs/mermaid-parade; jun gratis.*

18 Village Halloween Parade

Es muy divertido ver este extravagante desfile de Halloween, pero lo es aún más participar en él. Solo hay que ponerse un disfraz, maquillarse y unirse a la acción. El desfile va de Spring St a 16th St y todo el mundo es bienvenido, siempre que vaya disfrazado. Basta presentarse en Sixth Ave, cerca de Canal St, entre las 19.00 y las 21.00 de la noche de Halloween. *halloween-nyc.com; 31 oct; gratis.*

© Roger Gaess | Getty Images

17

DÍAS GRATIS EN MUSEOS

Organizándose bien, es posible visitar tres de los mejores museos del país sin quedarse sin blanca. El Museum of Modern Art (*MoMA; moma.org; 11 W 53rd St*) tiene entrada gratuita los viernes de 16.00 a 20.00; es mejor ir a partir de las 18.00 para evitar las aglomeraciones. En el Guggenheim (*guggenheim.org; 1071 Fifth Ave con 89th St*), los sábados se paga la voluntad de 17.45 a 19.45. El nuevo Whitney Museum (*whitney.org; 99 Gansevoort St*), cerca de la High Line, también tiene una noche con descuento: los viernes se entra mediante donativo de 19.00 a 22.00.

NUEVA YORK

● ARTE Y CULTURA   ● MÚSICA Y CINE   ● DEPORTE Y OCIO   ● COMIDA Y BEBIDA   ● FIESTAS Y CELEBRACIONES

PORTLAND, OREGÓN

Portland es conocido por su cerveza artesanal y su ambiente peculiar, y últimamente también por su gastronomía. Comer ya no es tan barato como antes, pero los restaurantes de alta categoría son una ganga comparados con los de otras ciudades similares. Además, hay puestos de comida barata por doquier.

01 OMSI Science Pub

Esta serie ofrece conferencias sobre ideas innovadoras en ciencia, tecnología, historia y geología, desde el origen del membrillo hasta el futuro de los mares polares, presentadas con un giro pop para que resulten tan entretenidas como didácticas. Es una oportunidad para fabricar un géiser de cerveza usando ondas sonoras o reflexionar sobre el ciclo vital de los termófilos. *omsi.edu; donativo sugerido 5 US$.*

02 Powell's City of Books

La librería Powell's es una institución en Portland, casi un museo. Casi todas las tardes, la tienda principal –que ocupa una manzana– invita a escritores para que firmen sus libros y lean extractos. Hay que perderse por las numerosas salas, clasificadas con colores, y buscar ejemplares de segunda mano a precio de saldo. *powells.com; 1005 W Burnside St; 9.00-23.00; lecturas gratuitas.*

03 Forest Park

Este bosque urbano de 2000 Ha tiene más de 130 km de senderos, entre ellos el

PORTLAND

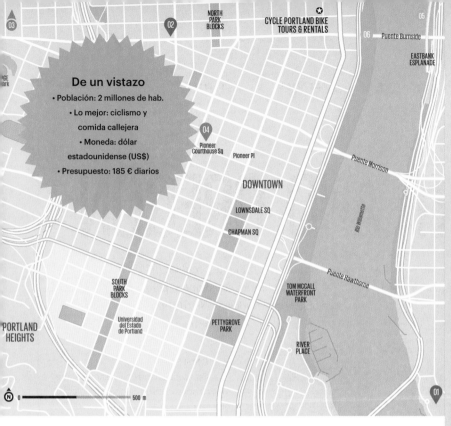

De un vistazo
- Población: 2 millones de hab.
- Lo mejor: ciclismo y comida callejera
- Moneda: dólar estadounidense (US$)
- Presupuesto: 185 € diarios

SOBRE DOS RUEDAS

La mejor forma de desplazarse por Portland –tanto para hacer turismo como por respeto al medio ambiente– es en bicicleta. El tráfico de automóviles es cada vez más frustrante; el transporte público es asequible y eficaz, pero el ciclismo es más divertido y flexible. Hay carriles bici y calles especialmente señalizadas para ciclistas por toda la ciudad. Si no se tiene bici propia, se puede alquilar una en Cycle Portland Bike Tours (*portland bicycletours.com, desde 5 US$*), hacerse con un plano de rutas y pedalear.

---

popular Wildwood Trail (48 km), que serpentea a través del parque y se cruza con otros caminos más cortos. Hay aparcamiento gratuito en el inicio de casi todos los senderos; Lower MacLeay Park es un buen punto de partida. *forestparkconser vancy.org; NW 29th Ave con Upshur St; 5.00-22.00 todos los días; gratis.*

04 Pioneer Courthouse Square

Esta plaza, apodada "la sala de estar de Portland", es el corazón del centro urbano. Tiene unas escaleras muy prácticas para sentarse a devorar lo que se haya comprado en un puesto de comida cercano. Hay un mercado de productores los lunes de 10.00 a 14.00, y otras fiestas y celebraciones a lo largo del año. *thesquarepdx.org; SW Broadway con Morrison St; 24 h; gratis.*

05 Last Thursday Art Walk

Cada mes, este disperso y oblongo paseo artístico lleva el caos (en el buen sentido, mientras no se intente aparcar cerca) a la moderna NE Alberta St. Se puede comprar pero es igual de divertido curiosear, visitar una galería de arte y parar a tomar un helado. *lastthurspdx.org; NE 15th-30th Ave a lo largo de Alberta St; 18.00-21.30 último ju de mes; gratis.*

06 Saturday Market

El Mercado de los Sábados (también abre el domingo) es técnicamente un mercado de artesanía, pero brilla como teatro callejero. Hay que recorrerlo despacio para no perderse nada, y escuchar a los músicos, inspeccionar el paseo fluvial y observar a los demás seres humanos. *portlandsaturday market.com; 2 SW Naito Pkwy; 10.00-17.00 sa, 10.00-16.30 do mar-dic; gratis.*

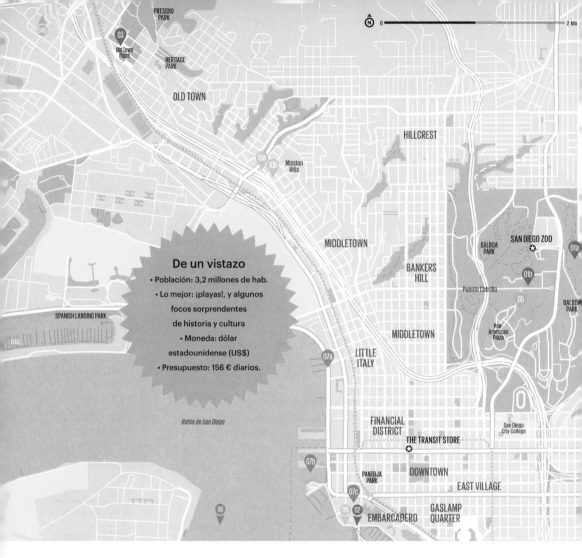

De un vistazo

- Población: 3,2 millones de hab.
- Lo mejor: ¡playas!, y algunos focos sorprendentes de historia y cultura
- Moneda: dólar estadounidense (US$)
- Presupuesto: 156 € diarios.

SAN DIEGO

Se hace llamar "la mejor ciudad de EE UU", y es difícil discutírselo. El clima más perfecto del país, costas soleadas, montañas distantes, parques con colinas y un centro animado proporcionan un montón de diversión gratuita para todos los públicos: surfistas, marineros, playas, cervecerías, edificios históricos y un zoo mundialmente famoso.

01 Balboa Park

Este parque ocupa una finca privilegiada en el centro de la ciudad, y está repleto de museos y jardines que entretendrán durante días. Algunos son gratuitos, como el **Timken Museum of Art** (1a; timkenmuseum.org; 1500 El Prado; 10.00-16.30 ma-sa, 12.00-16.30 do; gratis). Otros tienen precio de gran ciudad, por lo que conviene pasarse por el **centro de visitantes** (1b; 1549 El Prado; 9.30-16.30) para planificar el tiempo (y el presupuesto) con eficacia. balboapark.org.

02 Hotel del Coronado

No cuesta nada pasear por el edificio principal, de madera y paredes encaladas, de este venerable hotel construido en 1888. Tiene torres cónicas, cúpulas, torreones, balcones y mucha madera, y evoca imágenes de sombreros panamá y trajes de lino. Es donde se rodó la película con Marilyn Monroe Con faldas y a lo loco (1959, y más de un siglo de fotografías de huéspedes famosos adornan las paredes. hoteldel.com; 1500 Orange Ave, Coronado; 24 h; entrada gratuita.

03 Old Town State Historic Park

En 1821, cuando California estaba bajo el control de México, esta zona fue el primer asentamiento civil del territorio. Hoy, la plaza está rodeada de árboles y edificios de época que albergan museos, tiendas y restaurantes. El centro de visitantes ofrece visitas guiadas gratuitas a las 1.00 y 14.00 todos los días. www.parks.ca.gov; 4002 Wallace St; centro de información y museos lu-ju 10.00-16.00, 10.00-17.00 vi-do may-sep; entrada gratuita al parque y a casi todos los museos y edificios históricos.

04 Noche de cine

La animada piscina del **Pearl Hotel**, de mediados de siglo (4a; thepearlsd.com; 1410 Rosecrans St; mi), ofrece películas gratuitas en pantalla grande casi todos los miércoles a cambio de una consumición. Otras noches, vale la pena pagar un poco para ver una película de autor en el teatro art déco **La Paloma Theatre** (1928) (4b; lapalomatheatre.com; 471 S Coast Hwy 101, Encinitas; 10 US$ solo efectivo), en el norte del condado de San Diego.

05 Spreckels Organ Pavilion

La familia Spreckels, que se enriqueció con el negocio de la remolacha azucarera, donó este pabellón del Balboa Park con la condición de que San Diego siempre contase con un organista oficial. Se dice que el órgano de tubos del pabellón es el segundo más grande del mundo al aire libre, y está en medio de una columnata curva. Conciertos gratuitos a las 14.00 do todo el año. spreckelsorgan.org; House of Hospitality, 1549 El Prado #10; 14.00 do; gratis.

02

ZOO DE SAN DIEGO

Es justificadamente famoso y merece el desembolso. Alberga más de 3000 animales que representan más de 800 especies, y es pionero en la creación de bellos paisajes que reproducen hábitats naturales. Los koalas tienen tanto éxito que son la mascota extraoficial de la ciudad, pero los elefantes, tigres, gorilas y dragones de Komodo también tienen su momento de gloria. Las especies nocturnas son visibles en interiores. sandiegozoo.org; 2920 Zoo Dr; pase 1 día adultos/niños desde 48/38 US$; 9.00-21.00 med jun-ppios sep, 9.00-17.00 o 18.00 ppios sep-med jun. Información sobre descuentos en "Ahorrar en San Diego" (p. 217).

SAN DIEGO

Playas

06 Elegir las mejores playas de San Diego es como comprar joyas en Tiffany & Co. La **Coronado Municipal Beach** figura en casi todas las listas de las 10 mejores, pero aparte de esta estrella de merecida fama, hay playas para todos los gustos y colores: *bodysurf* (**Pacific Beach**), surf (**Sunset Cliffs** en Ocean Beach), familias (**Shell Beach** en La Jolla), adolescentes (**Mission Beach**) y nudistas (**Black's Beach** en La Jolla). *24 h; gratis.*

Harbor Drive

07 El **Embarcadero** (7a) es un paseo marítimo perfecto para caminar o correr (u observar al personal de la Armada haciendo lo propio). Se puede visitar el **USS Midway Museum** (7b; *midway.org; 910 N Harbor Dr; 10.00-17.00; adultos/niños 20/10 US$*), un antiguo portaaviones convertido en uno de los mejores museos de EE UU, y luego cenar en el centro comercial **The Headquarters at Seaport** (7c; *theheadquarters.com; 789 W Harbor Dr; 10.00-21.00 lu-sa, 10.00-20.00 do; entrada gratuita*).

Cervecerías artesanales

08 "La mejor ciudad de EE UU" alberga algunos de los mejores *brewpubs* (cervecerías artesanales) del país, incluidos los 40 miembros del **Gremio de Cerveceros de San Diego** (*sandiegobrewersguild.org*). Las cervezas no son gratis, pero cuestan mucho menos que en las coctelerías y locales nocturnos. Se recomienda **Stone Brewing Company** (*stonelibertystation.com; 2816 Historic Decatur Rd; 11.30-22.00 lu-sa, 11.00-21.00 do; principales 14-29 US$*), en un antiguo centro de formación naval.

Clayton's Coffee Shop

09 Algunas cafeterías imitan el estilo anti-

AHORRAR EN SAN DIEGO

No hace falta alquilar un coche: la red de transporte público, llamada Metropolitan Transit System *(sdmts.com)*, llega a la mayor parte de San Diego. Los viajes en autobús/ tranvía cuestan 2,25/2,50 US$ y los bonos son una ganga *(1/2/3/4 días 5/9/12/15 US$, más una Compass Card reutilizable de 2 US$)*. Para entrar con descuento a algunos puntos de interés, hay que comprar el **Passport to Balboa Park** *(permite entrar una vez a 14 museos en 1 semana; adultos/ niños 53/29 US$)*, el bono Stay For The Day *(5 museos; 43 US$)* o el Combo Pass *(Passport más entrada al zoo; adultos/niños 89/52 US$)*. Todos se venden en la Transit Store *(sdmts.com; 102 Broadway)*.

07

11

guo, pero esta es auténtica: data de la década de 1940 y tiene taburetes de cuero sintético rojo y reservados con mini gramolas. Preparan desayunos típicamente americanos a precios razonables y algunas especialidades mexicanas, como machaca (carne especiada) con huevos y queso, sin desdeñar los *panini* ni los *croque-monsieur*. De postre: pastel *mile high* del mostrador. *979 Orange Ave, Coronado; 6.00-21.00 do-ju, 6.00-22.00 vi y sa; principales 8-12 US$.*

Comer en Mission Hills

El barrio de Mission Hills queda un poco a trasmano y no parece gran cosa a primera vista, pero tiene algunos de los locales étnicos económicos favoritos de la ciudad. El galardonado **Saffron** (10a; *saffronsandiego.com; 3731-B India St; 10.30-21.00 lu-sa, 11.00-20.00 do; principales 8-11 US$*) prepara pollo a la parrilla, fideos y *satay* tailandeses. A pocos pasos, la barra de **El Indio** (10b; *el-indio.com; 3695 India St; 8.00-21.00; platos 3-9 US$*) sirve taquitos, tamales y burritos de desayuno desde 1940.

11 Comic-Con International

Cada mes de julio, la Comic-Con International convierte San Diego en un megacentro del chic friki. Visitantes del mundo entero pagan para contemplar con pasmo el mayor evento de EE UU para coleccionistas de cómics y cultura popular, desde superhéroes hasta *anime*, y a la gente de Hollywood que asiste. Las entradas cuestan 50 US$, pero se pueden ver muchos disfraces extravagantes gratis por la calle. *comic-con.org; finales jul; gratis.*

12 Fleet Week

San Diego es el cuartel general de la Flota del Pacífico de la US Navy. Durante la Fleet Week ("semana de la flota", más bien un mes), los militares se exhiben en varios eventos gratuitos, p. ej. un desfile marítimo y aéreo, exposiciones de coches clásicos, visitas a barcos, el Miramar Air Show (la mayor exhibición aérea del mundo) y el Cabrillo Festival, que da la bienvenida al explorador español que "descubrió" California. Se verán marinos de uniforme blanco. *fleetweeksan diego.org; med sep-ppios oct; 24 h; gratis.*

ARTE Y CULTURA   MÚSICA Y CINE   DEPORTE Y OCIO   COMIDA Y BEBIDA   FIESTAS Y CELEBRACIONES

SAN FRANCISCO

Desde los beatniks *y los* hippies *hasta las* start-ups *de Silicon Valley, hace tiempo que San Francisco está a la vanguardia de la cultura estadounidense. Para los viajeros, las vistas a la bahía y los tranvías constituyen su lado romántico. Es fácil dejarse el corazón en esta ciudad, pero no hay por qué dejarse también la cartera.*

01 Balmy Alley

Los murales coloridos son una presencia en el Mission District desde los años ochenta. Hoy, Balmy Alley tiene la mayor concentración de murales con mensaje político de la ciudad. El cercano **Precita Eyes Muralists Center** *(precitaeyes.org/tours.html)* facilita planos para realizar circuitos autoguiados por los murales del barrio, cuyos temas van desde la vida cotidiana en la zona de la bahía hasta la paz mundial. *balmyalley.com; Balmy St, entre 24th St y 25th St; 24 h; gratis.*

02 Cable Car Museum

Los tranvías *(cable cars)* que traquetean por cuestas empinadísimas son una estampa imperecedera de la Ciudad de la Bahía. Aunque los billetes no son baratos *(7 US$/trayecto)*, este pequeño museo de historia del tranvía, que conserva algunos vehículos antiguos, no cuesta un céntimo. Incluso se puede ver la línea de cable de acero rechinando al pasar bajo la calle. *cablecarmuseum.org; 1201 Mason St; 10.00-17.00 oct-mar, 10.00-18.00 abr-sep; gratis.*

SAN FRANCISCO

SAN FRANCISCO

03 City Lights Books
La librería independiente de referencia en San Francisco fue cofundada por el poeta Lawrence Ferlinghetti en 1953. Su tradición de radicalismo político comenzó cuando publicó la obra *Aullido*, del poeta *beat* Allen Ginsberg, que fue llevada a juicio por obscenidad (Ferlinghetti ganó). La librería tiene un activo calendario de charlas de escritores a las que es gratis asistir; o simplemente se puede curiosear por los estantes. *citylights.com; 261 Columbus Ave; 10.00-24.00; entrada gratuita.*

04 Coit Tower
Desde 1933, esta torre blanca *art déco* corona Telegraph Hill, en el barrio de North Beach. Es gratis visitar el nivel inferior, donde se exponen murales políticos pintados por artistas de la Works Progress Administration (WPA) durante la Gran Depresión. Para disfrutar de las vistas panorámicas desde lo alto, hay que pagar el ascensor. *1 Telegraph Hill Blvd; 10.00-17.00 nov-abr, 10.00-18.00 may-oct; entrada gratuita, ascensor 8 US$.*

05 Musée Mécanique
Al final de Taylor St, este interesante museo de propiedad familiar contiene máquinas recreativas antiguas, *pinballs retro,* cajas de música y otros entretenimientos infantiles que deleitarán a todas las edades. Jugar a los juegos es muy barato; algunos solo cuestan un centavo (hay máquinas de cambio por si no se tiene monedas). *museemecaniquesf.com; Shed A, Pier 45, el Embarcadero; normalmente 10.00-20.00; entrada gratuita.*

06 Presidio Officers' Club
En el cinturón verde de los parques de Presidio, este club de oficiales del ejército restaurado posee paredes de adobe del

UN DÍA GRATIS

Tras empezar la mañana con un capuchino y un pastel italiano en North Beach, se suben los Filbert Street Steps hasta la Coit Tower. Después, se visita City Lights Books y se toman unos fideos en Chinatown. Se va al ribereño Fisherman's Wharf, donde hay leones marinos en el Pier 39 (p. 222) y barcos históricos en el Hyde St Pier. Se sube en tranvía al pequeño Cable Car Museum (p. 218). Abajo, en Market St, se toma un tren de BART hasta el Mission District para tomar un enorme burrito al estilo de San Francisco.

s. XVIII, del período colonial español. Las exposiciones sobre el patrimonio cultural de la ciudad y la historia natural de la Bahía son gratuitas. Se puede consultar el calendario en la página web y reservar entradas gratis para conciertos, charlas y circuitos arqueológicos. *presidioofficersclub.com; 50 Moraga Ave; 10.00-18.00 ma-do, diferentes horarios de eventos especiales; gratis.*

07 San Francisco City Guides

Estos entusiastas guías voluntarios ofrecen circuitos a pie gratuitos por la ciudad y atesoran grandes conocimientos históricos, desde cotilleos suculentos hasta datos poco conocidos. Hay varios circuitos temáticos por barrios, p. ej. "Gold Rush City" (ciudad de la fiebre del oro) o "Art-déco Marina". Para los recién llegados a San Francisco, el circuito de Chinatown es un clásico (reunión en Portsmouth Square Park). No hace falta reservar. *sfcityguides. org; varios puntos de encuentro; diferentes horarios; gratis, se agradecen donativos.*

08 San Francisco Maritime National Historical Park

Cerca de Fisherman's Wharf, hay exposiciones gratuitas en el centro de información y el museo marítimo de este parque nacional. El segundo ocupa un edificio de los años treinta de estilo *streamline moderne*, semejante a un transatlántico. En Hyde St Pier pueden inspeccionarse barcos de siglos pasados. *nps.gov/safr; 499 Jefferson St y 900 Beach St; 9.30-17.00; centro de información, museo y muelle gratis, barco 10 US$.*

09 Amoeba Music

Situada en el barrio de Haight, históricamente *hippy* y radical, es la tienda de música independiente definitiva de la ciudad. Ofrece conciertos gratuitos, sin entrada, de grupos que pueden ser de LA o hasta de Europa. Hay estantes sin fin

de *hip-hop*, electrónica, músicas del mundo y otros álbumes interesantes; los elegidos por el personal están llenos de alucinantes sonidos experimentales. *amoeba.com; 1855 Haight St; diferentes horarios de conciertos; gratis.*

10 Stern Grove Festival

Este festival gratuito al aire libre, que ya va por su 80ª temporada, presenta compañías de artes escénicas como la sinfónica y el *ballet* de la ciudad, y sonidos más modernos como bandas de mambo y *folk*. Los conciertos son los domingos por la tarde en verano. Conviene ir pronto para no quedarse sin sitio y conseguir buenas vistas al escenario. *sterngrove.org; cerca de Sloat Blvd con 19th Ave; med jun-med-ago; gratis.*

11 Exploratorium

El museo más querido de San Francisco es un nuevo mundo interactivo dedicado a la ciencia y los sentidos. La entrada a las nuevas instalaciones a orillas de la Bahía es algo cara, pero las galerías exteriores son gratuitas. Están expuestas al aire libre desde un arpa eólica gigante hasta una cámara oscura escondida en un *rickshaw* pintado. *exploratorium.edu; Pier 15, el Embarcadero; 10.00-17.00 ma-do, también 18.00-22.00 ju; exteriores gratis, entrada museo adultos/ niños 29/19 US$.*

12 Puente Golden Gate

Este icónico puente cruza el estrecho de Golden Gate, la ventosa entrada a la bahía de San Francisco. Desde debajo de las elevadas torres *art déco*, pueden contemplarse los Marin Headlands (promontorios) o quizá avistar un grupo de ballenas migratorias saliendo a la superficie en invierno. *goldengatebridge.org; Hwy 101; tráfico rodado 24 h, acera peatonal 5.00-*

SAN FRANCISCO

18.30, 5.00-21.00 med mar-ppios nov; peatones gratis, peaje vehículos desde 7,25 US$.

13 Golden Gate Park

Este parque urbano de 4 km², con final en Ocean Beach, es un paraíso boscoso de jardines botánicos y caminos de tierra para pasear. No hay que perderse los molinos de estilo holandés ni el prado de búfalos. Hay varios eventos gratuitos, desde clases de yoga hasta ópera italiana. *golden gatepark.com; entre Fulton St y Lincoln Way, Stanyan St y Great Hwy; 24 h, diferentes horarios para cada punto de interés; entrada gratuita, pero algunos sitios son de pago.*

14 Leones marinos en el Pier 39

Tras el terremoto de magnitud 6,9 en la escala de Richter de Loma Prieta (1989), los leones marinos de California comenzaron a frecuentar el Pier 39, en Fisherman's Wharf, y allí siguen desde entonces. Hasta 1700 de estos ruidosos mamíferos marinos holgazanean en el muelle a la vez. ¿Cómo

no hacerse un *selfi* con las mascotas extraoficiales de la ciudad? *Pier 39, el Embarcadero; 10.00-21.00, 10.00-23.00 finales may-finales sep; gratis.*

15 El Farolito

Las taquerías abundan en el Mission District, un barrio de raíces latinoamericanas. Los tacaños y glotones se quitan el hambre haciéndose con un enorme burrito al estilo de San Francisco, relleno de extra de arroz, frijoles y verdura. Lo difícil es abarcarlo con la boca en el primer mordisco. El Farolito, además, tiene el gusto de añadirle rodajas de aguacate. *2779 Mission St; 10.00-14.30 do-ju, 10.00-3.30 vi y sa; comidas menos de 10 US$.*

16 Off the Grid

Se define como "festival de comida itinerante" y es un conjunto de *food trucks* (camiones de comidas) que se reúnen todos los días en puntos diferentes de la ciudad y más allá. Algunos sitios favoritos son "pícnic en el Presidio" los domingos por la tarde

14

SAN FRANCISCO

PICOTEO EN LA CIUDAD

San Francisco es una ciudad para amantes de la comida. Los menús degustación de gastronomía molecular pueden costar cientos de dólares, pero algunos de los sabores más famosos de la urbe se pueden catar gratis. La Golden Gate Fortune Cookie Factory de Chinatown (*56 Ross Alley; 8.00-18.00*) regala muestras gratuitas, al igual que la fábrica de chocolate de Ghirardelli Square (*ghirardelli.com; 900 North Point St; 9.00-23.00 do-ju, 9.00-24.00 sa y do*). Si se prefiere algo más *gourmet*, también regalan muestras los vendedores artesanos del Ferry Building Marketplace y del mercado de productores del exterior (3 veces a la semana).

y "anochecer en el Presidio" los jueves por la noche, con música en directo y hogueras. *offthegrid.com; Main Parade Ground, el Presidio; 17.00-21.00 ju y 11.00-16.00 do; entrada gratuita, comida desde 2 US$.*

Fleet Week

Poder embarcar y pasear por buques de la Armada y observar el desfile de barcos por la bahía de San Francisco es un pasatiempo fantástico, pero no es más que el calentamiento para el evento principal: la espectacular exhibición aérea en la que los Blue Angels realizan increíbles proezas. El mejor lugar para verla es desde el césped del Marina Green. *fleetweeksf.org; varios lugares; ppios oct; gratis.*

Hardly Strictly Bluegrass Festival

Desde hace más de una década, este enorme festival de música al aire libre se apodera del Golden Gate Park durante el primer puente de octubre. Además de los músicos de *bluegrass, folk* y *country* que tocan en siete escenarios diferentes, también hay grupos de *rock, punk, indie* y músicas del mundo. Actúan más de cien artistas cada año. *hardlystrictlybluegrass.com; Golden Gate Park; ppios oct; gratis.*

SAN FRANCISCO PRIDE

La mayor celebración del orgullo LGBT de EE UU tiene lugar en San Francisco, ciudad conocida por su activismo en favor de los derechos de los homosexuales. Es un fin de semana de eventos divertidos y creativos a finales de junio, y la entrada es gratuita, aunque se solicita un pequeño donativo en la puerta. La mayor fiesta es el desfile del domingo, cuando más de 200 grupos marchan por Market St animados por más de un millón de espectadores con atuendos variopintos, desde tutús arcoíris hasta cuero negro. La Dyke March y la Trans March, que se celebran aparte, también son muy populares. *sfpride. org.*

LAS 10 MEJORES AVENTURAS ECONÓMICAS EN PARQUES NACIONALES DE EE UU

Los parques nacionales son el patio de recreo natural de EE UU. Algunos cobran una entrada simbólica, pero una vez dentro, están llenos de fantásticas escapadas gratuitas.

Ilustración | Hayley Warnham

01 SENDERISMO VERTICAL

La ruta Precipice Trail (3,2 km) asciende por la cara este del monte Champlain en cornisas estrechísimas y subidas verticales con peldaños tipo vía ferrata. *nps.gov/acad; Mount Desert Island, Parque Nacional Acadia; diferentes horarios; 15 US$ pase individual 7 días.*

02 BAÑERA NATURAL

Hay que aparcar en el paralelo 45 y seguir el vapor hasta el Boiling River, donde un manantial termal entra en el río Gardner y es perfecto para el baño. *www.nps.gov/*

yell; *Mammoth Hot Springs, Parque Nacional Yellowstone, Idaho, Montana y Wyoming; 24 h; 15 US$ pase individual 7 días.*

03 'FLOWER POWER'

Más de 1500 flores silvestres se abren bajo los Apalaches en primavera, creando un estallido de color. Se puede hacer senderismo y acampada libre (14-23 US$/ noche) entre estas efímeras bellezas. Cuidado con los osos negros. *nps.gov/ grsm; Parque Nacional Great Smoky Mountains, Carolina del Norte y Tennessee; 24 h; gratis.*

04 BUCEO ALREDEDOR DE UN FUERTE

A 110 km de Cayo Hueso, sobre un atolón coralino, el fuerte Jefferson es escenario de mucha actividad marina. Se puede bucear entre peces, corales y restos de naufragios. *nps.gov/ drto; Parque Nacional Dry Tortugas, Florida; 24 h; 5 US$ pase 7 días.*

05 CAMINAR POR CASCADAS

La mejor ruta corta del épico nirvana de Sierra Nevada es este sendero de 10,4 km, que atraviesa la atronadora bruma creada por dos magníficas cascadas: Vernal Falls

y Nevada Falls. *nps. gov/yose; Mist Trail, Parque Nacional Yosemite, California; 24 h; 15 US$ pase individual 7 días.*

06 VER OSOS

Pocos encuentros emocionan tanto como toparse con un gran oso pardo. Por suerte, en Brooks Camp, los osos tienen bocados más apetecibles que los viajeros. De julio a septiembre es la mejor época para verlos. *nps. gov/katm; 24 h; Brooks Camp, Parque Nacional Katmai, Alaska; gratis.*

07 CAMINAR BAJO LA LUNA

A 2 h en coche del neón de Las Vegas, el cielo nocturno está tan despejado que muchas veces se ven cinco planetas. En verano, los guardas ofrecen excursiones nocturnas gratuitas a la luz de la luna llena. *nps.gov/grba; Parque Nacional Great Basin, Nevada; 24 h; gratis.*

08 OBSERVAR VOLCANES

En Hawái las olas rugen, y la lava también... El volcán Kilauea permanece activo, y las fumarolas del cráter Halema'uma'u se ven desde el mirador del Jaggar Museum. *nps. gov/havo; Parque Nacional Hawai'i Volcanoes, Hawái; 24 h; 8 US$ pase individual 7 días.*

09 A LA CAZA DEL BISONTE

Hay que seguir los pasos del "presidente ecologista" en el parque que lleva su nombre, explorando las praderas de las *badlands* y apuntando a los bisontes con la cámara. *nps.gov/thro; Parque Nacional Theodore Roosevelt, Dakota del Norte; 24 h; 10 US$ pase individual 7 días.*

10 POR EL ESPACIO Y EL TIEMPO

El Chaco, un parque de cielos oscuros, posee maravillas terrestres que complementan sus encantos celestes, como ruinas milenarias de los indios pueblo que se alinean con las estrellas en el equinoccio. Ofrecen circuitos gratuitos. *nps.gov/ chcu; Parque Histórico Nacional de la Cultura Chaco, Nuevo México; 7.00-anochecer; 6 US$ pase individual 7 días.*

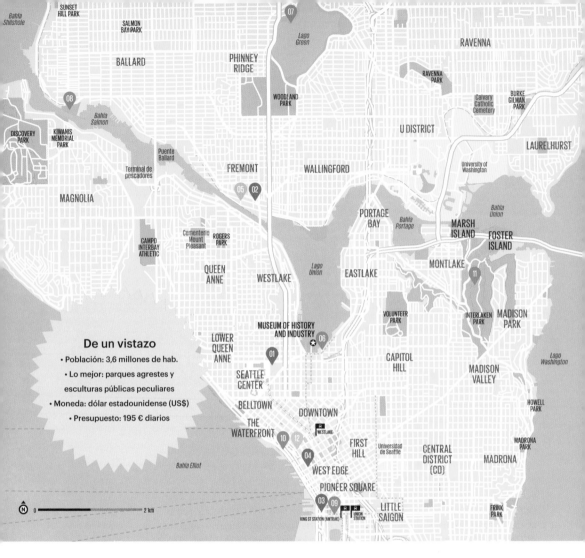

SEATTLE

Seattle tiene millonarios de internet, chismes de alta tecnología y el hombre más rico del mundo, pero no es necesariamente caro. Se le puede dar un respiro a la tarjeta de crédito admirando arte público, paseando por parques urbanos y encontrando gangas gastronómicas en el mercado de productores más antiguo de EE UU.

ARTE Y CULTURA MÚSICA Y CINE DEPORTE Y OCIO COMIDA Y BEBIDA FIESTAS Y CELEBRACIONES

01 Centro de visitantes de la Bill & Melinda Gates Foundation

Este edificio sostenible costó 500 millones de US$ en el 2011 y es propiedad del hombre más rico del mundo. Está bien organizado para los visitantes y se centra en las actividades filantrópicas de Gates, con exposiciones interactivas y estimulantes. Se invita a los visitantes a aportar ideas al banco intelectual de la fundación. *gates foundation.org/visitor-center; 440 5th Ave N; 10.00-17.00 ma-sa, hasta 18.00 verano; gratis.*

02 Esculturas públicas de Fremont

El barrio de Fremont hace honor a su lema "De Liberta Quirkas" (libertad para ser peculiar) con una desconcertante colección de esculturas públicas. Entre las extrañas apariciones se cuentan un trol aplastando un Volkswagen Escarabajo, un cohete de la Guerra Fría pegado a una *boutique,* un grupo de pasajeros esperando un tren que nunca llega y una estatua de Vladímir Lenin rescatada de una chatarrería checoslovaca en los años noventa. *Barrio de Fremont; 24 h; gratis.*

03 First Thursday Art Walk en Pioneer Square

Al parecer, la moda de los paseos artísticos urbanos nació en los años ochenta en Pioneer Square, un barrio de ladrillo rojo de Seattle. Este recorrido autoguiado conecta algunas de las más de 50 galerías del barrio y permite apreciar las creativas esculturas públicas, tomar buen café, mirar los puestos temporales de Occidental Park y conocer a artistas locales para saber en qué se inspiran. *pioneersquare.org/experiences/*

first-thursday-art-walk; Pioneer Sq; 18.00-20.00 1er ju de mes; gratis.

04 Seattle Art Museum (SAM)

Seattle cuenta con una floreciente cultura artística gracias a la presencia vanguardista del SAM, que tiene entrada gratuita el primer jueves de mes. La colección permanente del museo hace hincapié en el arte de los nativos americanos, junto a deslumbrantes creaciones modernas. La escultura surrealista está ampliamente representada en el cercano Olympic Sculpture Park (*2901 Western Ave; amanecer-atardecer; gratis*). *seattle artmuseum.org; 1300 1st Ave; 10.00-17.00 mi y vi-do, 10.00-21.00 ju; gratis 1er ju de mes.*

05 Almost Free Outdoor Cinema en Fremont

El verano no llega hasta que no se haya visto una película en el cine al aire libre "casi gratis" de Fremont, en un diminuto aparcamiento vigilado por murales de Bogart y

Seattle mejoró aún más su reputación de ciudad ciclista al introducir, en el 2014, el sistema de bicicletas compartidas Pronto (prontocycleshare.com). La idea es sencilla. Por un precio módico (8 US$/24 h; 16 US$/3 días), se puede tomar prestada una bici en una de las 50 estaciones repartidas por el centro. Devolviéndola en cualquier estación en el plazo de 30 min, no hay coste extra. Si se utiliza más tiempo, se paga un pequeño recargo (2 US$ por hasta 1 h). Para los visitantes que no tengan inconveniente en pedalear, es la mejor opción: se hace deporte, se reducen los atascos y se ahorra dinero.

Bergman. En una buena noche asiste medio barrio, unos arrastrando sillones, otros disfrazados de personajes cinematográficos (los zombis son muy populares). Los carritos de comida venden tentempiés baratos y deliciosos. *fremontoutdoormovies.com; 3501 Phinney Ave N; jul y ago; 5 US$.*

06 Center for Wooden Boats

Seattle está rodeado de agua, y es prácticamente obligatorio subir a un barco en algún momento para ver la ciudad desde lejos, enmarcada por aves marinas y olas. Desde hace 25 años, este museo marítimo ofrece paseos gratuitos de 1 h en diversos tipos de embarcaciones. Hay que ir cualquier domingo a partir de las 10.00 y apuntarse; las plazas se asignan por orden de llegada. *cwb.org; 1010 Valley St; 10.00-19.00; gratis.*

07 Green Lake Park

Este parque, siempre concurrido, rodea un pequeño lago natural en uno de los barrios más pudientes del norte de Seattle. Es habitual ver a la gente correr, montar

en bici, quedar y debatir. Al pasear por los agradables caminos pavimentados, habrá que sortear a patinadores y empresarios agobiados por sus entrenadores personales *7201 E Greenlake Dr N; 24 h; gratis.*

08 Hiram M. Chittenden Locks

Este ingenioso sistema de esclusas, también llamado Ballard Locks, permite a los barcos salvar un desnivel de 6,7 m entre el lago Union y Puget Sound. Está flanqueado por un cuidado jardín botánico y es un sitio maravilloso para ver pasar aves, barcos, yates, kayaks y algún león marino. Incluso se puede ver una escalera para peces, construida para ayudar a los salmones que van a desovar. *myballard.com/ballard-locks-seattle; 3015 NW 54th St; 24 h; gratis.*

09 Parque Histórico Nacional Klondike Gold Rush

Seattle fue el principal punto de embarque de la "fiebre del oro" más legendaria de la historia; se proporcionaban herramientas y logística a los buscadores que se dirigían

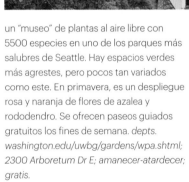

Si el viajero tiene flexibilidad a la hora de planear el viaje a Seattle, debe intentar estar en la ciudad el primer jueves de mes, cuando muchos museos ofrecen entrada gratuita. Hasta una docena participan en este programa. Si se planifican visitas a un par de los más importantes, como el Seattle Art Museum (p. 227) –normalmente 19,50 US$– o el Museum of History and Industry (*mohai.org; 860 Terry Ave N; 10.00-17.00 vi-mi, 10.00-20.00 ju, normalmente 17 $*), se ahorrará un dineral.

a la región canadiense de Klondike. Este museo gratuito, administrado por el US National Parks Service, recrea el ambiente de energía frenética de 1897-1898 siguiendo las historias de cinco pioneros en busca de riquezas. *nps.gov/klgo; 117 S Main St; 9.00-17.00 diariamente; gratis.*

Seattle Free Walking Tours

Seattle tiene una impresionante oferta de circuitos a pie, desde visitas a cafés hasta degustaciones de cerveza. Pocos son tan buenos como estas excursiones gratuitas creadas en el 2012 por una pareja de trotamundos residentes en Seattle. Inspirados en paseos similares de ciudades europeas, son recorridos cortos por el centro ricos en cultura, anécdotas y detalles históricos. Resérvese plaza por internet. *seattlefreewalkingtours.org; Pike Place Market; circuitos 9.30, 11.00, 14.00; gratis.*

Washington Park Arboretum

La "ciudad siempre verde" del Pacífico Noroeste alberga un enorme arboreto,

un "museo" de plantas al aire libre con 5500 especies en uno de los parques más salubres de Seattle. Hay espacios verdes más agrestes, pero pocos tan variados como este. En primavera, es un despliegue rosa y naranja de flores de azalea y rododendro. Se ofrecen paseos guiados gratuitos los fines de semana. *depts.washington.edu/uwbg/gardens/wpa.shtml; 2300 Arboretum Dr E; amanecer-atardecer; gratis.*

Pike Place Market

El lugar turístico más grande de Seattle es también, irónicamente, la experiencia "local" definitiva. Se trata de una confederación extraoficial de pequeños agricultores, panaderos, pescaderos, queseros y puestos de fruta que se despliega como un colorido teatro callejero frente al puerto. Hay que abrir el apetito, internarse en el gentío y buscar comida económica. *pikeplacemarket.org; 1st Ave y Pike St; 9.00-18.00 lu-sa, 9.00-17.00 do; entrada gratuita.*

ARTE Y CULTURA   MÚSICA Y CINE   DEPORTE Y OCIO   COMIDA Y BEBIDA   FIESTAS Y CELEBRACIONES

TORONTO

Aunque es una ciudad relativamente joven en el escenario internacional, se está volviendo cada vez más sofisticada, con lugares nuevos y deslumbrantes. Por suerte, se precia de integradora y siempre hay algún modo de participar en fiestas, celebraciones y puntos de interés a precio reducido, incluso gratis.

TORONTO

01 Bata Shoe Museum

Este museo, con forma de enorme caja, contiene la mayor colección mundial de zapatos. Abarca 4500 años de historia del calzado en el mundo y ofrece exposiciones imaginativas. Los jueves a última hora se cobra la voluntad: muchísimo más barato que ir a comprar zapatos. *batashoe museum.ca; 327 Bloor St W; 17.00-20.00 ju; donativo recomendado 5 CAD.*

02 Evergreen Brickworks

Don Valley Brick Factory, una fábrica construida en 1889, se ha transformado en un centro comunitario tras años de abandono. Se puede conocer su historia, caminar por un sendero natural a través de bosque y prados en la antigua cantera y visitar el mayor mercado de productores de la ciudad (fin de semana). *evergreenbrickworks. com; 550 Bayview Ave; 9.00-17.00 lu-vi, 8.00-17.00 sa, 10.00-17.00 do; gratis.*

03 Patinaje en Nathan Phillips Square

La pista de hielo situada frente al Ayuntamiento, bajo arcos decorados y en-

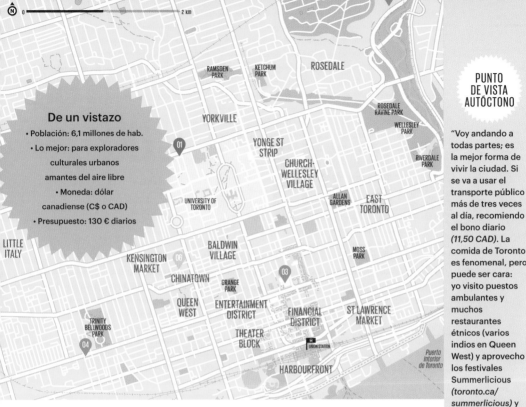

De un vistazo

- Población: 6,1 millones de hab.
- Lo mejor: para exploradores culturales urbanos amantes del aire libre
- Moneda: dólar canadiense (C$ o CAD)
- Presupuesto: 130 € diarios

PUNTO DE VISTA AUTÓCTONO

"Voy andando a todas partes; es la mejor forma de vivir la ciudad. Si se va a usar el transporte público más de tres veces al día, recomiendo el bono diario *(11,50 CAD)*. La comida de Toronto es fenomenal, pero puede ser cara: yo visito puestos ambulantes y muchos restaurantes étnicos (varios indios en Queen West) y aprovecho los festivales Summerlicious *(toronto.ca/ summerlicious)* y Winterlicious *(toronto.ca/ winterlicious)*, que ofrecen menús a precio reducido en restaurantes populares. La revista *NOW (nowtoronto.com)*, que sale los jueves, informa de eventos gratuitos e infinidad de festivales y ferias callejeras y gastronómicas, para hacer planes baratos al instante." Gino Pugliano, residente en Toronto.

tre rascacielos, ofrece una experiencia económica al aire libre típica de Toronto.

A pocos pasos hay puestos de patatas fritas y chocolate caliente. *nathanphillipssquares-katerentals.com; 100 Queen St W; finales nov-med mar, 10.00-22.00; 10 CAS por 2 h.*

04 Oeste de Queen West

El oeste de Queen Street, desde Bathurst St hasta Dufferin St, es una de las calles más de moda. Hay tiendas independientes, cafés, galerías y restaurantes que encarnan el espíritu multicultural y emprendedor de la ciudad. Trinity Bellwoods Park es ideal para sentarse a mirar a la gente. *Queen Street West entre Bathurst St y Dufferin St; 24 h; gratis.*

05 Contact Photography Festival

El mayor festival internacional de fotografía del mundo tiene lugar en mayo. Se seleccionan alrededor de 1500 artistas de una convocatoria abierta, por lo que la creatividad es alta. Hay numerosos emplazamientos, incluidas tiendas y vallas publicitarias; basta consultar el programa, elegir un barrio y planificar un circuito fotográfico. *scotiabankcontactphoto.com; casi todas las exposiciones son gratuitas.*

06 Kensington Market

Este mercado es un conglomerado cultural surgido de las sucesivas oleadas de inmigración, y tiene elementos portugueses, antillanos y centroamericanos (entre otros). Resulta especialmente sensorial en verano y ocupa un barrio de casas adosadas victorianas con puestos de comida exótica, panaderías y tiendas *vintage* que invaden la calle. *kensington-market.ca; entre Spadina Ave y Bathurst, College St y Dundas St; diferentes horarios, diariamente; entrada gratuita.*

ESPECTÁCULOS DEPORTIVOS GRATUITOS EN EE UU

El deporte es importante en EE UU y las mejores entradas cuestan un dineral, pero es posible disfrutar de la acción y el ambiente sin coste alguno gracias a las siguientes alternativas.

US POND HOCKEY CHAMPS – MINNEAPOLIS, MINNESOTA

Es sencillo: cualquiera que aguante el frío puede mirar. Minnesota acoge cada enero un campeonato de *pond hockey* en el que equipos de aficionados compiten sobre el lago Nokomis helado. No hay asientos (ni precio), así que nada separa al espectador de la acción. *uspond hockey.com*.

MARATÓN DE BOSTON – BOSTON, MASSACHUSETTS

El maratón anual más antiguo del mundo se celebra cada Día del Patriota (3er lunes de abril) desde 1897. Al contemplarlo desde la calle no solo se ve a 30 000 corredores, sino que se conmemora la historia, la tradición y –tras los atentados del 2013– el sentimiento de solidaridad generado por tantos pies corriendo a la vez. *baa.org*.

'STREETBALL' EN VENICE BEACH – LOS ÁNGELES, CALIFORNIA

Además del gimnasio al aire libre, en Venice Beach también se puede ver *streetball*, un baloncesto más rudimentario y fluido, de estilo libre, sin árbitro, con menos reglas y mucho alardeo. Hay partidos espontáneos y en verano se celebra la Venice Basketball League.

LITTLE LEAGUE BASEBALL WORLD SERIES – WILLIAMSPORT, PENSILVANIA

Las entradas para la Serie Mundial de béisbol alcanzan los 1000 US$. Para la versión de la Little League, no cuestan un céntimo. Esta competición tiene lugar cada agosto desde 1947. Los jugadores, de entre 11 y 13 años, corren por el campo de béisbol de Williamsport frente a miles de espectadores. *llbws.org*.

IDITAROD – ANCHORAGE, ALASKA

A esta carrera de trineos de perros, que cruza Alaska hasta Nome (1600 km), la llaman The Last Great Race on Earth®. Por suerte, ver el ceremonial inicio el primer domingo de marzo –desde la Fourth Ave de Anchorage hasta Campbell Creek – es menos agotador. *iditarod. com*.

EAST COAST SURFING CHAMPIONSHIPS – VIRGINIA BEACH, VIRGINIA

Profesionales y aficionados se dan cita cada agosto en el campeonato de surf más antiguo de EE UU. Ha evolucionado desde sus inicios en 1963; ahora es un festival deportivo gratuito en el que también se verá *skateboard*, *skimboard*, surf de remo y vóley playa. *surfecsc.com*.

PHILADELPHIA INTERNATIONAL CYCLING CHAMPIONSHIP – FILADELFIA, PENSILVANIA

Es la carrera ciclista más prestigiosa fuera de Europa. Dos buenos puntos para verla en la ciudad son Manayunk, para observar a los ciclistas subir el "Manayunk Wall", y Midvale Ave, con vistas a la fiesta y a la Sprint Zone. *procyclingtour.com*.

FÚTBOL DE PRIMAVERA – TODO EL PAÍS

Los partidos de fútbol americano no son baratos. Incluso los de la College League cuestan bastante... excepto los partidos de entrenamiento de marzo y abril. En ellos, los aficionados pueden valorar a los nuevos jugadores, pedir autógrafos y prepararse para la temporada siguiente, gratis. *fbschedules.com*.

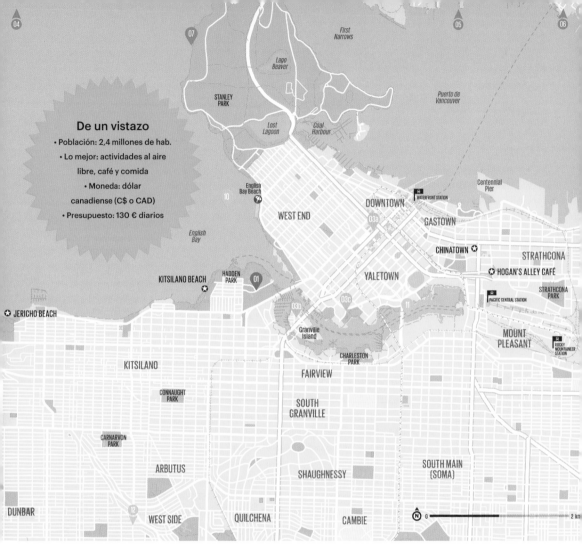

De un vistazo
- Población: 2,4 millones de hab.
- Lo mejor: actividades al aire
  libre, café y comida
- Moneda: dólar
  canadiense (C$ o CAD)
- Presupuesto: 130 € diarios

First Narrows

Lago Beaver

STANLEY PARK

Puerto de Vancouver

Lost Lagoon

Coal Harbour

English Bay Beach

Centennial Pier

WATERFRONT STATION

DOWNTOWN

WEST END

03a

GASTOWN

CHINATOWN

STRATHCONA

English Bay

HOGAN'S ALLEY CAFÉ

KITSILANO BEACH

HADDEN PARK

01

YALETOWN

PACIFIC CENTRAL STATION

STRATHCONA PARK

JERICHO BEACH

03b

03c

Granville Island

11

MOUNT PLEASANT

ROCKY MOUNTAINEER STATION

KITSILANO

CHARLESTON PARK

CONNAUGHT PARK

FAIRVIEW

SOUTH GRANVILLE

CARNARVON PARK

ARBUTUS

SHAUGHNESSY

SOUTH MAIN (SOMA)

DUNBAR

12

WEST SIDE

QUILCHENA

CAMBIE

N

2 km

VANCOUVER

Vancouver es como el dibujo de un niño, tiene de todo: mar, montañas nevadas, playas, rascacielos, bosques y personas de todos los colores. ¡Y luego está la comida! El precio de la vivienda se ha disparado, pero el coste de viajar no (para los que saben). La diversión espera…

01 Observatorio Gordon MacMillan Southam

En el GMS Observatory los visitantes pueden contemplar los cielos: la visión del espacio a través del telescopio Cassegrain de 0,5 m bajo la cúpula de 10 m de altura es asombrosa. El observatorio se diseñó como parte de un programa de divulgación social, así que no cobra lo que el contiguo HR MacMillan Space Centre. *spacecentre.ca/gms; 1100 Chestnut St; 20.00-24.00 sa jul-ago; entrada con donativo voluntario.*

02 Fresh Air Cinema

Hay que llevar una almohada, una silla de jardín y unos amigos, ponerse cómodo y disfrutar de una película proyectada en una pantalla hinchable gigante bajo las estrellas. Estos cines itinerantes gratuitos aparecen todo el año, pero con más frecuencia en verano, cuando el tiempo es más propicio para estar fuera. Sígase @Outdoor moviesBC en Twitter para enterarse de fechas y lugares. *freshaircinema.ca; gratis.*

03 Vancouver International Jazz Festival

Este animado festival de *jazz* se celebra desde hace más de 30 años, y aunque muchos eventos requieren entrada, hay cientos de conciertos gratis por la ciudad durante sus dos semanas de duración. Algunos recintos gratuitos son la **Vancouver Art Gallery** (3a; *vanartgallery. bc.ca; 750 Hornby St*), **Granville Island** (3b; *granvilleisland.com; 1661 Duranleau St*) y **David Lam Park** (3c; *1300 Pacific Blvd*) en Yale Town. *coastaljazz.ca; jun; gratis.*

04 Ferri de Bowen Island

La red de fiordos de Howe Sound es uno de los espectáculos más extraordinarios de la costa oeste de Canadá, y se ve mejor desde el agua. En lugar de alquilar una costosa lancha motora en Horseshoe Bay, se puede embarcar en el ferri que va de allí a Bowen Island: las vistas desde la cubierta son igual de buenas. Antes de regresar, se puede dar un paseo o gastar lo ahorrado en una comida. *bcferries.com; Horseshoe Bay; ida y vuelta 12 CAD.*

05 Grouse Grind

¿Por qué pagar 40 CAD para subir en telecabina a la montaña Grouse pudiendo hacer ejercicio por esta gratificante ruta? Apodada "la escalera de la madre naturaleza", es una subida de 3 km con un desnivel de 853 m a través de tupidos bosques litorales. Las vistas desde la "cima de Vancouver" recompensan el esfuerzo. Se puede bajar en telecabina *(10 CAD)* o por el cercano sendero BCMC *(gratis). grousemountain. com; 6400 Nancy Green Way; gratis.*

04

UN DÍA GRATIS

Se desayuna en Hogan's Alley Café (*hogansalleycafe. com; 789 Gore St; 6.30-17.00 lu-vi, 8.00-16.00 sa, 8.00-14.00 do; principales 8-10 CAD*) antes de explorar Chinatown a pie. Luego se va al Granville Island Public Market (*granvilleisland. com/publicmarket; Johnston St; 9.00-19.00*), bien paseando a lo largo del False Creek o en miniferri (*5,50 CAD*). Se continúa hacia el oeste a pie y en autobús hasta la Universidad de Columbia Británica, saboreando Kitsilano Beach y Jericho Beach por el camino. En la universidad, se puede comer barato en el AMS Student Nest (*ams.ubc.ca/nest; 6133 University Blvd; 7.00-23.30*) y visitar el increíble Museum of Anthropology (*moa.ubc. ca; 6393 NW Marine Dr; 10.00-17.00 mi-lu, 10.00-21.00 ma; 16,75 CAD, 9 CAD ma noche*).

VANCOUVER

06 Lynn Canyon Park

Aunque el vertiginoso puente colgante sobre el arroyo Lynn no es tan alto como el puente de Capilano, este parque ofrece disfrutar recorriéndolo totalmente gratis. En este inexistente precio está incluida la aventura por numerosos senderos bajo árboles de hoja perenne. Los visitantes más valientes también terminan dándose un chapuzón en las gélidas aguas del arroyo. *lynncanyon.ca; 7.00-21.00 verano, horario reducido fuera de temporada; gratis.*

07 Rompeolas de Stanley Park

Tanto si se recorre andando como corriendo, patinando o en bici, el rompeolas que rodea el emblemático Stanley Park es quizá la experiencia más típica de Vancouver. El camino asfaltado de 8,8 km serpentea bajo altos árboles y a orillas del mar, ofreciendo vistas impresionantes de la bahía Inglesa, las montañas y la ciudad. Si quedan ganas de más tras completar la ruta, se puede rodear el False Creek y continuar hacia el oeste, a lo largo de las playas, hasta la Universidad de Columbia Británica. *Downtown y West End; gratis.*

08 Dine Out Vancouver

En este festival culinario, que tiene una duración de 17 días, muchos de los mejores restaurantes de la ciudad ofrecen menús degustación de tres platos por precios asequibles: 18, 28 y 38 CAD. No es gratuito, pero la relación calidad-precio es excelente y ofrece la interesante posibilidad de probar platos de alta cocina. La oferta se completa con mercados de comida callejera y catas de cerveza artesanal. *dineoutvancouver. com; ene.*

TRANSPORTE ECONÓMICO

Los bonos diarios para el transporte público *(9,75 CAD)* son ideales para cubrir mucho terreno a un coste mínimo. Incluyen el SeaBus, que permite ir a/desde los puntos de interés de la North Shore, como el Grouse Grind (p. 235) y el Lynn Canyon Park. La mejor opción, sin embargo, es la bicicleta. Si se puede llevar una (o tomarla en préstamo), la ciudad cuenta con una estupenda red de carriles bici y, para viajes más largos, los autobuses tienen portabicicletas incorporados (el SeaBus también las admite).

09 Shipyards Night Market

Este mercado nocturno semanal ocupa el astillero histórico Wallace Shipyard, en la North Shore. Es fantástico para comprar productos frescos a agricultores, devorar la comida de los *food trucks* y disfrutar de espectáculos en directo. Está al lado de la terminal del SeaBus, así que también se puede hacer un crucero panorámico económico a/desde el centro. *northshoregreenmarket. com; Shipyard Plaza; 17.00-22.00 vi may-sep; entrada gratuita.*

10 Celebration of Light

Toda la orilla y las aguas de la bahía Inglesa quedan bañadas en luz durante este concurso anual de fuegos artificiales, uno de las mejores del mundo. Tres países se turnan para coreografiar mejor la pirotecnia y la música, que se emite por altavoces y por la radio local. Los mejores puntos de observación se sitúan en English Bay Beach y Vanier Park; los mejores son los más cercanos a la barcaza desde la que se lanzan los fuegos artificiales. *hondacelebrationoflight.com; bahía Inglesa; jul; gratis.*

11 Dragon Boat Festival

Cientos de equipos de barcos dragón, muchos de ellos de otros países, se congregan la tercera semana de junio cerca de Science World, en False Creek, para un fin de semana de festejos acuáticos coloridos y coreografiados. Además de las emocionantes carreras de barcos dragón, también hay puestos de comida, actividades infantiles, instalaciones de arte y tiendas, así como conciertos y teatro gratuitos. *Dragonboatbc.ca; False Creek; gratis.*

12 Ships to Shore Festival

En la fiesta nacional de Canadá (1 jul) y los días que la preceden, el puerto de Steveston, en Richmond, alberga una flota de barcos históricos y operativos. Hay un montón de fabulosas actividades gratuitas, incluidas visitas al interior de las embarcaciones. El evento coincide con el Steveston Salmon Festival *(stevestonsalmonfest.ca)*, en el cercano Steveston Park. *richmond.ca/shipstoshore; Britannia Shipyard, 5180 Westwater Dr, Steveston; gratis.*

VANCOUVER

ARTE Y CULTURA   MÚSICA Y CINE   DEPORTE Y OCIO   COMIDA Y BEBIDA   FIESTAS Y CELEBRACIONES

WASHINGTON, DC

Cuando se trata de ofertas gratuitas, ninguna ciudad del mundo supera a Washington, DC. ¿El coste de los museos? Gratis. ¿Conciertos? Nada. ¿Visitar la Casa Blanca y el Congreso? Cero. Incluso los bares ofrecen bebidas gratis o con descuento. Se pueden pasar semanas de diversión en la capital casi sin gastar un céntimo.

01 Bureau of Engraving and Printing

Si el viajero olvida qué aspecto tiene el dinero (con tantas cosas gratis), en la Oficina de Grabado e Impresión podrá ver cómo se imprimen los dólares. Los circuitos gratuitos de 40 min, que salen aprox. cada 15 min, incluyen una película introductoria y una visita a la planta de producción, donde se ven millones de dólares saliendo de la imprenta. También se puede gastar algo en los productos monetarios que se venden. *moneyfactory.gov/washingtondctours.html; 14th St con C St, SW; 8.30-15.00; gratis.*

02 Library of Congress

Pese a su aburrido nombre, la Biblioteca del Congreso es uno de los sitios más interesantes de la ciudad. No solo alberga una de las colecciones de libros más grandes del mundo, sino que el edificio Thomas Jefferson está repleto de mosaicos, pinturas y una historia fascinante. Los circuitos diarios gratuitos explican los muchos capítulos de este palacio de las páginas. *loc.gov; 101 Independence Ave SE; 8.30-17.00 lu-sa; gratis.*

WASHINGTON, DC

N 0 ━━━━━━━━━━━━━━━━━━━━ 2 km

NATIONAL
ZOOLOGICAL
PARK 12

COLUMBIA
HEIGHTS

PARK VIEW

Trinity
College

WOODLEY
PARK

PLEASANT
PLAINS

MCMILLAN
PARK

NORMANSTONE
PARK

ADAMS
MORGAN

MERIDIAN
HILL

Cementerio
de Glenwood

MALCOLM
X PARK

Howard
University

Cementerio
de Prospect
Hill

Rock Creek

DUMBARTON
OAKS PARK 9

KALORAMA

13

LEDROIT
PARK

LE DROIT
PARK

BLOOMINGDALE

MONTROSE
PARK

Cementerio
de Oak Hill

DUPONT
CIRCLE

LOGAN
CIRCLE

GEORGETOWN

DUPONT
CIRCLE

De un vistazo

• Población: 4,8 millones de hab.

• Lo mejor: cultura y bares
animados

• Moneda: dólar
estadounidense (US$)

• Presupuesto: 180 € diarios

DOWNTOWN

WASHINGTON
CIRCLE

ISLA
EODORE
OSEVELT

Unviersidad
George
Washington

FOGGY
BOTTOM

LA CASA BLANCA
☆

04

PENN
QUARTER

CHINATOWN

CAPITOL
HILL

07

South
Lawn

Judiciary
Sq

COLUMBIS
CIRCLE

Puente Theodore Roosevelt

THE
ELLIPSE

03

06

CORTE SUPREMA
☆

11c

CONSTITUTION
GARDENS

Reflecting Pool   Rainbow
Pool

11b

11a

CAPITOLIO DE
ESTADOS UNIDOS
☆

02

NATIONAL
MALL

WEST
POTOMAC
PARK

01

Río Potomac

Cuenca
Tidal

17

MEMORIAL
PARK

Outlet
Bridge

☆ **CAPTAIN WHITE'S SEAFOOD CITY**

ementerio
rlington
lional

EAST
POTOMAC
PARK

Canal de
Washington

SOUTHEAST DC

05

East Potomac
Park Golf
Course

WATERSIDE
PARK

Río
Anacostia

03 National Archives

Los Archivos Nacionales conservan la Constitución de los EE UU, la Carta de Derechos (*Bill of Rights*) y la Declaración de Independencia. Aunque la firma de John Hancock es muy importante (de hecho, su nombre es sinónimo de firma en argot estadounidense), también son interesantes las Public Vaults, una fascinante colección interactiva de documentos originales, desde telegramas de Abraham Lincoln hasta grabaciones del Despacho Oval. *archives. gov; 700 Pennsylvania Ave NW; 10.00-17.30; gratis.*

04 National Theater

Los niños se divierten gratis los sábados por la mañana gracias a la serie de programas ofrecidos por este teatro, que se preocupan de inspirar la creatividad y la imaginación a través del juego, la risa, los títeres, actuaciones interactivas, danza y música. Véase la programación en la página web, y téngase en cuenta que las entradas se distribuyen por orden de llegada 30 min antes de que se levante el telón. *thenationaldc.org/saturday-morning-at-the-national; 1321 Pennsylvania Ave NW; 9.30 sa; gratis.*

05 Pentágono

Como es lógico, hay que cumplir muchas normas para visitar el Pentágono (p. ej., se debe realizar la reserva entre 14 y 90 días antes), pero merece la pena hacer el esfuerzo para echar un vistazo a la sede del Departamento de Defensa del Gobierno estadounidense. Los circuitos de 1 h abarcan mucho: información sobre las fuerzas armadas, visitas a monumentos conmemorativos y abundantes datos y cifras curiosos. *pentagontours.osd.mil/tour-selection. jsp; el Pentágono; circuitos 1 h lu-vi 9.00-15.00; gratis.*

PUNTO DE VISTA AUTÓCTONO

"7th St en Shaw, el nuevo barrio de moda, es el destino perfecto para tomar algo de día y salir de noche. Hay cócteles fantásticos y cerveza local por menos de 10 US$, tentempiés por 5 US$ y mucha comida deliciosa para prevenir las resacas." Erin Petrey, residente en Shaw.

"No hay que perderse Captain White's Seafood City *(1100 Maine Ave SW)*, un mercado de pescado donde se puede comer una bolsa de papel llena de cangrejos al vapor (¡sobre una barcaza!) por unos 7 US$. A los habitantes de DC les encanta." Molly Cox, experta en comida económica.

 'Jazz' en el Sculpture Garden de la National Gallery

Las tardes de los viernes de verano, en el jardín de esculturas de la Galería Nacional, hay conciertos gratuitos de salsa, xilófono y *afrofunk*. DC es un bastión del *jazz* –grandes como Duke Ellington y Shirley Horn dieron sus primeros pasos en la ciudad– y estas veladas al aire libre lo ponen a disposición del gran público. *Constitution Ave NW, entre 3rd St y 9th St; 17.00-20.30 vi may-sep; gratis.*

 Millennium Stage del John F. Kennedy Center for the Performing Arts

Todas las noches, tanto si se asiste a una función con entrada como si no, se puede ver un espectáculo en directo en el Millennium Stage del centro Kennedy de artes escénicas. Oscilan entre lo sublime (jóvenes de la Ópera Nacional de Washington) y lo ridículo (*skateboarders* improvisando con música). Lo mejor de todo es la ubicación, a orillas del río Potomac. *kennedy-center. org/programs/millennium; 2700 F St NW; 18.00; gratis.*

 Circuitos culturales en DC

Se puede recorrer la ciudad por cuenta propia usando los planos, aplicaciones y audios gratuitos del **Cultural Tourism DC** *(culturaltourismdc.org)*. Para mayor sabor local, **DC by Foot** *(freetoursbyfoot.com/ washington-dc-tours)* ofrece circuitos guiados diurnos y nocturnos. La calidad de los guías varía y hay que conformarse con lo que toque; los temas van desde "secretos y escándalos" hasta un paseo más normal por el National Mall. *Diferentes lugares y horarios; se agradece propina.*

 **Dumbarton Oaks Park**

Este compacto pero hermoso parque, diseñado por la paisajista Beatrix Farrand

en el límite norte de Georgetown, es uno de los secretos de DC. Hay que entrar por el escondido Lovers' Lane (que sale de R St) y pasear entre el follaje, cruzar puentes pintorescos y ver los ciervos que pastan. Es uno de los lugares más frescos en este clima tan húmedo. *nps.gov/olst/planyour visit/dumbarton.htm; R St NW; amaneceratardecer; gratis.*

 Explorar en una bicicleta de Capital Bikeshare

Las bicicletas compartidas son una forma estupenda, barata y generalmente rápida de desplazarse entre puntos de interés. Hay que cambiar de bici cada 30 min o, de lo contrario pagar 2 US$ cada ½ h posterior; pero hay muchas estaciones. ¿Desventajas? No facilitan cascos y las estaciones pueden estar llenas o vacías, sobre todo al final del día. *Capitalbikeshare.com; 8 US$/24 h.*

11 Monumentos del National Mall

Se opine lo que se opine del Mall (11a), este rectángulo de 5 km de longitud con parcelas de césped es el "jardín delantero de EE UU". Se extiende entre el Capitolio en un extremo y el **Monumento a Lincoln** en el otro, y está jalonado de más monumentos, como los dedicados a los veteranos de Vietnam y a Martin Luther King, Jr. Subiendo al **Monumento a Washington** (11c; también gratis) se obtendrán vistas de pájaro. *900 Ohio Dr SW; 24 h; gratis.*

 Smithsonian National Zoological Park Conservation Biology Dept

Más de dos millones de personas visitan cada año este zoo para ver las diversas criaturas, exhibiciones y sesiones de alimentación. Los pandas son el reclamo estrella, pero más de 400 especies de animales (2000 ejemplares en total) ocupan recintos que reproducen hábitats naturales. Incluso si no se es aficionado a los zoos, los terrenos resultan agradables para pasear. *nationalzoo.si.edu; 3001 Connecticut Ave NW; 6.00-20.00 verano, 6.00-18.00 invierno; gratis.*

13 Ben's Chili Bowl

Es el típico local barato y alegre, considerado un "punto de referencia" no solo por su ubicación en U St (escenario de disturbios en los años sesenta), sino también por sus económicos batidos y perritos con chile, y porque una vez el presidente Barack Obama se comió en el lugar un *half-smoke* (perrito caliente con chile y cebolla). *benschilibowl.com/menu; 1213 U St NW; 6.00-2.00 lu-ju, 6.00-4.00 vi, 7.00-4.00 sa, 11.00-24.00 do; perrito con chile 4,40 US$.*

14 'Food trucks'

Diversos camiones de comida aparcan por los barrios de D. C. Algunos tentempiés son sublimes y otros pasables, pero depende del gusto y del presupuesto. También se

han apuntado chefs de renombre, así que puede tocar el premio gordo culinario. Se podrá comprar desde bocadillos de embutido ibérico hasta ensaladas de cangrejo. Y una fiesta callejera. *foodtruckfiesta.com; diferentes lugares y horarios; bollo relleno pequeño 4 US$.*

15 'Happy hours'

Se amen o se odien, estas horas ya son una institución en DC y siempre atraen a gente de todo tipo, desde estudiantes hasta personal que trabaja en las instituciones públicas de la capital estadounidense. De 16.00 a 19.00 aprox., muchos establecimientos, sean restaurantes de lujo o bares cutres, tienen algo a precio reducido u ofertas de dos por uno. *dchappyhours.com o bardc.com/happyhour; diferentes lugares y horarios; cerveza 3-5 US$.*

16 DC Jazz Festival

Este festival rinde tributo a la contribución histórica de Washington DC al *jazz* y tratar de promover tanto

14

© Roy Harris | 500px

EDUCACIÓN GRATUITA

Sin duda, Washington DC es la ciudad con más museos gratuitos del mundo gracias a la Smithsonian Institution, una colección de 19 museos y galerías, un zoo y centros de investigación. Todo ello gracias a un británico excéntrico, James Smithson, que, pese a no haber puesto jamás un pie en EE UU, legó su fortuna al país para "la difusión del conocimiento". En los museos situados a lo largo del Mall, entre otras ubicaciones, se puede aprender sobre todo tipo de cosas: dinosaurios, transbordadores espaciales, pepitas de oro, la bandera estrellada, la Constitución, plantas... ¿Lo más extraordinario? La entrada no cuesta nada.

a músicos consolidados como a los emergentes. Se tocan numerosos estilos –*blues, swing, bebop, soul*, etc.– en museos, restaurantes y clubes de la capital, a menudo a cambio de unos pocos dólares por cabeza. Y generalmente, dan en el clavo. *dcjazzfest.org; diferentes lugares y horarios, verano; entradas desde 5 US$.*

17 National Cherry Blossom Parade

La temporada es corta y no llega al nivel de Japón, pero la Tidal Basin se llena de color rosa cuando los cerezos florecen en marzo o abril. No cuesta nada dar un paseo para admirarlos, pero también hay un desfile en honor de las flores, con carro-

zas, hinchables gigantes, bandas de música, conciertos y diversión, que pueden verse gratuitamente. *nationalcherryblossomfestival.org; desfile Constitution Ave NW, entre 9th St y 15th St, 10.00-12.00; gratis.*

18 Ver a los Washington Nationals

Para asistir a un partido de béisbol de los Nationals, no hay más remedio que rascarse el bolsillo. Pero a fin de cuentas, ya era hora de pagar algo, y es una de esas "experiencias indispensables" de DC. Los precios más reducidos son para estudiantes, pero algunas combinaciones de entradas incluyen una ración de los ubicuos tentempiés del partido: perritos calientes y patatas fritas. *Nationals Park; verano; entradas 7 US$.*

LAS SEDES DEL PODER

Increíblemente, se pueden ver de cerca los tres poderes del Estado en un solo día: el ejecutivo (Casa Blanca), el legislativo (Capitolio) y el judicial (Corte Suprema). Visitar estos sagrados recintos es sorprendentemente fácil, aunque la Casa Blanca *(whitehouse.gov; 1600 Pennsylvania Ave NW)* requiere hacer planes con antelación. Es posible presentarse en el Capitolio *(visitthecapitol. gov; East Capitol St NE con First St SE)* y obtener una entrada para el mismo día, pero es preferible reservar antes por internet. La Corte Suprema de EE UU *(supremecourt.gov; 1 First St NE)* ofrece presenciar durante 3 min las sesiones del tribunal, y también se puede asistir a una vista entera.

17

OCEANÍA

© Matt Munro

ARTE Y CULTURA   MÚSICA Y CINE   DEPORTE Y OCIO   COMIDA Y BEBIDA   FIESTAS Y CELEBRACIONES

BRISBANE

Puede que Brisbane sea la tercera ciudad de Australia (en tamaño al menos), pero ya rivaliza con sus competidoras sureñas en bares nuevos, tiendas independientes y actos culturales. Por su clima tropical y su estilo de vida al aire libre, Brisbane atrae a gente guapa y en forma, y no tiene por qué costar un dineral.

01 Museum of Brisbane

El auge de la construcción en uno de los períodos más perjudiciales para la estética de Australia dejó en Brisbane pocos edificios con valor patrimonial. Por suerte el Ayuntamiento, de la década de 1920, se conserva intacto, y al visitar su museo en un circuito guiado gratuito (con inscripción previa) se aprende mucho sobre la historia de la ciudad. Si da tiempo también se puede ver alguna exposición. *museumofbrisbane.com. au; Level 3, Ayuntamiento; 10.00-17.00; gratis.*

02 Jardines Botánicos de Brisbane Mount Coot-Tha

De los muchos jardines botánicos de Australia, este se ordena por temas y regiones y puede recorrerse en itinerarios autoguiados, uno de ellos para conocer las plantas utilizadas por los pueblos indígenas del estado de Queensland. Por detrás se alza el monte Cooth-Tha, con numerosos senderos; caminando 2 km se sube a la cima, con vistas de Brisbane. *brisbane.qld. gov.au; Mt Coot-Tha Rd, Toowong; 8.00-17.30; gratis.*

03 Playa en la calle

Cerca del río Brisbane se extiende una playa artificial que baja hasta una laguna de aguas poco profundas, que suelen frecuentar sobre todo familias. En los fines de semana calurosos, si no se quiere pelear por una parcelita de arena, cerca hay una gran extensión de césped donde se puede disfrutar de un pícnic. *visitbrisbane.com.au/south-bank; Stanley St, jardines de South Bank; horario diurno; gratis.*

© Darren Parry | 500px

BRISBANE

NORTH STRADBROKE ISLAND

A 30 min en ferri del barrio de Cleveland, en Brisbane, esta isla es un destino vacacional sin pretensiones, algo así como una mezcla de Noosa y Byron Bay, con un rosario de playas de arena blanca, olas fantásticas y algunos sitios de calidad donde dormir y comer. Es también un lugar muy visitado para espiar delfines, tortugas, rayas y, entre junio y noviembre, centenares de ballenas jorobadas. La excursión de un día desde Brisbane es barata y casi obligada, pero hay que planificarla según los horarios de los autobuses. *stradbrokeisland. com*

04 Eat Street Markets

Este mercado de alimentación se instala en un muelle de contenedores en desuso junto al río Brisbane. Se puede picotear algo barato, escuchar música en directo o juntarse con la gente que bebe cócteles y cerveza. La oferta gastronómica es amplísima: desde México hasta Oriente Medio, con mucha comida del sureste asiático. *eatstreetmarkets.com; Macarthur Ave, Hamilton; 16.00-22.00 vi y sa, 10.00-15.00 do invierno; entrada mayores 12 años 2 AU$.*

05 Brisbane Festival

Durante casi todo septiembre, con buen tiempo, se celebra en Brisbane un importante festival internacional de música, danza, ópera y circo. La programación cambia todos los años, así que hay que consultar la web. El césped junto al **Queensland Per-** forming Arts Centre (*Melbourne St esq. Grey St*) suele acoger música en directo gratis, y a los músicos y bailarines ambulantes se les encuentra por South Bank. *brisbanefestival.com.au; varios lugares; sep; gratis.*

06 Monólogos y música

Los viernes desde las 18.00, y gracias a un convenio de patrocinio, la Powerhouse muestra el talento cómico de Brisbane a un público que por lo general sabe apreciarlo. Los domingos por la tarde se ofrece música en directo gratis en la Turbine Hall. Si no gustan los monólogos ni el *rock* alternativo, lo mejor es explorar la oscura Powerhouse, con bares, restaurantes y miniexposiciones. *brisbanepowerhouse.org; Brisbane Powerhouse Arts, 119 Lamington St; gratis.*

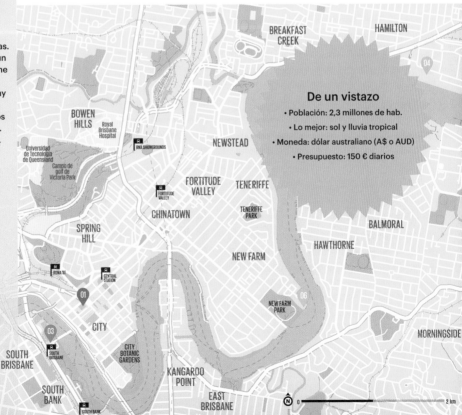

De un vistazo
- Población: 2,3 millones de hab.
- Lo mejor: sol y lluvia tropical
- Moneda: dólar australiano (A$ o AUD)
- Presupuesto: 150 € diarios

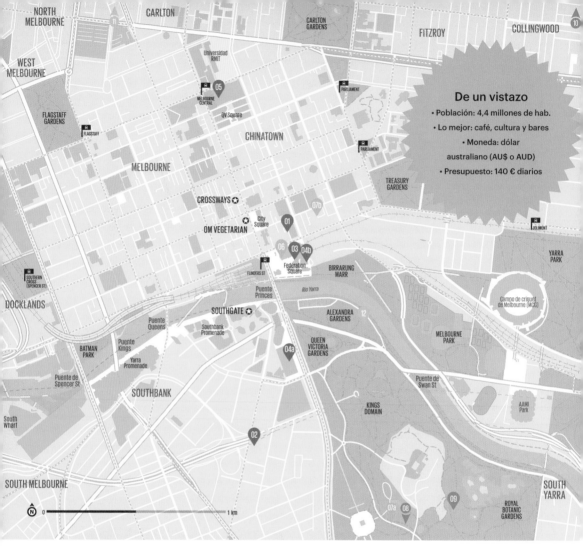

De un vistazo

- Población: 4,4 millones de hab.
- Lo mejor: café, cultura y bares
- Moneda: dólar australiano (AU$ o AUD)
- Presupuesto: 140 € diarios

MELBOURNE

La capital cultural de Australia es una de las ciudades más habitables del mundo. Carente del sex appeal superficial de Sídney, Melbourne seduce a los visitantes con una danza más insinuante que va mostrando sus múltiples encantos velo tras velo con el paso del tiempo. Que además se gaste mucho dinero depende de lo que se sepa y adónde se vaya...

MELBOURNE

ARTE Y CULTURA MÚSICA Y CINE DEPORTE Y OCIO COMIDA Y BEBIDA FIESTAS Y CELEBRACIONES

01 Arte en los callejones

En los laberínticos callejones de Melbourne hay cafés, bares y las obras de arte de los guerrilleros del grafiti. Se puede pagar por un circuito guiado, pero es fácil hacerlo por libre partiendo desde Hosier Lane y caminando en zigzag más o menos hacia el norte. Además de los talentos locales pueden verse aportaciones de Banksy, Blek le Rat y Shepard Fairey. *24 h; gratis.*

02 Australian Centre for Contemporary Art (ACCA)

En un vanguardista edificio rojizo de líneas angulosas que evoca el pasado industrial del lugar, esta galería expone obras actuales de artistas australianos e internacionales. En la entrada llama la atención *Vault,* una polémica escultura de Ron Robertson-Swann, apodada por los críticos el "Peligro amarillo" y "Acerohenge". *accaonline.org.au; 111 Sturt St; 10.00-17.00 ma-vi, 10.00-20.00 mi; 12.00-17.00 sa-do; gratis.*

03 Koorie Heritage Trust

Melbourne conserva poco de quienes ocupaban estas tierras más de 30 000 años antes de la llegada de John Batman. Este centro intenta cubrir esa carencia compartiendo las tradiciones, exhibiendo artilugios, montando exposiciones y explicando la historia oral de los pueblos aborígenes del sureste. Se puede comprar comida aborigen, artesanía y libros sobre temas indígenas, y apuntarse a los circuitos (de pago) a los Flagstaff Gardens y el Yarra. *koorieheritagetrust.com; Yarra Bldg, Federation Square; 10.00-17.00; gratis.*

04 National Gallery of Victoria (NGV)

La gratuita NGV (4a) expone una colección permanente de obras clásicas y modernas de artistas como John Constable y Auguste Rodin. La sede de St Kilda Rd es impresionante, con un foso y un atrio con vidrieras. El cercano **Ian Potter Centre** (4b; *Federation Square; 10.00-17.00; gratis*) aloja la colección australiana, con una galería dedicada al arte aborigen. *ngv.vic.gov.au; 180 St Kilda Rd; 10.00-17.00; gratis.*

05 State Library of Victoria

Desde la original escultura sepultada en el pavimento hasta la grandiosa sala de lectura con cúpula, esta es una casa donde se cuentan historias sobre el pasado, presente y futuro de Victoria, con libros, exposiciones y charlas y coloquios; algunos se celebran en el **Wheeler Centre** (*wheeler centre.com; 176 Little Lonsdale St*) y muchos son gratuitos. Con café-bar y wifi gratis. *slv.vic.gov.au; 328 Swanston St; 10.00-21.00 lu-ju, 10.00-18.00 vi-do; gratis.*

01

05

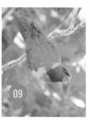

09

06

Explorar Melbourne sin gastar es sencillo gracias a su trazado cuadricular, que facilita la orientación, y a varias iniciativas municipales. Desde el 2015, el distrito comercial del centro (CBD) es "zona gratuita", lo que permite montar en los tranvías *(ptv.vic.gov.au; free)* sin pagar. Otra posibilidad es tomar el tranvía City Circle Free Tourist Tram *(yarratrams.com.au; gratis)*, que recorre la ciudad desde Flinders St hasta Nicholson St pasando por los muelles, con comentarios explicativos. Melbourne Bike Share *(melbournebike share.com.au)* proporciona bicicletas azules (y cascos) gratis durante la primera ½ h, con tarifas económicas después, y además el Ayuntamiento ofrece un circuito a pie gratuito de 2/4 h guiado por voluntarios *(thatsmelbourne.com.au/greeter; gratis)*.

06 Australian Centre for the Moving Image (ACMI)

Celebración con sesgo australiano del cine, la televisión y la cultura digital, el ACMI es una cueva de los prodigios para cinéfilos. La estrella es la exposición interactiva *Screen Worlds*, que explora la evolución de la imagen en movimiento desde el zoótropo hasta los modernos videojuegos. En la **Australian Mediatheque** puede verse material del National Film and Sound Archive. *acmi.net.au; Federation Sq; gratis 10.00-17.00, circuitos gratis 11.00 y 14.30.*

07 Actuaciones gratuitas

Por las venas de Melbourne corren los números cómicos y musicales en directo, dos clases de espectáculos para los que con frecuencia no se cobra la entrada. **St Kilda's Espy** (7a; *espy.com.au; 11 The Esplanade*) es un bar de copas donde las actuaciones de las bandas suelen ser gratis. En la ciudad, el **Cherry Bar** (7b; *cherrybar.com.au; AC/DC Lane*) ofrece el tipo de actuaciones que corresponde a su rocanrolera dirección. La programación aparece en publicaciones callejeras gratuitas como *Beat.*

08 Playas

St Kilda destaca por sus bares y su ambiente entre bohemio y elegante, pero con tiempo playero lo mejor es salir de la ciudad en tren *(4 AU)* tomando la línea Sandringham desde Flinders St Station y bajarse en **Brighton Beach,** o llegar hasta **Sandringham** *(30 min)*, con la mejor playa de la periferia de Melbourne. La bahía no es apta para el surf, pero las condiciones para nadar, bucear con tubo y tomar el sol son sensacionales. A lo largo de la costa se encuentran barbacoas gratuitas.

09 Royal Botanic Gardens

Este jardín botánico de 38 Ha en un extremo de la ciudad al sur del río proporciona espacio para respirar y

08

PUNTO DE VISTA AUTÓCTONO

"En Melbourne la comida es cara, igual que las bebidas, pero Crossways (crosswaysfoodforlife. com.au; 123 Swanston St; 11.30-20.00 lu-sa; bufé7,50 AU) y Om (omvegetarian. com; 113 Swanston St; 11.00-21.00; bufé 6,50 AU) sirven montañas de sana comida vegetariana. Para encontrar más gangas, véase thehappiesthour. com. Soy periodista autónomo, y aunque los cafés proporcionan wifi, el número de cafés de calidad que uno puede tomarse es limitado, así que el acceso gratuito a internet en la State Library (p. 249), Federation Square (fedsquare.com; Swanston St esq. Flinder St) y Southgate (southgate-melbourne.com.au; 3 Southgate Ave; 10.00-tarde; gratis) es muy práctico."
Simon Madden, periodista.

funciona como gimnasio gratuito para quienes recorren, antes y después del trabajo, los 3,84 km de The Tan. El parque cuenta con un lago, un sinfín de sitios para un pícnic y una **zona infantil** con fuente y un arroyo donde chapotear. *rbg. vic.gov.au; Birdwood Ave; 7.30-anochecer; gratis.*

10 Yarra Bend Park

Desde el centro de Melbourne se llega fácilmente a este parque ribereño, la mayor extensión de monte salvaje que queda en la ciudad. Los senderos para caminar o pedalear bordean el río y se internan entre los árboles, y se pueden explorar 16 km de las márgenes del río. Desde Studley Park (donde se alquilan botes) salen senderos hasta la cascada Dights Falls y la colonia de zorros voladores de cabeza gris frente a la zona para pícnics de Bellbird. Barbacoas gratuitas. *parkweb.vic.gov.au; Kew; gratis.*

11 Catas de café

El café es una religión en esta ciudad donde los *baristas* con pobladas barbas y profusión de tatuajes extraen buen jugo de los granos en cartas de cafés, cada vez más complejas y pretenciosas, que se ofrecen en los bares *hipsters*. Uno puede convertirse en un experto asistiendo a una *cupping session,* una cata de cafés donde se aprenden las diferencias entre granos monorigen de todo el mundo. Varios cafés las ofrecen gratis, como la degustación de ocho variedades de **Seven Seeds** (*sevenseeds.com. au; 114 Berkeley St, Carlton; 9.00 vi y sa*).

12 Moomba

El Moomba es el festival gratuito más vistoso de la ciudad y convoca en las orillas del río Yarra a más de un millón de personas que disfrutan de fuegos artificiales, música en directo, esquí acuático y humoradas como el **Bird Man Rally**, donde la gente intenta "volar" sobre el río en ingenios de fabricación casera. El nombre, propuesto por el presidente de la Liga de Aborígenes Australianos en la década de 1950, significa "levanta el trasero" en el idioma de los indígenas de la zona. *facebook.com/ moombafestival; mar; gratis.*

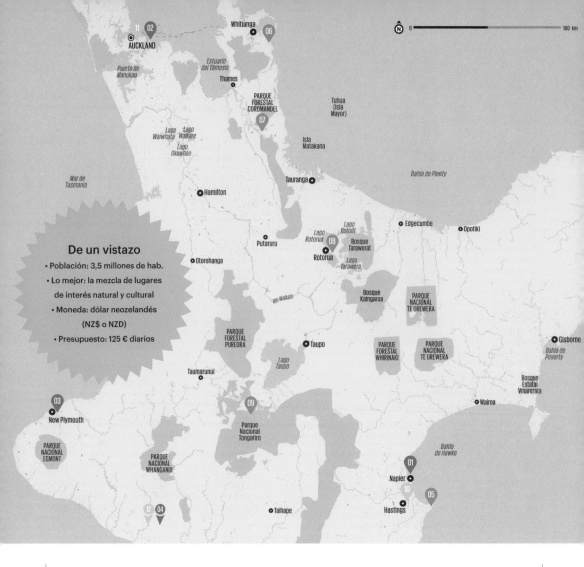

De un vistazo
- Población: 3,5 millones de hab.
- Lo mejor: la mezcla de lugares de interés natural y cultural
- Moneda: dólar neozelandés (NZ$ o NZD)
- Presupuesto: 125 € diarios

ISLA NORTE, NUEVA ZELANDA

Corre el rumor de que viajar por Nueva Zelanda es caro, pero si bien es verdad que la comida, el alojamiento y el transporte pueden mermar mucho el presupuesto, la gran cantidad de experiencias gratuitas y baratas lo compensan de sobra, ya sea el visitante un devorador de cultura, un observador de la fauna o un explorador de espacios abiertos.

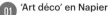

ARTE Y CULTURA   MÚSICA Y CINE   DEPORTE Y OCIO   COMIDA Y BEBIDA   FIESTAS Y CELEBRACIONES

01 'Art déco' en Napier

Verdadero museo al aire libre de arquitectura *art déco*, la ciudad de Napier fue reconstruida tras el terremoto de 1931. Sus calles de uniforme belleza están llenas de golosinas visuales y son perfectas para un paseo a pie o en bicicleta. Se ofrecen circuitos guiados, pero para gastar poco basta con pasear por las calles Tennyson y Emerson, preferiblemente provistos del plano con la ruta autoguiada del *art déco (7,50 NZ). artdeconapier.com; 24 h; gratis.*

02 Auckland Art Gallery

"Circuito guiado gratis": para los aficionados al arte esto suena siempre a música celestial. La galería de arte pública de Auckland, en un edificio de 1887 rehabilitado en un estilo *très moderne*, ofrece dos circuitos diarios a las 11.30 y 13.30. Hay obras de Picasso, Cézanne y Gauguin, pero son las luminarias locales de todas las épocas y estilos las que convierten esta galería en la mejor introducción al arte neozelandés. *aucklandartgallery.com; Kitchener St esq. Wellesley St; 10.00-17.00; gratis.*

03 Len Lye Centre

Inaugurado en el 2015, es la deslumbrante ala nueva de la Govett-Brewster, una interesante galería de arte provincial. Lye, posiblemente el artista más original y optimista de toda Nueva Zelanda, cuyo lema era "felicidad individual ya mismo", obra prodigios en el alma con sus creaciones desplegadas en el altísimo espacio de la galería. *lenlyefoundation.com; 42 Queen St, New Plymouth; 10.00-18.00 vi-lu y mi, 10.00-21.00 ju; gratis.*

04 Museum of New Zealand Te Papa Tongarewa

Los museos nacionales gratuitos están a la orden del día, pero pocos son tan divertidos como este. Las colecciones del Te Papa incluyen abundante material interactivo y cacharrería digital, más la sala de cine, instalada en una tienda de objetos usados, donde se proyecta la película *Golden Days*, que narra de modo original la historia del país. Una visita no será suficiente. *tepapa.govt.nz; 55 Cable St, Wellington; 10.00-18.00 vi-mi, 10.00-21.00 ju; gratis.*

05 Colonia de alcatraces de Cape Kidnappers

Los alcatraces suelen anidar en islas remotas, pero en este lugar se han establecido unos 20 000 en lo alto de un acantilado. La mejor época para verlos es desde noviembre hasta finales de febrero, cuando se organiza el divertido circuito en tractor, pero también se puede llegar en una caminata de 5 h, entre ida y vuelta, desde Clifton. *doc.govt.nz; Clifton Rd; gratis.*

Los campistas sucios han provocado restricciones en la acampada libre en la Isla Norte, pero quienes lleven un inodoro en la autocaravana encontrarán muchos sitios donde aparcar gratis. Los que viajen en autocaravanas sin inodoro o duerman en tiendas pueden disponer de unos 100 *campings* del Departamento de Conservación, que cuestan desde nada hasta 15 NZD por adulto y noche. Incluso la categoría siguiente –el clásico *holiday park* neozelandés– ofrece una excelente relación calidad-precio, con algunas cabañas muy coquetas que constituyen una alternativa asequible a los albergues y moteles baratos. *doc.govt.nz; hapnz.co.nz.*

06 Hot Water Beach

Los beneficios terapéuticos de las aguas termales de Nueva Zelanda pueden disfrutarse sin tener que gastar mucho en un lujoso *spa*. En esta bonita playa de Coromandel puede uno excavar su propia piscina termal en la arena (las palas se alquilan en el café) 2 h antes y después de la bajamar y disfrutar luego del ambiente. *thecoromandel.com/new-zealand/hot-water-beach; Hot Water Beach Rd (por la SH25), Coromandel; gratis.*

07 Karangahake Gorge

Si gusta sentir un poco de miedo cuando se contempla un paisaje, la garganta de Karangahake colmará las expectativas. El tramo más pintoresco del Hauraki Rail Trail incluye inquietantes vestigios de la minería aurífera y un museo lleno de telarañas, la demencial Windows Walkway y un extraño túnel. Incluso con el gasto de alquilar una bicicleta y tomar un té en el Waikino Station Cafe, esta ruta entretiene y divierte por muy poco. *karangahakegorge.co.nz/mainpage.html; SH2 entre Waihi y Paeroa; gratis.*

08 Kuirau Park, Rotorua

Aunque los grandes parques termales como Whakarewarewa y Te Puia merecen sobradamente el precio de la entrada para conocer la cultura maorí en torno a géiseres y terrazas de sílices, no son la única manera de ver el lado más calenturiento de Rotorua. El Kuirau Park Precinct, a 10 min andando del centro de Rotorua, tiene un cráter con lago, burbujeantes piscinas de barro y mucho vapor en el aire. *rotoruanz.com/kuirauparkprecinct; Ranolf St y Pukuatua St; gratis.*

09 Tongariro Alpine Crossing

Una de las mejores excursiones de un día que pueden emprenderse en el mundo no cuesta más que el transporte hasta la

02

09

08

ACTUACIONES EN 'PUBS'

Casi no existe un rincón de la Isla Norte donde no actúen bandas en los *pubs*, y quienes busquen actuaciones nocturnas o se tropiecen con una de ellas se sentirán recompensados, principalmente porque muchas son gratuitas. En efecto: ya se trate de un esquilador con camiseta negra desgranando clásicos del *country* o unos veinteañeros con las hormonas en ebullición asesinando históricas baladas del *rock*, el entretenimiento está garantizado. Las bandas dedicadas a versionar son una especialidad, sobre todo fuera de las ciudades, así que se podrán escuchar himnos neozelandeses como *April Sun in Cuba* de Dragon y *Why Does Love Do This To Me?* de los Exponents.

cabecera del sendero, suelas de goma y sudor. La caminata atraviesa el corazón volcánico del Parque Nacional Tongariro, un peculiar paisaje lunar de fumarolas y fuentes humeantes, lagos surrealistas, cráteres y crestas con vistas magníficas. Los que pisen con más seguridad pueden emprender una excursión al monte Ngauruhoe, que se convirtió en el monte del Destino en *El señor de los anillos*. doc.govt.nz; Tongariro NP; gratis.

 Mercadillo de agricultores de Hawke's Bay

Imagínese el viajero en una soleada mañana de fin de semana, solazándose descalzo sobre la hierba, con músicos tocando y rodeado de puestos rebosantes de delicias como fruta, pan, queso y vino, vendidas directamente por los productores. Este excelente mercadillo del agricultor resulta una manera placentera y muy satisfactoria de pasar una mañana de domingo gastando poquísimo dinero. hawkesbayfarmersmarket.co.nz; A&P Showgrounds, Kenilworth Rd; 8.30-12.30 do; gratis.

 Pasifika Festival

La fiesta polinesia más importante del mundo tiene lugar en Auckland durante un fin de semana al final del verano. Esta celebración de la cultura de las islas del Pacífico que tanto permea la identidad colectiva neozelandesa es una fiesta de comida, arte, artesanía y música en directo. aucklandnz.com/pasifika; Western Springs, Auckland; ppios-med mar; gratis.

 Verano en Wellington

Tan eufóricos se ponen los residentes en la capital neozelandesa cuando llega la estación cálida que montan una estruendosa juerga a base de conciertos, bailes y actos culturales, casi todos al aire libre. En total, durante los tres meses que dura el festival se programan casi 100 acontecimientos en esta ventosa ciudad; y lo mejor es que la mayoría son gratuitos. wellington.govt.nz; ene-mar; gratis.

LAS MEJORES EXCURSIONES GRATIS DE AUSTRALIA Y NUEVA ZELANDA

En estos dos países a menudo hay que pagar por recorrer muchos parques y senderos, pero a continuación se ofrecen algunas excepciones.

DE BONDI A COOGEE BEACH

Caminata clásica que discurre por los acantilados de cinco de las mejores playas de Sídney, esta aventura urbana empieza en medio de los mochileros y rompientes de Bondi y avanza hacia el sur por la sinuosa costa pasando por Tamarama, Bronte, Clovelly y por último Coogee Beach. Hay que dejar tiempo para nadar y tomar cerveza en la playa. *bonditocoogeewalk. com.au; Sídney, Nueva Gales del Sur, Australia; 5,5 km; gratis.*

GARGANTA Y ESTANQUE DE ORMISTON

En el Centro Rojo de Australia hay más que explorar aparte de Ayers Rock. Ramal de la ruta Larapinta, esta espectacular aventura en el desierto lleva por una garganta y la cordillera de los MacDonnell Occidentales hasta una poza sin cocodrilos. *nt. gov.au/westmacs/ docs/Ormiston_ Gorge.pdf; West MacDonnell NP, Territorio del Norte, Australia; 7,5 km; gratis.*

REES-DART TRACK

Esta dificultosa caminata de 4-5 días cerca de Queenstown sigue el curso de los ríos Rees y Dart. La acampada es libre y gratuita a menos que se utilicen *campings* con cabañas. *doc. govt.nz/parks-and-recreation/ places-to-go; Mt Aspiring NP, Isla Sur, Nueva Zelanda; 86 km; gratis.*

MONTE FEATHERTOP Y EL RAZORBACK

Esta expedición de dos días, una de las mejores rutas de los Alpes Victorianos, conduce por una cresta hasta el segundo pico más alto –pero el más bonito– del estado. Es una caminata dificultosa, apta solo para senderistas experimentados, y en invierno se puede recorrer practicando esquí de fondo. *parkweb.vic.gov.au; Victoria, Australia; 36 km; gratis.*

DE CABO A CABO

Entre Cape Naturaliste y Cape Leeuwin, esta ruta de faro a faro dura siete días y es una espectacular caminata por la costa que promete desde avistamiento de ballenas hasta catas de vinos. Está permitido acampar. *capetocapetrack.com.au; Australia Occidental; 135 km; gratis.*

TRAVESÍA ALPINA DEL TONGARIRO

Esta fabulosa ruta de un día pasa por volcanes activos y lagos refulgentes. El tiempo puede ser tan adverso como el terreno, así que conviene ir preparados para casi todo. Hace falta un coche que deje en el principio de la pista y recoja al final del día. *tongarirocrossing.org.nz; Tongariro NP, Isla Norte, Nueva Zelanda; 19,5 km; gratis.*

RUTA DE BARTLE FRERE

Con salida desde Josephine Falls, 75 km al sur de Cairns, es una caminata hasta el punto más alto de Queensland. Los senderos tropicales trepan por el exuberante bosque pluvial hasta que se sale de la espesura y surgen vistas de las Tablelands hasta el Gran Arrecife de Coral, apenas visible por la iridiscencia del mar de Coral. *nprsr.qld.gov.au/parks/bartle-frere; Tropical North Queensland, Australia; 16 km; gratis.*

MONTE WELLINGTON Y LOS 'TUBOS DE ÓRGANO'

El mejor sitio para apreciar la atmósfera de Hobart es la cima del monte Wellington, tras una difícil ascensión por terreno pedregoso, que empieza con un baratísimo viaje en autobús hasta la periferia. La dura subida recompensa con vistas impresionantes de los Organ Pipes que alcanzan hasta el puerto, donde los rompehielos se preparan para la Antártida. *parks.tas.gov.au; Hobart, Tasmania, Australia; 13 km; gratis.*

ISLA SUR, NUEVA ZELANDA

La mayor ganga es el espacio protegido, que cubre enormes extensiones de la Isla Sur y ofrece inacabables aventuras gratuitas en lugares increíbles. En medio aguardan otras experiencias que tampoco costarán un riñón, desde recoger berberechos y asistir a festivales hasta observar la fauna, itinerarios por galerías de arte y arquitectura colonial.

01 Canterbury Museum

Lo que más impresiona de este museo, que ocupa un puesto de honor entre las actividades gratuitas, son los contenidos autóctonos, como la Casa de Conchas de Abulón de Fred y Myrtle, objetos maoríes, la réplica de una calle de Christchurch durante el período colonial y exposiciones de una admirable diversidad. Conviene que la visita coincida con los circuitos gratuitos de los martes y viernes a las 15.30. *canterburymuseum.com; Rolleston Ave; 9.00-17.00; gratis.*

02 Eastern Southland Gallery

Conocida con cariño como el "Goreggenheim", esta galería de arte ocupa la antigua biblioteca pública de la localidad rural de Gore. Entre lo más destacado figuran obras de Ralph Hotere, un maorí famoso por sus poéticas series negras, en tanto que la John Money Collection combina arte indígena de África occidental y Australia con trabajos de la neozelandesa Rita Angus. *esgallery.co.nz; 14 Hokonui Dr, Gore; 10.00-16.30 lu-vi, 13.00-16.00 sa y do, gratis.*

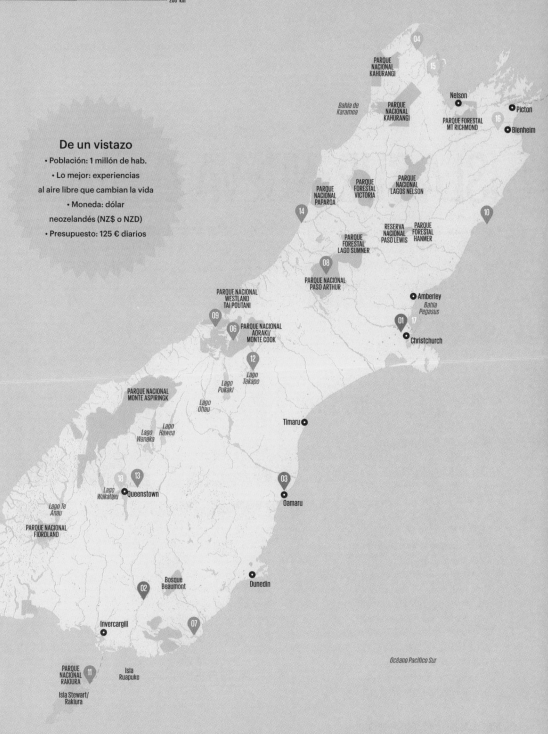

0   200 km

De un vistazo

- Población: 1 millón de hab.
- Lo mejor: experiencias
al aire libre que cambian la vida
- Moneda: dólar
neozelandés (NZ$ o NZD)
- Presupuesto: 125 € diarios

04

PARQUE
NACIONAL
KAHURANGI

15

Bahía de
Karamea

PARQUE
NACIONAL
KAHURANGI

Nelson

Picton

PARQUE FORESTAL
MT RICHMOND

16

Blenheim

PARQUE
NACIONAL
LAGOS NELSON

PARQUE
FORESTAL
VICTORIA

PARQUE
NACIONAL
PAPAROA

14

RESERVA
NACIONAL
PASO LEWIS

PARQUE
FORESTAL
HANMER

10

PARQUE
FORESTAL
LAGO SUMNER

08

PARQUE NACIONAL
PASO ARTHUR

Amberley

Bahía
Pegasus

PARQUE NACIONAL
WESTLAND
TAI POUTANI

09

06

PARQUE NACIONAL
AORAKI/
MONTE COOK

01 **17**

Christchurch

12

Lago
Tekapo

PARQUE NACIONAL
MONTE ASPIRINGK

Lago
Pukaki

Lago
Ohau

Lago
Hawea

Lago
Wanaka

Timaru

18 **13**

Lago
Wakatipu

Queenstown

03

Oamaru

Lago Te
Anau

PARQUE NACIONAL
FIORDLAND

Bosque
Beaumont

02

Dunedin

Invercargill

07

Océano Pacífico Sur

PARQUE
NACIONAL
RAKIURA

11

Isla
Ruapuke

Isla Stewart/
Rakiura

Célebres por
sus paisajes
sobrecogedores,
las Grandes Rutas
de Nueva Zelanda
no son la única
manera de
acercarse a la
naturaleza; menos
mal, porque el
precio de los pases
para las cabañas
y el transporte
puede encarecer
la experiencia, y
encima hay que
cargar con una
pesada mochila.
Por fortuna,
algunos tramos de
las Grandes Rutas
y cientos de otros
senderos
impresionantes
pueden recorrerse
en caminatas de un
día, que van desde
un sendero
ecológico de
10 min hasta una
marcha de toda
una jornada. Y lo
que es más,
muchas tienen
excelentes paneles
interpretativos que
hacen cobrar vida
al paisaje. doc.
govt.nz; gratis.

 **Victorian
Precinct**

Con una arquitectura colonial, el Victorian
Precinct de Oamaru ofrece mucho por el
mismo precio, como máximo, de un pastel
y un libro de bolsillo. Es un placer pasear
por sus callejas de adoquines y edificios
de piedra dickensianos, esquivando
velocípedos y visitando tiendas como
una panadería, una librería, un anticuario,
estudios de artistas y galerías. La gente
vestida con trajes de época añade
ambiente y bigotes. victorianoamaru.co.nz;
2 Harbour St; gratis.

04 Actuaciones en el Mussel Inn

Aunque se podría agotar el presupuesto solo con las ricas cervezas de esta
fábrica de cerveza y pub, una noche de
juerga en el Inn no tiene por qué costar un
ojo de la cara. Acoge regularmente actuaciones de 5 NZ con participación de músicos de todo tipo de estilos. Para ponerse
a tono, proponemos el Captain Cooker,
con infusión de miel de manuka.
musselinn.co.nz; 1259 State Highway,

Onekaka; 11.00-tarde (cerrado med jul-med
sep); 5 NZ.

 **Platós de 'El señor de los anillos'
y 'El hobbit'**

No hay necesidad de apuntarse a un costoso circuito guiado por las localizaciones de
estas películas: un circuito personalizado no
requiere más que transporte propio, información fiable e imaginación. Los paisajes
de la Isla Sur se convirtieron en parajes de la
Tierra Media, y la región de Queenstown
aparece como Lothlórien, el Vado de Brui-
nen y los Campos Gladios. Hay que consultar The Lord of the Rings Location Guide-
book, de Ian Brodie, o buscar la Tierra Media
en newzealand.com. Gratis.

 **Centro de visitantes del
Parque Nacional Aoraki/Mt Cook**

Con un emplazamiento espectacular a la
sombra de su montaña más alta, el centro
de visitantes del primero de los parques
nacionales de Nueva Zelanda hace justicia
a Aoraki con unas impresionantes
exposiciones interpretativas. La historia

natural compite en interés con escalofriantes historias de esfuerzo humano en los Alpes del Sur. No hay que olvidar participar con un donativo. *doc. govt.nz/parks-and-recreation; 1 Larch Grove, Canterbury; 8.30-16.30 may-sep, 8.30-17.00 oct-abr; gratis.*

07 Catlins Wildlife Tour

En la Southern Scenic Route, los Catlins son una cautivadora mezcla de tierras de labor, humedales, bosques y un litoral con cuevas, acantilados, bufaderos y otros caprichos de la naturaleza. Este agreste paraje está habitado por animales como pingüinos en **Nugget Point**, espátulas en **Pounawea** y leones marinos en **Surat Bay.** Todo lo que hace falta para verlos es calzado de marcha, paciencia y un mínimo de buena suerte. *catlins.org.nz; gratis.*

08 Climb Avalanche Peak

Esta cumbre puede ser coronada en un día por senderistas de mediana forma física sin el auxilio de botellas de oxígeno. Una vez cargados con el equipo y las provisiones adecuados, e informados de las condiciones meteorológicas en el centro de visitantes del parque nacional, quizá se alcance la gloria. Hay que subir 1100 m hasta la cumbre (1833 m), donde las vistas son maravillosas. *doc.govt.nz; Arthur's Pass NP, Canterbury; gratis.*

09 Miradores

Los glaciares gemelos de la Costa Oeste –**Franz Josef** y **Fox**– son imanes para los excursionistas del hielo y los que, desembolsando bastante dinero, contratan vuelos panorámicos para verlos de cerca. Los viajeros de presupuesto ajustado pueden admirar sus formidables perfiles desde miradores en los valles de los glaciares, atravesados por senderos con bosques, cascadas y jardi-

nes de rocas, y donde los paneles informativos sirven de guías. *doc.govt.nz; Westland Tai Poutini NP; gratis.*

10 Colonia de focas de Kaikoura

¿El dinero no alcanza para la observación de ballenas? No pasa nada. En Point Kean se ven focas gratis. No es que sea un gran espectáculo, pero observar como estas bigotudas criaturas duermen, olfatean la brisa y retozan por el arrecife ejerce una extraña fascinación. La observación de focas puede combinarse con el **Kaikoura Peninsula Walkway,** un sendero circular de 3-4 h con aves marinas y vistas fabulosas del océano y las montañas. *doc.govt.nz; Fyffe Quay, Kaikoura; gratis.*

11 Observación de kiwis en Stewart Island

Unos 20 000 kiwis *(tokoeka)* campan a sus anchas por Stewart Island, y existe un caro circuito nocturno para verlos. El truco es entablar amistad con algún isleño y preguntarle con disimulo por un campo de deportes de Oban, donde estos pájaros buscan comida a la salida y puesta del sol. Pregúntese también por el desfile de pingüinos cerca del muelle. *Oban, Stewart Island; gratis.*

09

Contemplación de estrellas en el Mackenzie Country

Más divertida que la meditación y más barata que las drogas, la observación de las estrellas es un viaje a mundos misteriosos que ensancha la mente. La región de Aoraki Mackenzie, una de las cinco Reservas Internacionales de Cielo Oscuro, ofrece circuitos astronómicos todas las noches en el **Mt John Observatory** del lago Tekapo (*earthandskynz.com; adultos/niños 145/80 NZ*), pero tumbarse sobre una manta no cuesta nada; y después se podría utilizar una aplicación para identificar constelaciones. *mtcooknz.com; gratis.*

Ver a los 'bungy jumpers'

Existen numerosas razones de peso para no participar en un salto *bungy*, como la sola perspectiva de lanzarse de cabeza al vacío desde una gran altura atados a una cuerda elástica... Y además está el precio.

NATACIÓN

"Aunque algunos podrían aducir que zambullirse en un lago o río de aguas gélidas no es la actividad gratuita más placentera del planeta, su recuerdo suele durar mucho más que el de la visita de 10 NZD a un museo. La Isla Sur ofrece muchas oportunidades para nadar, identificables por los aparcamientos a rebosar, los columpios en los árboles, las balsas amarradas, los socorristas y, sobre todo, por los neozelandeses lanzándose de cabeza. Solo se debe nadar en lugares donde se tenga la certeza de que son seguros, porque las playas, lagos y ríos de Nueva Zelanda pueden ser peligrosos."
Sarah Bennett, autora, *Lonely Planet Nueva Zelanda.*

Por suerte, es posible gozar de estas emociones viendo saltar a otros, y el mejor sitio es el puente de Kawarau, donde nació este deporte de aventura. *AJ Hackett Bungy, SH6 entre Queenstown y Cromwell; gratis.*

14 West Coast Wilderness Trail
Esta es una de las 23 Rutas Ciclistas de Nueva Zelanda construidas en los últimos años, cada una de las cuales representa una inversión colosal de tiempo y dinero. Este maravilloso sendero de 120 km de largo entre Greymouth y Ross descubre paisajes espectaculares por senderos históricos al pie de los Alpes del Sur. Los puntos de alquiler de bicicletas hacen asequible esta aventura, aunque la ruta también puede cubrirse a pie. *westcoastwildernesstrail.co.nz; nzcycletrail. com; gratis.*

15 Recoger berberechos en Marahau
En los límites del Parque Nacional Abel Tasman, la playa de Marahau esconde lechos de deliciosos berberechos que pueden recogerse con la marea baja. No se trata un trabajo fácil, y cada berberecho es un bocadito minúsculo, pero abiertos al fuego con ajo y vino blanco y servidos con pasta son una comida de lujo a un precio de risa. Los límites de las capturas se indican junto a la playa. *Marahau Beach Rd; gratis.*

16 Cata de vinos en Marlborough
Repartidas en varios valles, las grandes bodegas vinícolas de Nueva Zelanda ofrecen circuitos gratuitos por unas 35 salas de cata. A muchas se puede llegar fácilmente en bicicleta de alquiler, o incluso a pie por el pueblo de Renwick, bordeado de viñedos, y aunque algunas bodegas del Marlborough Wine Trail cobran una pequeña cantidad por la cata, normalmente el importe se reembolsa al comprar. Se pueden encontrar verdaderas joyas a precios más que razonables. *wine-marlborough.co.nz; gratis-5 NZ.*

17 Christchurch World Buskers Festival
Christchurch, la ciudad-jardín de Nueva Zelanda, acoge todos los años a mediados de enero este vistoso festival al aire libre, que congrega durante más de 10 días un variado grupo de músicos, acróbatas, malabaristas, monologuistas y artistas de variedades de todo el mundo, que montan más de 40 espectáculos. Hagley Park es el epicentro de todas las actuaciones. Para más detalles consúltese información en la web. *worldbuskersfestival.com; lugares y fechas variables, ene; gratis.*

18 Queenstown Winter Festival
La estación alpina más elegante de Nueza Zelanda exhibe todos sus oropeles durante la temporada de esquí, pero los viajeros con presupuesto escaso pueden disfrutar durante los 10 días del Festival de Invierno. Hay un sinfín de acontecimientos gratuitos, empezando por una fiesta a orillas del lago con fuegos artificiales, un desfile, mercados de artesanía y actuaciones musicales. Tampoco cuesta nada participar en la "carrera sobre maletas" por las faldas de Coronet Peak. *winterfestival.co.nz; fin jun-ppios jul; gratis.*

COMPRAS INTELIGENTES

Los productos hortofrutícolas de Nueva Zelanda son muy estacionales, y a lo largo del año, por la abundancia de la oferta, caen en picado los precios de aguacates, espárragos y frutos del bosque: algo que hay que aprovechar. Los mercadillos del agricultor que se montan en casi todas las ciudades los sábados o domingos son magníficos para conseguir gangas, además de productos del país como carne, queso y conservas. En puestos junto a la carretera se suelen ofrecer huevos camperos, limones y verduras para ensaladas, sin que falte la caja para que el comprador, cuando no hay nadie atendiendo, deje el dinero. Esta confianza en la honradez ajena es un pilar fundamental de la cultura neozelandesa. *farmersmarkets. org.nz; gratis.*

ARTE Y CULTURA   MÚSICA Y CINE   DEPORTE Y OCIO   COMIDA Y BEBIDA   FIESTAS Y CELEBRACIONES

SÍDNEY

La capital de facto de Australia –al menos a ojos de sus residentes– es una ciudad que se identifica al instante, con edificios icónicos y un emplazamiento envidiable en uno los puertos más impresionantes del mundo. Es grande, dinámica y bonita, pero también puede ser un tanto ruidosa y bastante cara, a menos que...

01 Art Gallery NSW

Con una fachada neoclásica, esta fantástica galería alberga obras de artistas internacionales y locales, como Sidney Nolan, Grace Cossington Smith, John Olsen y Arthur Boyd. La **Yiribana Gallery** acoge una exposición sobre arte aborigen y de los isleños del estrecho de Torres, y además hay una impresionante colección de arte asiático. Se ofrecen circuitos gratuitos, así como coloquios y películas, también gratis, los miércoles por la noche. *artgallery.nsw.gov.au; Art Gallery Rd, The Domain 2000; 10.00-17.00 ju-ma, 10.00-22.00 mi; gratis.*

02 Conservatorium of Music

Por encima de los Royal Botanic Gardens, detrás de unas almenas con 200 años de historia, la música obra su magia. Se pueden recorrer gratis las salas de esta escuela de música internacional, o contratar un circuito (de pago) para conocer el pasado del edificio. Y lo más emocionante de todo: se puede disfrutar de música clásica en uno de los muchos recitales y conciertos

SÍDNEY

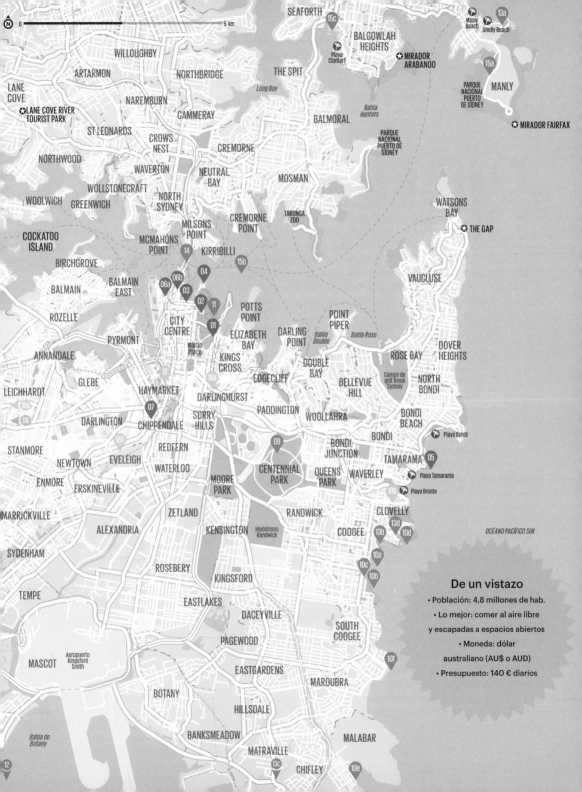

0   5 km

SEAFORTH 15c
BALGOWLAH
HEIGHTS
Playa
Clontarf
Manly
Beach 13a
Shelly Beach
✪ MIRADOR
ARABANOO
THE SPIT
Long Bay
15a
Parque
Nacional
Puerto
de Sídney
MANLY
Bahía
Hunters
✪ MIRADOR FAIRFAX

WILLOUGHBY
ARTARMON
NORTHBRIDGE
LANE
COVE
NAREMBURN
CAMMERAY
✪ LANE COVE RIVER
TOURIST PARK
ST LEONARDS
CROWS
NEST
CREMORNE
BALMORAL
Parque
Nacional
Puerto de
Sídney
NORTHWOOD
WAVERTON
NEUTRAL
BAY
MOSMAN
WOOLWICH
WOLLSTONECRAFT
NORTH
SYDNEY
TARONGA
ZOO
WATSONS
BAY
GREENWICH
MILSONS
POINT
CREMORNE
POINT
✪ THE GAP

COCKATOO
ISLAND
MCMAHONS
POINT 14
KIRRIBILLI
15b
VAUCLUSE
BIRCHGROVE
06d
04
BALMAIN
EAST 06a
03
02 11
POTTS
POINT
POINT
PIPER
ROSE BAY
DOVER
HEIGHTS
BALMAIN
ROZELLE
CITY
CENTRE
Martin
Place
01
ELIZABETH
BAY
DARLING
POINT
Bahía
Double
Bahía Rose
PYRMONT
KINGS
CROSS
DOUBLE
BAY
Campo de
golf Royal
Sídney
NORTH
BONDI
ANNANDALE
LEICHHARDT
18a
GLEBE
HAYMARKET
17
EDGECLIFF
BELLEVUE
HILL
18c
DARLINGHURST
PADDINGTON
WOOLLAHRA
BONDI
BEACH
08
07
CHIPPENDALE
SURRY
HILLS
BONDI
Playa Bondi
STANMORE
DARLINGTON
18b
REDFERN
09
BONDI
JUNCTION
BONDI
TAMARAMA 05
NEWTOWN
EVELEIGH
WATERLOO
WAVERLEY
Playa Tamarama
ENMORE
ERSKINEVILLE
MOORE
PARK
CENTENNIAL
PARK
QUEENS
PARK
16c Playa Bronte
MARRICKVILLE
ZETLAND
RANDWICK
CLOVELLY
13d
SYDENHAM
ALEXANDRIA
KENSINGTON
Hipódromo
Randwick
COOGEE 13b 10d
OCÉANO PACÍFICO SUR
ROSEBERY
10a
TEMPE
KINGSFORD
10c
10b
MASCOT
Aeropuerto
Kingsford
Smith
EASTLAKES
DACEYVILLE
SOUTH
COOGEE
PAGEWOOD
EASTGARDENS
10f
MAROUBRA
BOTANY
HILLSDALE
Bahía de
Botany
BANKSMEADOW
MALABAR
MATRAVILLE 13c
CHIFLEY 10e
12

De un vistazo

• Población: 4,8 millones de hab.
• Lo mejor: comer al aire libre
y escapadas a espacios abiertos
• Moneda: dólar
australiano (AU$ o AUD)
• Presupuesto: 140 € diarios

gratuitos que se programan todos los meses. Para más detalles véase la web. *music. sydney.edu.au; University of Sydney, Bridge St esq. Macquarie St; 8.00-18.00 lu-sa; gratis.*

03 Museum of Contemporary Art

A orillas del mar, con vistas al Circular Quay, este enorme edificio *art déco* es como una catedral de la creatividad en todas sus caleidoscópicas formas. La entrada a las galerías principales es gratuita (las exposiciones temporales pueden cobrarse; véanse los detalles en la web), y uno puede también apuntarse a los circuitos gratuitos, algunos guiados por adolescentes que brindan una visión juvenil del arte moderno. *mca.com.au; 140 George St, The Rocks; 10.00-17.00 vi-mi, 10.00-21.00 ju; gratis.*

04 Opera House

El arquitecto de la Ópera de Sídney, Jørn Utzon, nunca vio su original creación terminada –el danés se marchó hecho una furia después de tener una disputa–, pero el viajero puede verla gratis. Si el presupuesto no alcanza para una ópera, se puede recorrer la base de las velas o comer en algún restaurante; **Opera Kitchen** *(operabar.com.au; 8.00-24.00 lu-ju, 8.00-1.00 vi-do)* es el menos caro. *sydneyoperahouse.com; gratis.*

05 Sculpture by the Sea

Si la caminata por lo alto de los acantilados desde Bondi hasta Coogee Beach (p. 256) no fuera suficiente recreo para la vista, al principio del verano el proyecto gratuito "Escultura junto al Mar" llena la ruta preliminar con una selección de instalaciones al aire libre. El programa Tactile Tour, dirigido por guías de la Art Gallery NSW, organiza circuitos gratuitos para que las personas invidentes puedan tocar las esta-

SÍDNEY

OBSERVACIÓN DE BALLENAS

Pocas ciudades ofrecen oportunidades para observar ballenas sin pagar, pero Sídney se encuentra en una importante ruta migratoria y la emoción de ver retozar a una de estas colosales criaturas en estado salvaje resulta gratis. Desde mediados de mayo hasta agosto, 20 000 ballenas jorobadas y francas pasan por estas aguas resoplando, haciendo piruetas y azotando el mar con sus aletas. Los mejores sitios para observarlas son Cape Solander (en Botany Bay); Arabanoo Lookout (sobre Manly); Fairfax Lookout (North Head), donde suelen nacer ballenatos; el Gap (Watsons Bay, South Head), desde donde a veces se ven también orcas; y Barrenjoey Head (Palm Beach).

tuas. *sculpturebythesea.com; paseo costero de Bondi a Tamarama; oct-nov; gratis.*

06 The Rocks

El barrio más antiguo de Sídney está coronado por **Observatory Hill** (6a; *24 h; gratis*), donde arribó la Primera Flota en 1788, para desgracia de la población. Esta catacumba adoquinada, antaño un antro de perversión, se halla hoy bordeada de mercados, galerías de arte aborigen y cafés. Los históricos edificios de arenisca estuvieron a punto de sucumbir a la piqueta, pero los sindicatos se negaron a demolerlos; el **Rocks Discovery Museum** (6b; *2-8 Kendall Lane; 10.00-17.00; gratis*) lo explica todo. *therocks.com.*

07 White Rabbit Gallery

Instalada en un antiguo taller de la Rolls Royce, esta extravagante galería expone arte chino de este milenio; suena raro, pero los circuitos gratuitos ayudan a entenderlo. La White Rabbit Collection contiene 1400 obras de más de 500 artistas, que van rotando con regularidad. También hay una casa de té que ofrece tés taiwaneses y *cha* chino en un entorno relajante. Algunas variedades son el de crisantemo, el de lichi y el té verde. *whiterabbitcollection.org; 30 Balfour St, Chippendale; 10.00-17.00 mi-do; gratis.*

08 Cine junto al Boulevard

Por la benignidad de sus noches, Sídney ofrece mucho cine al aire libre. En verano las grandes pantallas aparecen por todas partes, entre ellas la del puerto junto a la Opera House y delante del puente, donde las entradas cuestan más de 30 AU. Sin embargo, el **Olympic Park,** en el oeste, proyecta gratis películas nuevas, de culto y clásicas durante todo el verano; se puede

llevar comida, y es de fácil acceso en transporte público. *sydneyolympicpark.com.au; Olympic Park; gratis.*

09 Centennial Park

Evocando los grandes jardines londinenses, este parque con 125 años de historia posee lagos, un laberinto, más de 15 000 árboles, barbacoas y zonas de recreo gratuitas, más una colonia de zorros voladores que pueden verse una vez al mes en un **Bat Chat,** una de las muchas actividades gratuitas. Como sitio para pícnics no tiene igual, y por unos pocos dólares se pueden alquilar bicicletas o montar a caballo. *centennialparklands.com.au; horario variable; gratis.*

10 Piscinas naturales

Sídney cuenta con unas 40 piscinas naturales, perfectas para quienes gustan de hacer sus largos o con fobia a los tiburones. Algunas, como las del club Bondi Icebergs, son de pago, pero la mayoría son gratuitas. Cabe destacar los **Giles Baths** (10a), los **McIvers Baths** (10b; *solo mujeres*) y la **Ross Jones Memorial Pool,** (10c) todas en Coogee, más la **Clovelly Ocean Pool** (10d), la **Malabar Ocean Pool** de Long Bay (10e) y la espectacular **Mahon Pool** de Maroubra (10f). *Véase randwick.nsw.gov.au para más detalles; gratis.*

11 Royal Botanic Gardens

A Sídney se la suele criticar por sus costumbres de gran ciudad y sus precios caros, pero este parque gratuito de 730 Ha entre el CBD y el puerto es un oasis de tranquilidad. Todos los días hay un circuito gratuito a las 10.30, o bien puede uno limitarse a explorar. La colección de plantas, con 200 años de antigüedad, es impresionante, y entre las exposiciones figura *Cadi Jam Ora. First Encounters,* que rinde homenaje a los cadigales, los habitantes primigenios de Sídney. *rbgsyd.nsw.gov.au; 24 h; gratis.*

SÍDNEY

12 Royal National Park

El segundo parque nacional más antiguo del planeta está surcado por más de 100 km de senderos que cruzan arrecifes y barrancos de bosque pluvial y llegan hasta playas desiertas. Los *campings* de Uloola Falls y North Era cuestan 12 AU (probablemente el alojamiento más barato de Sídney). Los coches pagan 12 AU por día, pero se puede llegar en transporte público (tren hasta Waterfall o ferri desde Cronulla). *nationalparks.nsw.gov.au/Royal-National-Park; Audley Rd, Audley; 7.00-20.30.*

13 Buceo con tubo

El submarinismo no es barato, y el Sydney Aquarium también sale caro, pero observar los peces es gratis en muchas playas de la ciudad si se lleva gafas y tubo. **Shelly Beach,** en Manly (13a), es un sitio magnífico, igual que **Gordons Bay** (13b) entre Coogee and Clovelly. Se puede nadar con maravillosos dragones de mar frente a **Bare Island** (13c) en Botany Bay, y en **Clovelly** (13d) los

buceadores se topan regularmente con una cherna azul apodada *Bluey. 24 h; gratis.*

14 Sydney Harbour Bridge

La gigantesca "percha" ya no domina la silueta urbana de Sídney, siempre cambiante, pero sí la define; junto con la Ópera, esta estructura es uno de los símbolos de la ciudad. La subida a lo alto del puente cuesta cara; para ahorrar se puede caminar por el carril peatonal del lado este del puente, desde donde las vistas son también impresionantes. *24 h; gratis.*

15 Parque Nacional Sydney Harbour

Este parque nacional de 4 km² protege una parte de la playa de Sídney y varias islas del puerto. La mayoría de las atracciones son gratuitas, como la **Quarantine Station** (15a; *quarantinestation.com.au; 1 North Head Scenic Dr; museo 10.00-16.00 do-ju, 10.00-20.00 vi y sa*) y **Fort Denison** (15b; *fortdenison.com.au*) en Pinchgut Island, aunque es necesario comprar billetes de

Viajar por Sídney no tiene por qué costar una fortuna. Para el transporte público hay que comprar una Opal Card (*opal.com.au*); después de ocho viajes pagados en tren, autobús, tranvía y ferri, entre lunes y domingo, el resto de la semana se viaja gratis. Al conducir conviene saber que la gasolina es más barata al principio de la semana; el precio sube los fines de semana, sobre todo durante los festivos; consúltese *motormouth. com.au* para conocer los precios actualizados. Sídney y su periferia son ideales para moverse a pie, y existen aplicaciones gratuitas o baratas para muchos lugares, como Observatory Hill y las Rocks (p. 267) y Centennial Park (p. 267). Para dar fantásticos paseos por la costa de Sídney se pueden descargar mapas en *walking coastalsydney.com. au.*

14

ferri y los circuitos se cobran. Una de las rutas de senderismo es la **Spit to Manly** (15c; *walkingcoastalsydney.com.au; gratis*). *nationalparks.nsw.gov.au; 24 h; gratis para peatones*.

16 Barbacoas

Salir a comer cuesta una fortuna en Sídney, pero para comer al aire libre solo hay que pagar el precio de unas salchichas. En muchos espacios públicos de la ciudad y su periferia, desde **Western Sydney Parklands** (16a; *westernsydneyparklands. com.au; Richmond Rd; Dean Park, 8.00-17.00 may-jul, 8.00-19.00 ago-abr; gratis*) hasta **Bronte Park** (16b; *Bronte Rd; gratis*), se encuentran barbacoas gratuitas (a veces funcionan con monedas), donde familias, mochileros y viajeros confraternizan.

17 Mercados nocturnos de Chinatown

Chinatown está lleno de aromas y actividad. Sídney posee una población china largamente asentada, pero esta zona es hoy un crisol panasiático donde se puede probar un sinfín de deliciosas cocinas, como la cantonesa, tailandesa, malaya, japonesa y vietnamita. La gente de Sídney ha adoptado el *yum cha* (comer *dim sum* y beber té), sobre todo para almorzar los fines de semana, pero es los viernes por la noche cuando se instalan estos sensacionales mercados. *Dixon St; vi 16.00-23.00; gratis*.

18 Mercadillos del agricultor

En los mercados callejeros de Sídney se pueden comprar productos buenos, frescos y, por lo general, cultivados o elaborados en el país. A la hora apropiada se pueden encontrar gangas en mercados como los **Sydney Sustainable Markets** (18a; *sydneysustainablemarkets.org; Taylor Sq, Darlinghurst; 8.00-13.00 sa; gratis*) y el **Carriageworks Farmers Market** (18b; *ca rriageworks.com.au; 245 Wilson St, Eveleigh; 8.00–13.00 sa; gratis*).

PUNTO DE VISTA AUTÓCTONO

"Sídney no es barata, pero hay maneras de que las cosas resulten asequibles. Somos socios del cine independiente local, así que las entradas salen baratísimas. El vino australiano es fantástico, pero se produce demasiado; para no inundar el mercado, en las licorerías de Sídney se vende mucho vino de calidad sin marca comercial por una mínima parte de su precio. Gracias al clima de Sídney, acampar es una solución magnífica y barata; el Lane Cove River Tourist Park *(Plassey Rd, Macquarie Park)* y el Basin Campground del Parque Nacional Ku-Ring-Gai Chase ofrecen *campings* próximos a la ciudad. Para más detalles, véase *nationalparks.nsw. gov.au*." Oran Redmond, vecino de Sídney.

SÍDNEY

SUDA-MÉRICA

ARTE Y CULTURA   MÚSICA Y CINE   DEPORTE Y OCIO   COMIDA Y BEBIDA   FIESTAS Y CELEBRACIONES

BOGOTÁ

Es el corazón palpitante de Colombia, una capital vibrante y atractiva abrazada por picos andinos e impregnada de sofisticación urbana. De día, la historia y la cultura llaman desde el barrio colonial de la Candelaria y los casi 80 museos repartidos por la ciudad. De noche, Bogotá baila.

BOGOTÁ

01 Bogotá Graffiti Tour

Este fascinante circuito cultural a pie (2½ h) se centra en la impresionante escena del arte urbano en Bogotá, la capital estatal. Es gratuito, pero se recomienda dar una gratificación de 20 000-30 000 COP al guía. Es una forma estupenda (¡y barata!) de profundizar en un mundo colorido y creativo que, de otro modo, quizá se pasaría por alto. *bogotagraffiti.com; Parque de los Periodistas; 10.00 y 14.00; gratis.*

02 Museo Botero

El enorme museo del Banco de la República dedica varias salas a imágenes rechonchas: manos, naranjas, mujeres, hombres con bigote, niños, pájaros, líderes de las Fuerzas Armadas Revolucionarias de Colombia (FARC)... Se trata, naturalmente, de los rollizos cuadros y esculturas del famoso artista colombiano Fernando Botero (que donó las obras). *banrepcultural.org/museo-botero; c. 11 nº 4-41; 9.00-19.00 lu y mi-sa, 10.00-17.00 do; gratis.*

03 Cine Tonalá

Es uno de los pocos cines independientes de Bogotá, importado de Ciudad de México. Aboga por películas latinas y clásicos internacionales de culto, aunque desafía toda clasificación. El polifacético centro cultural, en una mansión restaurada de los años treinta en La Merced, es una guarida para refugiados artísticos, que se cobijan en ella por su bar y noches de club. *cinetonala. co; carrera 6A nº 35-27; 12.00-3.00 ma-do; películas 7000-9000 COP.*

De un vistazo
- Población: 9 millones de hab.
- Lo mejor: sofisticación urbana, bares y Botero
- Moneda: peso colombiano (COP$ o COP)
- Presupuesto: 70 € diarios

LA MACARENA

CENTRO INTERNACIONAL

Plaza de Toros de Santamaría

PARQUE DE LA INDEPENDENCIA

ESTACIÓN DE LA SABANA (ESTACIÓN PRINCIPAL DE TRENES)

CENTRO

PARQUE SANTANDER

01

Plazoleta Rosario

Plaza de Bolívar

04

LA CANDELARIA   02

Plazoleta del Chorro de Quevedo

N   0 ———————————— 1 km

CONSEJOS

- La bicicleta quizá sea el mejor medio para desplazarse por la ciudad. Bogotá cuenta con una de las redes de rutas ciclistas más extensas del mundo, con más de 350 km de carriles bici claramente señalizados llamados CicloRuta. Los domingos y festivos de 7.00 a 14.00, 121 km de vías de toda la ciudad se cierran al tráfico merced a la Ciclovía.

- Los domingos, al menos 35 de los numerosos museos de la ciudad ofrecen entrada gratuita.

04 La Puerta Falsa

La cafetería más famosa de Bogotá, cuyo escaparate lleno de dulces multicolores invita a entrar al pequeño interior, sigue siendo el mejor lugar para disfrutar de un pedazo de historia en el barrio colonial. Los tamales y el "chocolate completo" (a la taza, servido con queso, pan con mantequilla y un bollo) son clásicos en la ciudad y tienen un precio asequible. *C. 11 nº 6-50; 7.00-21.00 lu-sa, 8.00-19.00 do; dulces 1500-2000 COP, tentempiés 3500-6300 COP.*

05 Noche de Galerías

¿Emborracharse de cultura? ¿Y vino gratis? ¿Dónde hay que apuntarse? ¡No hace falta! Una vez al trimestre, varias de las galerías de arte más interesantes de Bogotá abren sus puertas en la Noche de Galerías. Es un recorrido por diferentes galerías con vino gratis, circuitos guiados y un ambiente festivo, todo ello impulsado por algunas de las personas más creativas e interesantes de la ciudad. *nochedegalerias.co; detalles en la página web; gratis.*

06 Música gratis para todos

Bogotá es una de las mejores ciudades del mundo para ver conciertos sin coste, p. ej. los ofrecidos por grupos de *rock/metal/pop/funk/reggae* (principalmente sudamericanos) en los 3 días del **Rock al Parque** (*rockalparque.gov.co; parque Simón Bolívar; detalles en la web; gratis*). Otros festivales destacados son **Salsa al Parque** (*salsaalparque.gov.co; detalles en la web; gratis*), **Hip-Hop al Parque** (*hiphopalparque.gov.co; oct/nov, detalles en la web; gratis*) y el **Festival de Verano** de 10 días (*idrd.gov.co/sitio/idrd; detalles en la web; gratis*).

ARTE Y CULTURA   MÚSICA Y CINE   ⦿ DEPORTE Y OCIO   ⦿ COMIDA Y BEBIDA   ⦿ FIESTAS Y CELEBRACIONES

BUENOS AIRES

Buenos Aires es una ciudad donde laten las pasiones. Desde el fútbol hasta la política, las emociones con frecuencia se desatan y encuentran expresión en un vibrante panorama artístico. Además de las numerosas exposiciones y conciertos gratuitos, un simple paseo por el barrio descubre arte urbano, músicos callejeros y filósofos aficionados.

01 Caminito

Hay que dar un paseo por esta calle de casas pintadas de vivos colores, típicas de los lugares donde vivían los inmigrantes italianos que trabajaban en los astilleros. Es buen sitio para ver artistas callejeros bailando tango, así como el famoso mural de Diego Maradona de La Boca. Se divisan vistas maravillosas desde la azotea del **Museo Quinquela Martín** *(av. Don Pedro de Mendoza 1835; 10.00-18.00 ma-vi, 11.00-18.00 sa y do; donativo sugerido 10 ARS). 24 h; gratis.*

02 Museo Carlos Gardel

Aunque no se sepa mucho de Carlos Gardel, tras un tiempo en Buenos Aires se reconocerá su cara enseguida, pues está por todas partes. La antigua residencia del célebre cantante de tango es hoy un museo que merece un vistazo. No hay que perderse los murales de Gardel pintados en las cercanas calles Zelaya y Agüero. *museo casacarlosgardel.buenosaires.gob.ar/; Jean Jaurés 735; 11.00-18.00 lu y mi-vi, 10.00-19.00 sa y do; 5 ARS, gratis mi.*

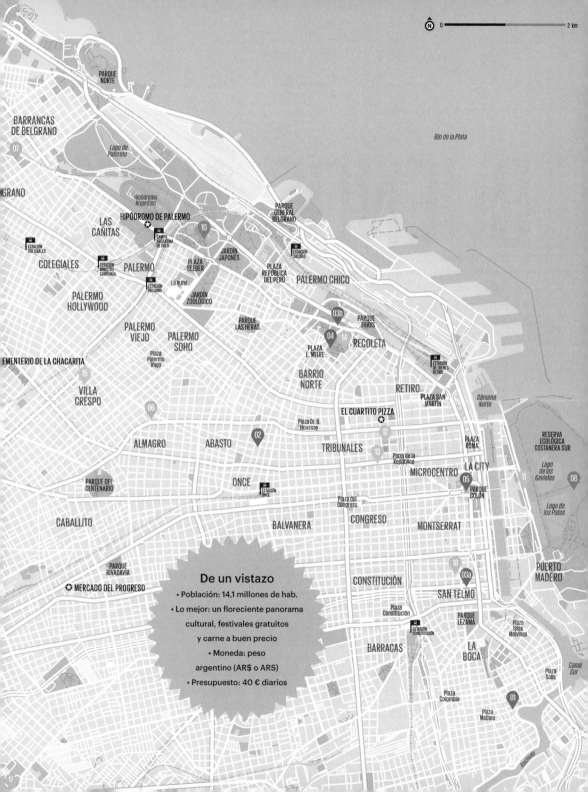

BARRANCAS
DE BELGRANO

07

GRANO

LAS
CAÑITAS

COLEGIALES

Estación
Colegiales

Estación
Ministro
Carranza

PALERMO

Estación
Palermo

PALERMO
HOLLYWOOD

PALERMO
VIEJO

PALERMO
SOHO

Plaza
Palermo
Viejo

CEMENTERIO DE LA CHACARITA

15

VILLA
CRESPO

06

Parque
Norte

Lago de
Palermo

Hipódromo
Argentino

HIPÓDROMO DE PALERMO

CAMPO
ARGENTINO
DE POLO

10

PLAZA
SEEBER

JARDÍN
JAPONÉS

La Rural

JARDÍN
ZOOLÓGICO

PARQUE
LAS HERAS

PARQUE
GENERAL
BELGRANO

Estación
Saldías

PLAZA
REPÚBLICA
DEL PERÚ

PALERMO CHICO

03b

PARQUE
THAYS

04

14

PLAZA
E. MITRE

BARRIO
NORTE

Río de la Plata

RECOLETA

RETIRO

Estación
de Trenes
Retiro

PLAZA SAN
MARTÍN

Dársena
Norte

RESERVA
ECOLÓGICA
COSTANERA SUR

ALMAGRO

ABASTO

02

ONCE

Estación
Once

Parque del
Centenario

CABALLITO

Parque
Rivadavia

MERCADO DEL PROGRESO

TRIBUNALES

Plaza Dr. B.
Houssay

EL CUARTITO PIZZA

12

13

Plaza de la
República

BALVANERA

Plaza del
Congreso

CONGRESO

MONTSERRAT

MICROCENTRO

05

LA CITY

Parque
Colón

11

Lago
de las
Gaviotas

08

Lago de
los Patos

De un vistazo

• Población: 14,1 millones de hab.

• Lo mejor: un floreciente panorama

cultural, festivales gratuitos

y carne a buen precio

• Moneda: peso

argentino (AR$ o ARS)

• Presupuesto: 40 € diarios

CONSTITUCIÓN

18

03a

SAN TELMO

PLAZA
ROMA

PUERTO
MADERO

Plaza
Constitución

Estación
Constitución

BARRACAS

PARQUE
LEZAMA

LA
BOCA

Plaza Islas
Malvinas

Canal
Sur

Plaza
Solís

Plaza
Colombia

Plaza
Matheu

01

0   2 km

04

03 Arte gratis para todos

Para recibir una dosis de cultura entre semana, hay que visitar el **Museo de Arte Moderno** (3a; MAMBA; *buenosaires.gob.ar/ museoartemoderno; av. San Juan 350; 11.00-19.00 ma-vi, 11.00-20.00 sa y do; gratis ma*), una antigua fábrica de cigarrillos transformada en espaciosa galería de arte. Otra opción es el **Museo Nacional de Bellas Artes** (3b; MNBA; *mnba.gob.ar; av. del Libertador 1473; 12.30-20.30 ma-vi, 9.30-20.30 sa y do; gratis*).

04 Cementerio de la Recoleta

Los mausoleos de la Recoleta son mundialmente famosos, pero aunque el de Eva Perón atrae a las multitudes, las tumbas más fastuosas son otras. Por ejemplo, el majestuoso mausoleo del magnate de la prensa José C. Paz (el William Randolph Hearst de su tiempo) y la "tumba" de Dorrego Ortiz Basualdo, que posee su propia capilla. En la ciudad de los muertos, los únicos habitantes vivos son los gatos. *Junín 1760; 8.00-17.45; gratis.*

05 Casa Rosada

Las visitas guiadas gratuitas por el palacio presidencial permiten ver el balcón desde el que Juan Domingo y Evita Perón se dirigían a las multitudes. Cada jueves a las 15.30, las Madres de la Plaza de Mayo, cuyos hijos "desaparecieron" durante la dictadura militar de 1976-1983, continúan rodeando el monumento frente a la Casa Rosada en un emotivo acto de recuerdo. *casarosada.gob.ar/la-casa-rosada/visitas-guiadas; Balcarce 50; 10.00-18.00 sa y do; gratis.*

06 Club Cultural Matienzo

Es uno de los fantásticos centros culturales de la ciudad, sitios informales de barrio que sirven bebidas y comida económicas y organizan conciertos, talleres y exposiciones, entre otras actividades. La página web informa del programa; Matienzo suele ofrecer conciertos de grupos locales emergentes, muchas veces gratuitos, así como festivales de música y veladas literarias.

UN DÍA GRATIS

Se comienza con un típico desayuno porteño a base de medialunas (cruasanes), pero en vez de ir a una cafetería, hay que comprarlas en una panadería y comerlas en un parque (donde se verán paseadores de perros con un montón de animales). La mañana se pasa explorando los anticuarios, el arte urbano y el mercado de San Telmo (p. 279), recorriendo la calle Defensa hasta la plaza de Mayo. Luego se toma el subte (metro) hasta Retiro y se camina por calles flanqueadas de mansiones hasta el cementerio de la Recoleta. Para recargar las pilas, unas empanadas en la barra de El Cuartito (*Talcahuano 937; 12.30-1.00*).

© Jess Kraft | 500px

ccmatienzo.com.ar; Pringles 1249; diferentes horarios y precios.

07 La Glorieta

No se recomienda gastar dinero en un espectáculo caro y hortera para turistas; el mejor sitio para ver tango auténtico es una milonga (sala de baile). Muchas cobran una pequeña entrada, pero una de las más evocadoras, La Glorieta, es gratis. Es difícil imaginar un marco más romántico que el quiosco de música donde, cada fin de semana, danzantes de todas las edades y niveles acuden a bailar tango. *Barrancas de Belgrano; 17.00-22.00 vi-do; gratis.*

08 Reserva Ecológica Costanera Sur

Una de las mejores cosas de este lugar es que uno casi tiene la impresión de haber salido de la ciudad. Comprimida entre el estuario del río de la Plata y los rascacielos de Puerto Madero, la reserva es un espacio abierto y agreste de 360 Ha lleno de flores fragantes y fauna interesante, fantástico para pasear, correr, montar en bici y observar aves. *Costanera Sur; 8.00-18.00 ma-do; gratis.*

09 Buenos Aires Local Tours

El viajero podrá ver muchas cosas por sí mismo, pero la ciudad realmente cobra vida cuando se realiza un circuito guiado a pie que muestre las historias que hay detrás de edificios y monumentos. Estos circuitos se describen como "paga lo que quieras", y la idea es darle al guía la propina que se considere apropiada. O no. *buenosaireslocaltours.com; véase el lugar en la página web; todos los días a las 10.00; gratis.*

10 Patinar en los Bosques de Palermo

Con un lago artificial rodeado de un camino liso y asfaltado, el parque Tres de Febrero (nombre oficial de los Bosques de Palermo) es perfecto para patinar, además de para observar gente, pues lo frecuentan personas pintorescas.
No hay excusas en el caso de no tener patines, en el propio parque existe un servicio de alquiler, y también de bicicletas. *Av. Sarmiento esq. av. Libertador; 24 h; entrada gratuita.*

11 Bocadillos en la Costanera Sur

Cuando los porteños vuelven de un viaje, uno de los primeros sitios que visitan es la Costanera Sur para tomar choripán (bocadillo de chorizo asado) o bondiola (carne de cerdo braseada). Es comida callejera al estilo de Buenos Aires: una larga hilera de parrillas que, al borde de la calzada, venden bocadillos cárnicos a precio módico. El olor de la carne a la barbacoa –que tal vez sea la esencia de la ciudad– es difícil que pase inadvertido. *Av. Int. Hernán M. Giralt; 24 h; choripán 25-30 ARS.*

08

11

12 Mate en la plaza Lavalle

Una forma agradable de combinar dos actividades muy argentinas –beber mate y pasear perros– solo cuesta lo que una bolsita de yerba mate. Hay que llevar un termo de agua caliente (¡no hervida!), yerba, un mate (calabaza para beber) y una bombilla (caña de metal) a la plaza Lavalle y, mientras se toma la infusión de la mañana, observar a los paseadores profesionales de perros llegar con sus jaurías. *Libertad esq. Tucumán; mañanas; gratis.*

13 Pizzería Güerrin

Güerrin no se obsesiona con las masas finas; sus *pizzas* son un festín de carbohidratos satisfactorio, grasiento y con mucha masa. Se pueden comer una o dos porciones de pie en la barra por mucho menos de lo que costaría sentarse en una mesa. Son todavía más sustanciosas si se les añade una rebanada de *fainá* (torta de

BUENOS AIRES EN BICICLETA

La mejor forma de explorar Buenos Aires es en bicicleta: la ciudad es casi llana y dispone de una red de carriles bici que facilita el desplazamiento. Para conseguir una de las 3000 bicicletas amarillas gratuitas del sistema público EcoBici, hay que llevar una fotocopia del pasaporte y sello de inmigración a una de las 32 estaciones y apuntarse. Se dispone de la bici durante 1 h, tras la cual hay que dejarla en cualquier estación de la ciudad (están señaladas en un plano que se puede adquirir al registrarse). *buenosaires.gob. ar/ecobici; 24 h; gratis.*

09

harina de garbanzos). *pizzeriaguerrin.com; av. Corrientes 1368; 11.00-2.00; pizza desde 25 ARS/porción.*

14 Feria Artesanal de Plaza Francia

Se celebra los fines de semana en la plaza Francia y no solo ofrece artesanía. También hay vendedores de pan relleno casero con queso y tomate, una de las comidas más baratas y sustanciosas de la ciudad. Suelen pasearse entre los puestos mientras ofrecen una cesta cargada de su sabrosa mercancía. *Recoleta; 11.00-20.00 sa y do; pan relleno 20-25 ARS.*

15 Sabores Entrerrianos

Quizá no tenga la mejor pinta del mundo, pero esta parrilla de Villa Crespo sirve los bistecs con mejor relación calidad-precio de la ciudad –mucho más baratos que los de sus vecinos elegantes– y las raciones son tan generosas que hasta los camareros sugieren pedir media. Claramente, los propietarios creen más en el fondo que en la forma; la carne es de buena calidad y siempre se cocina a la perfección. *Serrano 954; 12.00-15.00 y 20.00-24.00; comidas 70 ARS aprox.*

16 Festivales

Hay tantos festivales que tienen como escenario Buenos Aires –de *jazz*, ciclismo, *rock*, cine, incluso de matemáticas– que parece que apenas ha terminado uno cuando ya comienza a prepararse el siguiente. Incluyen talleres y actuaciones de primera categoría, casi siempre gratis. La página web (*festivales.buenosaires.gob.ar*) da detalles sobre cada festival. Dos de los mejores son el **Festival Internacional de Buenos Aires** (FIBA) *(sep-oct; gratis)* y **Tango BA** *(ago y abr; gratis).*

17 Feria de Mataderos

Para ver un poco de acción rural gauchesca, hay que ir a la feria de los domingos del barrio de Mataderos. Ofrece, entre otras cosas, exhibiciones ecuestres, música tradicional, bailes y muchos artículos de cuero. También se puede probar locro, un guiso tradicional sustancioso. *feriademataderos.com.ar; av. Lisandro de la Torre esq. av. de los Corrales; 11.00 do, 18.00 sa en verano; gratis.*

18 Mercado de los domingos de San Telmo

No importa si no apetece comprar: esta feria callejera tiene muchas más cosas para entretenerse, como músicos y bailarines de tango. Se extiende 10 manzanas desde la plaza Dorrego hasta la plaza de Mayo, y los puestos venden una colección a veces extraña de antigüedades y artesanía, además de los recuerdos de rigor. *C. Defensa; 10.00-18.00 do; entrada gratuita.*

PUNTO DE VISTA AUTÓCTONO

"Vivo al lado de uno de los mercados más antiguos, el del Progreso (*mercadodelprogreso.com; av. Rivadavia 5430; 7.30-14.00 y 17.00-20.30 lu-sa; gratis*). Allí venden carne de la mejor calidad a precios no más caros que los de una carnicería normal. Si voy a hacer un asado compro allí, y el vino lo adquiero en el supermercado chino del barrio. Dos de mis sitios favoritos son el cementerio de Chacarita (*av. Guzmán 680; 7.30-17.00; gratis*), donde está enterrado el cantante de tango Carlos Gardel, y el hipódromo de Palermo (*palermo.com.ar; av. del Libertador 4101; entrada gratuita, apuesta mínima 5 ARS*)." Patricio Santos, profesor de español en Che Vos Spanish.

BUENOS AIRES

CATAS DE VINO POR POCO DINERO EN SUDAMÉRICA

Las regiones vinícolas de Sudamérica son destinos románticos, pero no es necesario quedarse sin pesos para catar el fruto de la vendimia.

FINCA NARBONA – URUGUAY

Las bodegas cercanas a Carmelo son el lugar indicado para probar el poco conocido tannat. No hace falta pasar la noche en el Narbona Wine Lodge para ver la impresionante bodega: se puede ir solo a un almuerzo con maridaje de vino. *narbona.com.uy; ruta 21, km 267, Carmelo, Uruguay.*

REGIÓN VINÍCOLA DE CAFAYATE – ARGENTINA

No llegan tantos turistas a Cafayate, la "otra" región vinícola de Argentina, famosa por el torrontés (un blanco aromático). Pero es fácil llegar desde Salta, ciudad por la que pasan muchos viajeros de camino a/desde Bolivia. *welcome argentina.com/ cafayate.*

VENEZUELA

COLOMBIA

ECUADOR

GUYANA

SURINAM

GUYANA FRANCESA

CASA VALDUGA – BRASIL

Una de las piezas clave del Vale Dos Vinhedos –zona cero de la emergente escena vinícola de Brasil– es la popular Casa Valduga, que ofrece una cata básica gratuita de tres vinos. *casavalduga.com.br; Via Trento 2355, Vale Dos Vinhedos, Brasil; 9.30-18.15; gratis.*

MENDOZA SOBRE DOS RUEDAS – ARGENTINA

Se puede alquilar una bici para explorar los "caminos del vino" cerca de la ciudad de Mendoza. Mr. Hugo Bikes ofrece bicicletas, taquillas y planos, y organiza circuitos. *mrhugobikes.com; Urquiza 2288, Maipú, Mendoza; reservar por internet.*

BODEGA SALENTEIN – VALLE DE UCO, ARGENTINA

En el valle de Uco argentino, del que tanto se habla, se aprovecharán más los pesos si la visita a la bodega coincide con uno de los muchos actos culturales del anfiteatro de Salentein. *bodega-salentein.com; RP 89, Los Árboles, Tunuyán, Argentina; 9.00-17.00 lu-sa; catas 150 ARS.*

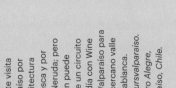

VIÑA CONCHA Y TORO – CHILE

El mayor productor de vino de América Latina no resulta especialmente pintoresco, pero se puede llegar en metro desde el centro de Santiago. *conchaytoro.com; Virginia Subercaseaux 210, Pirque, Chile; 10.00-17.00; catas 12 000 CLP.*

VALLE DE CASABLANCA – CHILE

La gente visita Valparaíso por la arquitectura pintoresca y por Pablo Neruda; pero también puede hacerse un circuito de un día con Wine Tours Valparaíso para ver el cercano valle de Casablanca. *winetoursvalparaiso.cl; Cerro Alegre, Valparaíso, Chile.*

BODEGA MONTGRAS – SANTA CRUZ, CHILE

Se puede pasar un día entero en esta bella bodega, en la región vinícola chilena del valle de Colchagua: además de catar carmenere, es posible hacer excursiones a pie o en bicicleta. *montgras.cl; camino Isla de Yáquil s/n, Palmilla; 10.00-16.30; cata con comida 15 000 CLP.*

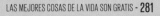

◉ ARTE Y CULTURA   ◉ MÚSICA Y CINE   ◉ DEPORTE Y OCIO   ◉ COMIDA Y BEBIDA   ◉ FIESTAS Y CELEBRACIONES

LIMA

Lima no es un simple lugar de paso. Sus barrios arbolados con vistas al océano han hecho exclamar a infinidad de viajeros: "Me encantaría vivir aquí". Muchos se han quedado, y han llevado costumbres internacionales a la fusión cultural de Perú. La emoción de lo nuevo se percibe tan claramente como el olor del océano.

01 Museo de Arte de Lima (MALI)

El principal museo de bellas artes de Lima ocupa un precioso edificio *beaux arts;* algunas columnas proceden de los talleres de Gustave Eiffel. Los temas van desde el arte precolombino hasta el contemporáneo y permiten conocer la cultura Chavín y otras civilizaciones preincaicas. Los domingos, el precio de entrada normal *(12 PEN)* se reduce a 1 PEN e incluye una visita guiada y actividades infantiles. *mali.pe; paseo Colón 25; 10.00-17.00, cerrado mi; 1 PEN do.*

02 Museo de la Inquisición

El tribunal de la Inquisición tuvo su sede en este diminuto museo. Se puede visitar el sótano, donde unas figuras de cera siniestramente divertidas son azotadas y estiradas en el potro, para deleite de los niños de 8 años. La antigua biblioteca de la 1ª planta conserva un techo barroco de madera espeluznantemente bonito. La entrada es mediante visita guiada de ½ h en español e inglés, tras la cual se puede pasear libremente. *www.congreso.gob.pe/museo.htm; Jirón Junín 548; 9.00-17.00; gratis.*

03 Circuito a pie gratis

Lima está llena de sitios curiosos que suelen pasarse por alto. Este circuito a pie está dirigido por un guía entusiasta que cuenta cosas fascinantes, como los ataques de piratas a la antigua ciudad, y da interés a la humilde oficina de correos, que fue la primera estación de trenes de Lima. El circuito es gratuito, pero la mayoría de la gente deja propina. *fwtperu.com/fwt-lima.html; inicio en la entrada norte del parque Kennedy; 11.00 lu-sa; gratis.*

LIMA

04 Parque del Amor

Un paseo por los espacios verdes situados en lo alto de los acantilados de Miraflores resulta relajante y lleno de sorpresas. El mejor es este parque encaramado sobre el Pacífico, que recuerda a la arquitectura Gaudí por sus bancos curvos y arcos decorados con mosaicos que expresan mensajes de amor. Se asemeja a una galería de arte sin paredes. Los enamorados se susurran cosas al oído y miran a los parapentistas lanzarse sobre las playas. *Malecón Cisneros; 24 h; gratis.*

05 Puente de los Suspiros y distrito de Barranco

Por lo visto, si una pareja de enamorados se da la mano y cruza el puente conteniendo la respiración, tendrá una vida amorosa tan bonita como el distrito de Barranco que lo rodea. Hay que subir por los caminos tortuosos que pasan junto a la iglesia e ir al mirador del océano: todo el mundo quedará hechizado. *Paseo Chabuca Granda, una manzana al oeste de la plaza, Barranco; 24 h; gratis.*

06 Choco Museo Miraflores

Es más bien una tienda, pero los circuitos gratuitos por este "museo" explican la historia del chocolate y sus ingredientes. En realidad todo el mundo acude por las degustaciones, pues dan muestras gratuitas de cacao puro, chocolatinas sublimes, infusión de chocolate y cacao a la taza de comercio justo. También organizan talleres a precio asequible (detalles en la página web). *chocomuseo.com; c. Berlín 375; 11.00-20.30 do-ju, 11.00-21.30 vi y sa; entrada gratuita.*

De un vistazo
- Población: 10,8 millones de hab.
- Lo mejor: historia, aire libre
- Moneda: nuevo sol (S o PEN)
- Presupuesto: 75 € diarios

ARTE Y CULTURA   MÚSICA Y CINE   DEPORTE Y OCIO   COMIDA Y BEBIDA   FIESTAS Y CELEBRACIONES

RÍO DE JANEIRO

Es difícil no enamorarse de Río, con sus preciosas playas, montañas cubiertas de bosque tropical y marcha nocturna a ritmo de samba. Aunque es fácil quedarse sin fondos (hoteles de playa, restaurantes de lujo, circuitos caros), la experiencia no tiene por qué ser costosa; algunas de las mejores actividades son gratuitas.

01 Centro Cultural Banco do Brasil (CCBB)

Alojado en un bello edificio restaurado de 1906, este centro acoge algunas de las mejores exposiciones de Río de Janeiro, todas ellas gratuitas. Se garantiza pasarlo bien recorriendo las galerías, que a menudo tienen obras multimedia, o asistiendo a los conciertos y películas. Entre semana suele haber poca gente. *culturabancodobrasil.com.br; Primeiro de Março 66, Centro; 9.00-21.00 mi-lu; gratis.*

02 Escadaria Selarón

Uno de los puntos de interés más queridos de Río es la magnífica escalera con azulejos que une Lapa con Santa Teresa. Creada por el artista chileno Jorge Selarón, tiene 215 escalones decorados de forma llamativa y se ha convertido en símbolo del espíritu creativo y bohemio de Lapa. Fue el regalo de Selarón al pueblo brasileño y contiene azulejos de todo el mundo. Un letrero en inglés y portugués explica el concepto. *Junto a Joaquim Silva, Lapa; 24 h; gratis.*

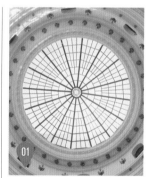

01

14

02

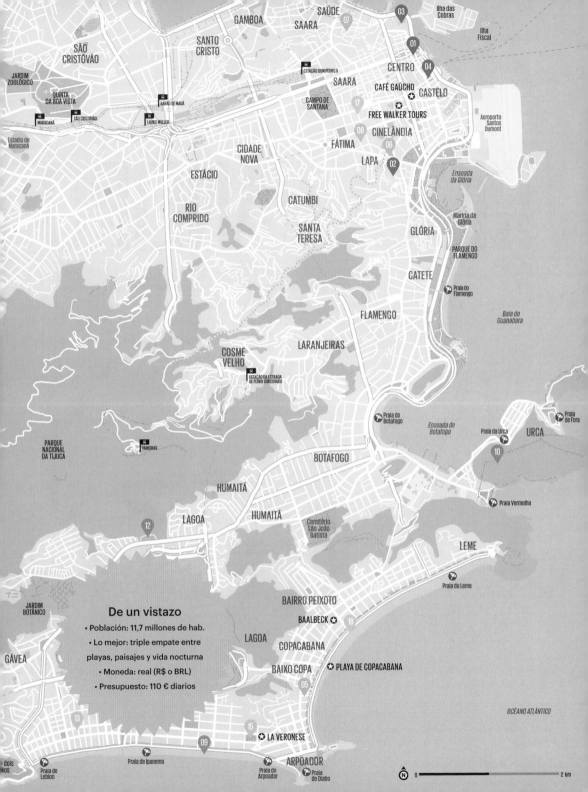

GAMBOA

SAÚDE

03

Ilha das Cobras

Ilha Fiscal

SAARA

07

SANTO CRISTO

01

SÃO CRISTÓVÃO

JARDIM ZOOLÓGICO

QUINTA DA BOA VISTA

BARÃO DE MAUÁ

ESTAÇÃO DOM PEDRO II

SAARA

CENTRO

04

CAFÉ GAÚCHO

CASTELO

Aeroporto Santos Dumont

MARACANÃ

SÃO CRISTÓVÃO

LAURO MÜLLER

CAMPO DE SANTANA

17

FREE WALKER TOURS

Estadio de Maracaná

CIDADE NOVA

FÁTIMA

08

CINELÂNDIA

06

Enseada da Glória

ESTÁCIO

LAPA

02

RIO COMPRIDO

CATUMBI

Marina da Glória

GLÓRIA

SANTA TERESA

PARQUE DO FLAMENGO

CATETE

Praia do Flamengo

FLAMENGO

Baía de Guanabara

COSME VELHO

LARANJEIRAS

ESTAÇÃO DA ESTRADA DE FERRO CORCOVADO

Praia do Botafogo

Enseada de Botafogo

Praia de Fora

PARQUE NACIONAL DA TIJUCA

PAINEIRAS

Praia da Urca

URCA

10

BOTAFOGO

HUMAITÁ

Praia Vermelha

LAGOA

HUMAITÁ

12

Cemitério São João Batista

LEME

JARDIM BOTÂNICO

BAIRRO PEIXOTO

Praia do Leme

BAALBECK

18

GÁVEA

LAGOA

COPACABANA

BAIXO COPA

PLAYA DE COPACABANA

De un vistazo

• Población: 11,7 millones de hab.
• Lo mejor: triple empate entre playas, paisajes y vida nocturna
• Moneda: real (R$ o BRL)
• Presupuesto: 110 € diarios

05

13

OCÉANO ATLÁNTICO

15

LA VERONESE

09

ARPOADOR

dois
os

Praia de Leblon

Praia de Ipanema

Praia do Arpoador

Praia de Diabo

N

0   2 km

03 Mosteiro de São Bento

Situado en el norte del centro, es una de las mejores iglesias coloniales de Brasil. El monasterio, construido entre 1617 y 1641 en lo alto del Morro de São Bento, posee un magnífico interior barroco, con bellas esculturas y llamativas capillas que añaden majestuosidad. La experiencia completa se vive durante la misa *(entre semana 7.30)*, cuando los monjes entonan cantos gregorianos. *Rua Dom Gerardo 68, Centro; 7.00-17.30; gratis.*

04 Paço Imperial

Este antiguo palacio (1743) fue residencia de la familia real portuguesa, que se instaló en el lugar tras huir de Napoleón y poner rumbo a sus colonias del Nuevo Mundo a principios del s. XIX. Ha sido transformado en un museo con exposiciones gratuitas. Se conservan vestigios del pasado, como la gran plaza contigua donde la princesa Isabel anunció la liberación de los esclavos en 1888. *Praça XV (Quinze) de Novembro 48; 12.00-18.00 ma-do; gratis.*

05 Bip Bip

Desde hace años, es uno de los mejores sitios para ver una *roda de samba* (samba informal tocada alrededor de una mesa). Aunque no es más que la parte delantera del local y unas cuantas mesas, se convierte en escenario de buenas *jam sessions* según avanza la noche y músicos y clientes se esparcen por la calle. No se cobra entrada, pero hay que dar propina a los músicos. *Almirante Gonçalves 50, Copacabana; desde 20.00 do-vi; gratis.*

06 Lapa

El epicentro de la música en directo es el barrio de Lapa, una antigua zona roja llena de bares con terraza y clubes de samba a la antigua usanza. Los fines de semana, prevalece un ambiente muy festivo y la plaza jun-

CIRCUITOS A PIE

Para conocer en profundidad la historia de Río, varias empresas ofrecen circuitos a pie gratis por el centro. Free Walker Tours *(freewalkertours. com)* lleva a los visitantes a Travessa do Comércio, Praça XV, Cinelândia, los Arcos da Lapa y la Escadaria Selarón (p. 284), entre otros sitios, en interesantes paseos de 3 h. Aunque es gratis, el guía pide propina al final. La mayoría de la gente da unos 25 BRL. La misma empresa organiza visitas a *pubs* a buen precio en Ipanema y Lapa *(55 BRL cada uno, incl. copas y entrada a varios clubes)*, además de un circuito a pie gratuito por Copacabana.

to a los Arcos de Lapa se convierte en una fiesta de baile al aire libre. Se venden cócteles en carritos improvisados y hay música en directo. Luego se puede dar un paseo por **Ave Mem de Sá**, la calle más animada de Lapa. *Largo da Lapa; sa y do, gratis.*

07 Pedra do Sal

Las fiestas callejeras de los lunes y viernes por la noche son muy populares entre los amantes de la samba. En la animada *samba da mesa*, un grupo de músicos interpreta canciones muy conocidas para el jovial público que rodea la placita. El lugar, evocador aunque destartalado, es rico en historia; de hecho, la samba nació en la comunidad bahiana que floreció en el lugar en otro tiempo. *Largo João da Baiana, Gamboa; 20.00-24.00 lu y vi; gratis.*

08 Vaca Atolada

Para vivir la samba de forma auténtica, hay que ir a esta sencilla taberna, cubierta de azulejos y muy iluminada. Se encontrará una *samba de roda* y gente de la zona que se reúne alrededor y participa en las canciones y la danza (si el espacio lo permite). Es el Lapa de la vieja escuela, acogedor, popular y animado. Hay que llegar pronto para conseguir mesa y disponerse a bailar. *Rua Gomes Freire 533, Centro; 20.00-2.00 ma-sa; gratis.*

09 Playa de Ipanema

Esta mítica playa de Río es uno de los mejores sitios para pasar un día soleado. Se puede retozar en las olas, hacer surf, dar largos paseos o sentarse y dedicarse al discreto arte de observar a la gente. En las *barracas* (chiringuitos) de la arena venden de todo, desde sándwiches hasta caipiriñas, y los vendedores ambulantes ofrecen bebidas frías y tentempiés. *Junto a Ave Vieira Souto, Ipanema; 24 h; gratis.*

10 Morro da Urca

Las frondosas laderas de Río ofrecen vistas fabulosas, pero generalmente implican pagar un caro viaje en funicular. Sin embargo, si se está dispuesto a caminar, se puede subir andando a algunos miradores impresionantes. Uno de los mejores es el Morro da Urca. Se trata de un ascenso empinado por un sendero bien señalizado y por el camino quizá se vean monos. *Acceso desde el camino Claudio Coutinho en Urca; 24 h; gratis.*

11 Paseos marítimos

Al dar un paseo a orillas de las playas de Ipanema o Copacabana, es fácil entender por qué llaman a Río *cidade maravilhosa* (ciudad maravillosa). Para abarcarlo todo, lo mejor es recorrer a pie o en bicicleta la calzada que bordea la playa. El domingo es uno de los mejores días para ello; la carretera costera se cierra al tráfico y los ciclistas, corredores, paseantes y patinadores se adueñan de la calle. *Playas de Copacabana e Ipanema; 24 h; gratis.*

12 Parque Lage

Aún se encuentran retazos de bosque tropical atlántico en Río, si se sabe dónde buscar. Un buen sitio es el frondoso parque Lage, que cuenta con preciosos senderos forestales, un estanque de peces koi, cuevas y un mini castillo donde a los niños les gusta trepar. A veces se ven titíes y loros en los árboles. *eavparquelage.rj. gov.br; Rua Jardim Botânico 414; 9.00-19.00; gratis.*

13 Bibi Sucos

Los bares de zumos son una institución en Río, y la mayoría sirven deliciosos brebajes desde la mañana hasta tarde. Bibi Sucos, uno de los mejores locales de tentempiés de la ciudad, sirve numerosos sabores, incluso zumos de frutas y bayas amazónicas. Uno de los favoritos es el zumo de açaí, una baya repleta de vitaminas; es tan espeso que se come con cuchara. *bibisucos.com.br; Ave Ataúlfo de Paiva, Leblon; 8.00-1.00; açaí 6-15 BRL.*

14 Agua de coco

El *água de coco*, bebida de dioses, es muy popular en Río de Janeiro. Es el refresco perfecto para el calor tropical, se sirve directamente de la cáscara y solo cuesta 5 BRL. Lo mejor es que no hace falta salir de la playa para encontrarla, pues los chiringuitos de Ipanema y Copacabana la sirven. Además, el agua de coco es rica en potasio y electrolitos, lo cual es excelente para las resacas...

15 Feria 'hippy'

Los domingos, este es sin duda el mejor sitio donde estar en Ipanema, especialmente por la comida. En las esquinas de la plaza se encontrarán deliciosos tentempiés de Bahía, como *acarajé* (buñuelo de alubias carillas con camarones y especias) a solo 12 BRL. Con

precios tan generosos, sin duda quedará dinero para el postre. *Praça General Osório, Ipanema; 9.00-18.00 do; entrada gratuita.*

16 Carnaval

Aunque los hoteles son caros durante el Carnaval, existen formas de participar en la diversión sin gastar mucho dinero. Durante las semanas anteriores al gran evento, hay *Blocos* y *Bandas* (fiestas callejeras itinerantes) por toda la ciudad (véase p. 290). También se ofrecen conciertos gratuitos y fiestas en las escuelas de samba que organizan el gran desfile. *rio-carnival.net; diferentes lugares y horarios, las dos semanas previas al Miércoles de Ceniza; gratis.*

17 Feira Rio Antigo

El primer sábado de mes, no hay que perderse esta feria con música en directo, vendedores de comida y bebida e infinidad de puestos de artesanía, ropa y antigüedades. Tiene lugar en una de las calles más antiguas de Lapa, Rua do Lavradio, flanqueada de edificios pintorescos. Está

06

© Michael Heffernan | Lonely Planet Images

RÍO DE JANEIRO

UN DÍA GRATIS

Lo primero es dar un paseo o una carrera por la playa de Copacabana, parando a tomar agua de coco en un chiringuito. Luego hay que ir al centro, comer un sándwich en Café Gaúcho (*Rua São Jose 86; 7.00-19.00 lu-vi, 7.00-13.00 sa*) y ver las exposiciones del Paço Imperial (p. 286) y el Centro Cultural Banco do Brasil (p. 284). Por la tarde, se regresa a Ipanema para ver la puesta de sol desde Arpoador. Por la noche, hay que ponerse los zapatos de baile y dirigirse a Lapa (p. 286). Se compra una bebida en un puesto de la acera y se da un paseo por Ave Mem de Sá.

garantizado pasar un buen rato, aunque conviene llegar pronto para evitar las aglomeraciones. *Rua do Lavradio, Lapa; 10.00-18.00 1ᵉʳ sa de mes; entrada gratuita.*

18 Réveillon

No es mala idea huir del frío y la lluvia para recibir el Año Nuevo en los trópicos. Río organiza una fiesta increíble; dos millones de personas invaden la **playa de Copacabana** para ver los fuegos artificiales iluminar el cielo nocturno. Tradicionalmente la gente se viste de blanco para la gran noche y algunos incluso se dan un chapuzón en el océano (se dice que da buena suerte para el año entrante). *rioguiaoficial.com.br; playa de Copacabana; gratis.*

PUNTO DE VISTA AUTÓCTONO

"Yo ahorro comiendo un *prato feito* (plato combinado) en el almuerzo. Uno de mis sitios favoritos es Baalbeck (*Ave Nossa Sra de Copacabana, 664, 9.00-20.00 lu-sa*), al estilo de Oriente Medio, donde se puede comer bien por 15 BRL. Las cafeterías también están bien, como La Veronese (*Rua Visc de Pirajá, 29*), que sirve *mini pizzas* por 15 BRL, y Café Gaúcho, que tiene bocadillos de carne a 10 BRL. De noche, voy donde haya fiestas callejeras –Empório, Pedra do Sal, Baixo Gávea, Pavão Azul– y se pueda comprar cerveza en puestos de la calle." Cristiano Nogueira, autor de *Rio For Partiers*.

VIVIR LA FIESTA EN EL CARNAVAL DE RÍO

No es necesario gastar mucho para celebrar el Carnaval. Algunos de los mejores eventos –especialmente las alegres fiestas callejeras– son gratuitos.

ESCUELA DE SAMBA SALGUEIRO

Durante los preparativos, es interesante asistir a un ensayo de una escuela de samba. Salgueiro es una de las favoritas. Hay que vestirse de rojo y blanco (los colores de Salgueiro) y prepararse para una noche de baile. *salgueiro.com.br; Rua Silva Teles 104, Andaraí; 22.00-4.00 sa; entrada 20-40 BRL.*

ESCUELA DE SAMBA MANGUEIRA

Todos los sábados por la noche desde septiembre hasta el Carnaval, esta escuela de samba tradicional da una gran fiesta. Habrá percusión atronadora, caipiriñas y gente festiva. *www.mangueira.com.br; Rua Visconde de Niterói, Mangueira; 22.00-4.00 sa; entrada 20-40 BRL.*

BANDA DE IPANEMA

Una de las mejores celebraciones itinerantes de Ipanema tiene lugar dos veces durante el Carnaval. El viajero puede disfrazarse (o no) y unirse a la muchedumbre que baila por el barrio. *Praça General Osório, Ipanema; 16.00 sa de Carnaval y sa anterior; gratis.*

MONOBLOCO

Las celebraciones no terminan súbitamente el Miércoles de Ceniza. Un millón de juerguistas se despiden del Carnaval en esta gran fiesta en el centro de la ciudad. *Ave Rio Branco cerca de Presidente Vargas, Centro; 9.00 1er do después de Carnaval; gratis.*

BANDA CARMELITAS

No hay nada como bailotear por las calles empedradas de Santa Teresa, preferiblemente ataviado con un disfraz de monja (el preferido). *Rua Dias de Barros esq. Ladeira de Santa Teresa, Santa Teresa; 13.00 vi de Carnaval y 10.00 ma de Carnaval; gratis.*

CORDÃO DO BOLA PRETA

Hay que llegar pronto para unirse a la fiesta callejera más grande y antigua de Río, en la que participan unos dos millones de personas. Se anima a ir disfrazado, especialmente de algo creativo con lunares negros y blancos. *cordaoda-bolapreta.com; Primeiro de Março cerca de Rua Rosário, Centro; 8.00 sa de Carnaval; gratis.*

DESFILE DE CAMPEONES

Si no se quiere pagar para ver los grandes desfiles del Carnaval, se puede ir el sábado posterior a la semana grande, cuando las seis mejores escuelas de samba marchan por el Sambódromo. Es un espectáculo deslumbrante que vale la pena. *Sambódromo; 21.00-4.00 sa después de Carnaval; entradas desde 145 BRL.*

LA TIERRA DE LA SAMBA

Esta enorme plaza cercana al Sambódromo se transforma en una gran fiesta durante el Carnaval (y la semana anterior), con música en directo toda la noche y muchos vendedores de comida y bebida. *Praça Onze, Centro; 19.00-6.00 vi-ma de Carnaval; entrada 40 BRL aprox.*

RIO FOLIA

En Carnaval, algunos de los mejores espectáculos gratuitos de la ciudad se ofrecen en la plaza de enfrente de los Arcos de Lapa. Estos conciertos al aire libre son estupendos para bailar y ver gente. *Praça Cardeal Câmara, Lapa; 20.00-tarde vi-ma de Carnaval; gratis.*

Fotografía | Daniel Di Paolo, Styling | Hayley Warnham

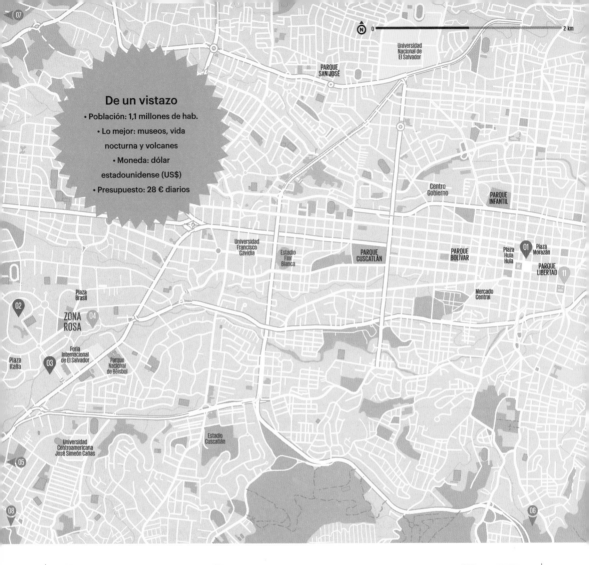

De un vistazo

- Población: 1,1 millones de hab.
- Lo mejor: museos, vida nocturna y volcanes
- Moneda: dólar estadounidense (US$)
- Presupuesto: 28 € diarios

0 ⸻⸻⸻⸻ 2 km

Universidad Nacional de El Salvador

PARQUE SAN JOSÉ

Centro Gobierno

PARQUE INFANTIL

Universidad Francisco Gavidia

Estadio Flor Blanca

PARQUE CUSCATLÁN

PARQUE BOLÍVAR

Plaza Hula Hula

01 Plaza Morazán

PARQUE LIBERTAD

11

Plaza Brasil

02

ZONA ROSA

04

Mercado Central

Feria Internacional de El Salvador

Plaza Italia

03

Parque Nacional de Béisbol

Universidad Centroamericana José Simeón Cañas

05

Estadio Cuscatlán

08

06

SAN SALVADOR

El Salvador es un país diminuto, pero ofrece mucho. Playas de arena oscura y grandes olas, lagos volcánicos y la Ruta de las Flores, pueblos de artesanos y una capital compacta: casi todo lo que merece la pena cuesta pocos dólares. San Salvador ofrece la experiencia típica de Centroamérica con un presupuesto ajustado.

 ARTE Y CULTURA   MÚSICA Y CINE   DEPORTE Y OCIO   COMIDA Y BEBIDA   FIESTAS Y CELEBRACIONES

01 Catedral Metropolitana

El arzobispo Óscar Romero, crítico declarado de los "escuadrones de la muerte" del Gobierno en la década de 1980, fue asesinado mientras celebraba una misa en la Catedral Metropolitana. Su cuerpo aún descansa en el lugar, bajo vidrieras impresionantes y entre iconos que se remontan al s. XVI. El edificio se encuentra en el centro y está bien conservado. Aunque no gusten mucho los monumentos religiosos, este guarda una importante historia. *C. Rubén Darío; 8.00-12.00 y 14.00-16.00; gratis.*

02 Museo de Arte

Las obras expuestas en este pequeño museo nacional de Colonia San Benito siempre son impresionantes. La evolución del arte salvadoreño como medio de expresión política está ingeniosamente documentada, y las exposiciones contemporáneas son alegres e interesantes. Se puede pasar medio día aquí fácilmente, sobre todo en verano, pues es un sitio fresco donde refugiarse del calor. *marte.org.sv; av. de la Revolución, Colonia San Benito; 10.00-18.00 ma-do; adultos/estudiantes 1,50/0,50 US$.*

03 Museo Nacional de Antropología Dr. David J. Guzmán

David J. Guzmán fue un naturalista del s. XIX que abrazó los valores liberales europeos y sabía gestionar un museo. Este centro cultural, que lleva su nombre, contiene objetos de varias épocas y explica el contexto histórico de la región de manera accesible. Los pipiles y los mayas están representados y su influencia aún persiste en la Mesoamérica moderna. También hay

conciertos y cine gratuitos. *cultura.gob.sv; av. de la Revolución; 10.00-17.00 ma-sa, 10.00-18.00 do; 3 US$.*

04 Zona Rosa

El barrio más lujoso de la capital es también el mejor sitio para bailar con salvadoreños simpáticos. Salsa, merengue, cumbia y *hip-hop* se turnan en las discotecas, y también se puede oír *ska, reggae* y *heavy metal* (y, ocasionalmente, *xuc* tradicional) por los altavoces de la capital más *cool* de Centroamérica. Gran parte de los establecimientos no cobra entrada antes de las 22.00. *Diferentes lugares y horarios.*

05 Paseo El Carmen

En Santa Tecla, 10 km al suroeste del centro urbano, vale la pena dar un paseo vespertino por El Carmen para ver a los salvadoreños luchar contra la reputación de peligrosa que tiene su ciudad. La atractiva calle restaurada está cerrada a los coches y tiene cafés, bares y tiendas que se abren a la

SAN SALVADOR

PUNTO DE VISTA AUTÓCTONO

"Para ver ruinas mayas increíbles, no hace falta viajar a Guatemala. Las pirámides de **Tazumal** (*Chalchuapa; ma-do; 5 US$*) están a solo una hora. Una sección construida por los olmecas, la **Finca San Antonio**, es anterior a los mayas y ha abierto al público recientemente. Chalchuapa es en sí mismo un sitio estupendo para ver grupos locales de *reggae* gratis en **Trench Town Rock** (*ctra. Panamericana desvío a Chalchuapa, 19.00-tarde, mi-sa*). Quizá el viajero encuentre a alguien que le enseñe un poco de náhuatl, la lengua madre de la civilización maya. Seguramente ya conocerá una palabra: ¡tequila!"
Jorge, habitante de Chalchuapa.

acera. El mercado nocturno del fin de semana tiene un ambiente más cosmopolita que los de otras capitales centroamericanas. Un café tampoco cuesta mucho. *Gratis*.

06 Puerta del Diablo

Esta cresta rocosa, 13 km al sur de San Salvador, era usada por los antiguos mayas para hacer sacrificios y fue escenario de ejecuciones durante la guerra civil. Hoy es un sitio fabuloso para realizar una escalada fácil, aunque ligeramente precaria, hasta la cumbre, donde es posible asomarse entre dos enormes peñascos y disfrutar de vistas panorámicas del pueblo de Panchimalco y hasta el Pacífico. *Gratis*.

07 Volcán el Boquerón

Se puede subir a la parte superior de dos grandes cráteres en el Parque Nacional El Boquerón, 19 km al noroeste de la ciudad. Solo se tarda 30 min en llegar en autobús al pueblo de Boquerón desde el parque Cuscatlán de la capital: hay que tomar el nº 101A o el B a Santa Tecla y, después, el nº 103 desde 6a av. Sur. Se encontrarán bayas y flores silvestres durante la caminata de 1 km hasta la cumbre. *Gratis*.

08 Playa el Tunco

Pasar el rato en la playa es barato y divertido. El Tunco, 35 km al suroeste de la capital, es perfecta para disfrutar de sus encantos. Pero esta belleza de arena oscura, famosa por sus olas limpias y huecas en un largo tramo del Pacífico, no está muy tranquila los fines de semana. El oleaje es tan intenso como la vida nocturna, cuando las multitudes recorren los caminos arenosos. *24 h; gratis*.

ARTE GRATIS

El arte urbano abunda en El Salvador; cualquier paseo por la capital pasa junto a murales impresionantes. Algunos dan testimonio del pasado reciente, otros simplemente son expresiones creativas y optimistas que intentan captar el espíritu de los tiempos. Hay que ceñirse a las zonas en torno a Colonia Escalón y Zona Rosa o, por qué no, aventurarse 84 km al norte hasta La Palma, un pueblo de montaña que posiblemente tenga el mayor número de murales per cápita del mundo. El pintor Fernando Llort, pionero del arte naíf, vivió en el lugar en la década de 1970 y su influencia aún se percibe en el arte del país.

06

09 Comida callejera: pupusas y chilate

La mitad de los puestos callejeros de la ciudad son humildes *pupuserías*, que sirven la comida más típica de El Salvador por unos 50 centavos la pieza. Se trata de gruesas tortillas de harina del tamaño de una mano, fritas ligeramente y rellenas de frijoles, queso y carne. Se acompañan de curtido (salsa de repollo encurtido). El chilate es una bebida suave de maíz servida en una calabaza. La versión salvadoreña añade jengibre y pimienta en grano. ¡Sano y delicioso! *Pupusa 0,50 US$, chilate 0,75 US$ aprox.*

10 Fiestas Agostinas

Esta semana de fiestas en honor del Salvador del Mundo empieza muy temprano y no da tregua hasta que la gente ya no se tiene en pie. Comienza temprano con bandas de música a las 4.00 y continúa con bailes, comida y jolgorio. Un desfile serpentea por San Salvador el 3-4 de agosto. Mucha gente lleva máscara, así que hay que tener cuidado de a quién se besa. *1-6 ago; gratis.*

11 Mercado Central

Los puestos de este mercado cubierto se extienden hasta la calle y venden fruta, verdura y artículos de primera necesidad. Se trata de un sitio excelente para comprar artesanía de los pueblos, especialmente las famosas hamacas en las que muchos salvadoreños todavía duermen en verano. Hay que tener cuidado con los carteristas y evitar ir en coche. *6 c. Oriente, 7.30-18.00 lu-sa, 7.30-14.00 do; entrada gratuita.*

12 Semana Santa

El Salvador es un país muy católico y la Semana Santa se celebra con gran vistosidad. La capital nacional organiza las ceremonias públicas más ostentosas, en especial la procesión de la Flagelación alrededor de la Catedral Metropolitana. También hay reuniones más pequeñas e íntimas donde los salvadoreños pasan unos días tranquilamente con la familia y, en un país tan acogedor, sin duda también con los extranjeros, si se acercan. *Gratis.*

ARTE Y CULTURA   MÚSICA Y CINE   DEPORTE Y OCIO   COMIDA Y BEBIDA   FIESTAS Y CELEBRACIONES

SÃO PAULO

Enorme, intimidante y hogar de todos los placeres que puedan desearse, São Paulo tiene una oferta cultural y gastronómica que jamás se detiene. No hace falta mucho dinero para probar una muestra de los numerosos museos, centros culturales, teatros experimentales y vida nocturna, o los manjares más tentadores de Sudamérica.

02 Sala São Paulo

Esta renombrada sala de conciertos se encuentra en la bella estación de trenes restaurada Júlio Prestes, icono neoclásico del centro y sede de la Orquesta Sinfónica del Estado de São Paulo (OSESP). Los domingos, los conciertos en este espacio de maravillosa acústica son gratuitos. Las entradas (máx. 5 por persona) se recogen en la taquilla el lunes anterior a la función. *salasaopaulo.art.br; Praça Júlio Prestes, 16; diferentes horarios; gratis do.*

03 Parque do Ibirapuera

Este espacio verde de 2 km², el más grande del centro de São Paulo, es un floreciente centro de vida cultural. Diseñado por el renombrado paisajista Roberto Burle Marx, contiene una serie de edificios de Oscar Niemeyer y varios museos y recintos para espectáculos. A pie, sobre patines, en bicicleta o en monopatín, la devoción de los paulistas por su querido parque no puede ser subestimada. *parqueibirapuera.org/ ibirapuera-park; Ave Pedro Álvares Cabral; 5.00-24.00; gratis.*

01 Museu Afro Brasil

El fascinante museo del Parque do Ibirapuera alberga una colección permanente que repasa 500 años de inmigración africana (con un gesto hacia los 10 millones de vidas africanas que se perdieron en la construcción de Brasil), además de exposiciones contemporáneas afrocéntricas. *museuafrobrasil.org.br; Ave Pedro Álvares Cabral s/n, Parque Ibirapuera, puerta 10; 10.00-17.00 ma-do, 10.00-21.00 último ju de mes; adultos/estudiantes 6/3 BRL, gratis sa.*

SÃO PAULO

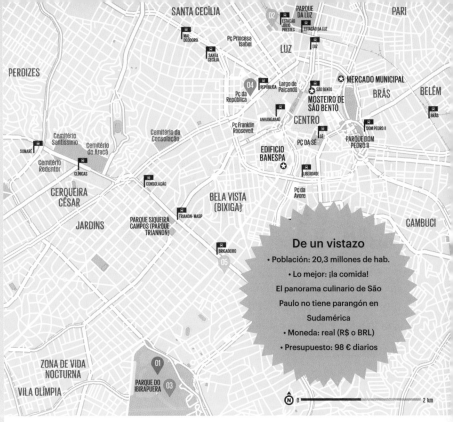

SANTA CECÍLIA · PARI · PARQUE DA LUZ · LUZ · PERDIZES · BRÁS · BELÉM · ALTO DE PINHEIROS · CENTRO · MERCADO MUNICIPAL · MOSTEIRO DE SÃO BENTO · Largo de Paiçandú · Pç da República · Pç Princesa Isabel · ESTAÇÃO JÚLIO PRESTES · MAL DEODORO · SANTA CECÍLIA · SÃO BENTO · ANHANGABAÚ · Cemitério da Consolação · Cemitério Santíssimo · Cemitério do Araçá · Pç Franklin Roosevelt · SUMARÉ · Cemitério Redentor · CLÍNICAS · EDIFÍCIO BANESPA · PÇ DA SÉ · SÉ · PARQUE DOM PEDRO II · DOM PEDRO II · LIBERDADE · Pç da Árvore · CONSOLAÇÃO · CERQUEIRA CÉSAR · BELA VISTA (BIXIGA) · JARDINS · PARQUE SIQUEIRA CAMPOS (PARQUE TRIANNON) · TRIANON - MASP · BRIGADEIRO · ZONA DE VIDA NOCTURNA · VILA OLÍMPIA · PARQUE DO IBIRAPUERA · CAMBUCI

De un vistazo

- Población: 20,3 millones de hab.
- Lo mejor: ¡la comida! El panorama culinario de São Paulo no tiene parangón en Sudamérica
- Moneda: real (R$ o BRL)
- Presupuesto: 98 € diarios

UN DÍA GRATIS

Desde la estación de metro Luz, un corto paseo lleva a uno de los mejores mercados urbanos de Sudamérica, el Mercado Municipal (*oportaldomerca-dao.com.br; Rua da Cantareira 306; 6.00-18.00 lu-sa, 6.00-16.00 do; entrada gratuita*). Allí se toma un almuerzo barato y luego se va en metro a São Bento para ver la iglesia más antigua de la ciudad, el Mosteiro de São Bento (*mosteiro.org.br; Largo de São Bento s/n; 6.00-18.00 lu-mi y vi, 6.00-8.00 ju, 6.00-12.00 y 16.00-18.00 sa y do; gratis*), una maravilla neogótica con vidrieras. Se termina subiendo al edificio Banespa (*Edifício Altino Arantes; Rua João Brícola 24; 10.00-15.00 lu-vi; gratis*) para ver vistas panorámicas de la megalópolis.

 Circuito a pie gratis 'Old Downtown'

Los tres paseos semanales "Old Downtown" (centro histórico) condensan más de 450 años de historia de "Sampa" en un par de horas fascinantes. Es sin duda la mejor forma de conocer el evocador casco viejo de São Paulo, un laberinto peatonal con muchos estilos arquitectónicos diferentes que es fácil pasar por alto sin la ayuda de estos expertos. *spfreewalkingtour.com; Praça da República; 11.30 lu, mi y sa; gratis, pero se agradece propina.*

 Kan

São Paulo es mundialmente famoso por su cocina japonesa de primera categoría, pero los establecimientos más auténticos son con frecuencia prohibitivos. Por suerte, en el restaurante Kan (normalmente caro), se puede almorzar un excelente menú de ocho unidades de *sushi* preparado por el maestro Keisuke Egashira (que apenas habla portugués) por solo 50 BRL. *restaurantekan.com.br; Rua Manoel da Nóbrega 76, Jardins; 11.30-14.00 y 18.00-22.00 ma-sa, 18.00-22.00 do; omakase 230-280 BRL.*

 Virada Cultural

Este festival ininterrumpido de cultura y música suele celebrarse en mayo. Se concentra en y alrededor de algunas de las plazas públicas más conocidas del Centro, como Estação Júlio Prestes, Praça da Republica, Largo do Arouche y Ave São João. El extenso programa incluye circo, teatro, danza, música de todo tipo, eventos infantiles, etc., todo ello gratis. *viradacultural.prefeitura.sp.gov.br; véanse direcciones, fechas y horarios en la web; gratis.*

ÍNDICE DE PRECIOS

Este gráfico compara el precio de un día promedio*
en cada destino que aparece en el libro.

*incluye una noche en alojamiento de precio medio, tres comidas
de precio módico, entrada a un lugar cultural, un día de viaje
y una pinta de cerveza o copa de vino.

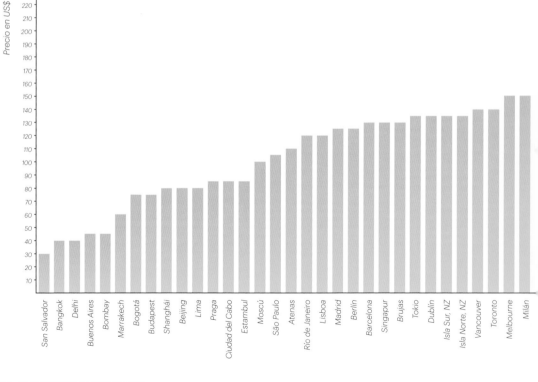

Precio en US$

San Salvador · Bangkok · Delhi · Buenos Aires · Bombay · Marrakech · Bogotá · Budapest · Shanghái · Beijing · Lima · Praga · Ciudad del Cabo · Estambul · Moscú · São Paulo · Atenas · Río de Janeiro · Lisboa · Madrid · Berlín · Barcelona · Singapur · Brujas · Tokio · Dublín · Isla Sur, NZ · Isla Norte, NZ · Vancouver · Toronto · Melbourne · Milán

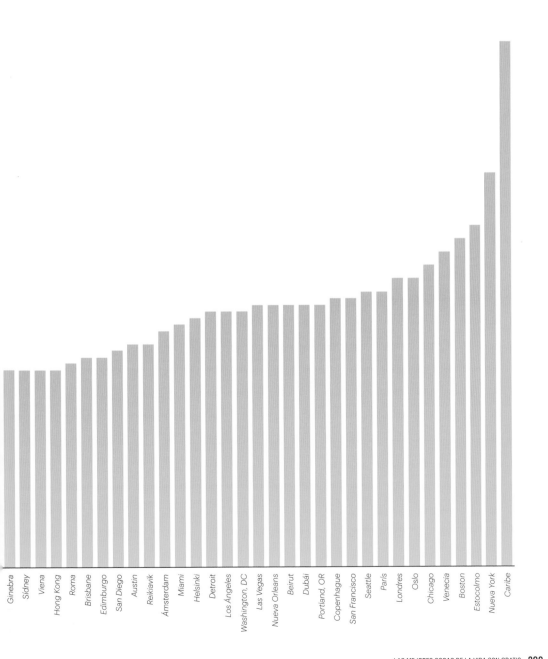

AUTORES

Escritora e hincha del San Lorenzo, **Isabel Albiston** pasó cuatro años bebiendo mate y malbec en el barrio de Boedo, en Buenos Aires.

Los momentos favoritos de **Kate Armstrong** en sus viajes son una comida sabrosa, monumentos estimulantes y la compañía de lugareños: muchas veces (casi) gratuitos.

El escritor **Mark Baker**, residente en Praga, es autor de varios títulos Lonely Planet, entre ellos *Pocket Prague* y *The Best of Prague and the Czech Republic*.

A **Sarah Baxter**, escritora especializada en viajes, autora, editora y ahorradora, nada le gusta más que buscar gangas por el mundo.

Californiano de pro (por elección, no de nacimiento), **Andrew Bender** escribe sobre San Diego para las guías Lonely Planet.

Joe Bindloss es coordinador de Lonely Planet para el subcontinente de la India es autor de más de 50 títulos de Lonely Planet.

Sarah Bennett ha participado como autora en *New Zealand, Hiking New Zealand* y *The Best of Wellington* de Lonely Planet. www.bennettandsla ter.co.nz

Sara Benson es californiana, aunque no de nacimiento, y reside en Oakland. Se escapa a Las Vegas más de lo que le gustaría reconocer.

Piera Chen es escritora de viajes, crítica de cine y poeta, y casi siempre tiene su hogar en Hong Kong.

Janine Eberle es una francófila que pasa todo el tiempo posible en París, gastándose el presupuesto en queso y vino.

Residente en Buenos Aires, **Bridget Gleeson** ha viajado extensamente por Sudamérica y ha catado diversos vinos por el camino.

Tom Hall lleva casi toda su vida adulta escribiendo para Lonely Planet; cuando no lo hace, redacta cartas de amor para Santa Sofía de Estambul.

Anthony Ham se enamoró de Madrid en su primera visita y vivió allí una década. Habla español con fluidez y regresa periódicamente a la ciudad que considera su hogar espiritual.

Desde piscinas de playa hasta *bacari* en callejuelas, **Paula Hardy** lleva más de 15 años colaborando en las guías italianas de Lonely Planet. Su Twitter es @paula6hardy.

Daniel McCrohan es el creador de la aplicación para iPhone *Beijing on a Budget*, autor de 28 guías y experto en viajar con poco presupuesto. Vive en China desde hace más de una década.

Virginia Jealous actualmente está siguiendo las huellas de la poeta Laurence Hope –seudónimo de Violet Nicolson– que falleció en la India en 1904.

Adam Karlin ha escrito varias guías de Nueva Orleans y Miami. Le encanta pasar tiempo –y, a veces, gastar dinero– en ambas ciudades.

Tras dos décadas economizando, regateando y gorroneando por el mundo, **Patrick Kinsella** ha vivido más experiencias probando cosas que comprándolas.

Mariella Krause escribe para Lonely Planet desde el 2006, y disfruta de margaritas baratas en Austin desde mucho antes.

Desde el 2002, **Alex Leviton** ha participado en tropecientos títulos de Lonely Planet; los más recientes versan sobre Italia, comida y felicidad.

Karyn Noble es editora jefe en la oficina londinense de Lonely Planet, y escritora *freelance* especializada en viajes de lujo y alta gastronomía. Pero algunas de sus experiencias más memorables no le costaron nada. Tuitea desde @MsKarynNoble.

Virginia Maxwell visita periódicamente Oriente Medio desde hace tiempo, y escribe sobre destinos como Turquía, Irán y Líbano para Lonely Planet.

Rebecca Milner reside en Tokio y es coautora de las guías Lonely Planet de Japón y Corea.

Kate Morgan es editora y escritora independiente especializada en viajes; ha trabajado en varias guías y libros de bolsillo Lonely Planet.

Becky Ohlsen es escritora *freelance* residente en Portland (Oregón), y le encanta encontrar gangas.

Stephanie Ong es una editora y escritora australiana afincada en Milán. Cuando no está escribiendo y viajando, se dedica a comer bien y quejarse de los impuestos, como todo buen italiano.

A **Matt Phillips** le encantan las cosas gratis (¿a quién no?), sobre todo las relacionadas con la naturaleza. Escribe sobre África, Europa, Asia y su Vancouver natal.

Brendan Sainsbury es un escritor británico que vive cerca de Vancouver (Canadá). Lleva más de una década explorando y escribiendo sobre Seattle.

Brandon Presser es un galardonado escritor de viajes y una personalidad televisiva. Ha visitado más de 100 países y escrito más de 40 libros para Lonely Planet.

Kevin Raub, residente en São Paulo, es periodista de viajes y coautor de cuatro guías Lonely Planet de Brasil.

A la escritora especializada en viajes **Sarah Reid** le encanta descubrir una nueva faceta de Singapur en cada visita, especialmente si es gratis.

Andrea Schulte-Peevers vive en Berlín y es autora de las nueve ediciones de la guía Lonely Planet de esa ciudad.

Lee Slater ha participado como autor en *New Zealand*, *Hiking New Zealand* y *The Best of Wellington* de Lonely Planet. www.bennettand slater.co.nz

Tom Spurling es un escritor y profesor afincado en Hong Kong. Ha colaborado en once guías Lonely Planet, entre ellas *Central America on a Shoestring*.

Phillip Tang muestra cosas interesantes a buen precio en muchas publicaciones de Lonely Planet, como *Peru* y *Discover Peru*. Más en philliptang.co.uk

Mara Vorhees es escritora de viajes, urbanita y madre de gemelos. Sus aventuras pueden seguirse en www.havetwinswilltravel.com.

Regis St. Louis es escritor de viajes a tiempo completo y autor de guías de Nueva York y Río de Janeiro para Lonely Planet.

Colaboradora en numerosos libros de LP sobre cultura y viajes, **Caroline Veldhuis** continúa con su misión de probar comida vegetariana in situ por el mundo.

Tasmin Waby es escritora, editora y no tiene un céntimo. Vive en Londres y viaja a la menor oportunidad (normalmente con sus hijos, pero no siempre).

La escritora británica **Nicola Williams** vive en la orilla sur del lago Lemán. Escribe guías de Suiza para Lonely Planet y tuitea en @tripalong.

Afincada en Chicago desde hace más de 25 años, **Karla Zimmerman** sabe dónde se esconden los chollos (sobre todo si se trata de cerveza y *donuts*).

ÍNDICE

ÍNDICE

DE LA EDICIÓN EN ESPAÑOL

2ª edición - enero del 2019

geoPlaneta
© Editorial Planeta, S.A., 2018
Av. Diagonal 662-664. 08034 Barcelona
viajeros@lonelyplanet.es
www.geoplaneta.com - www.lonelyplanet.es

1ª edición - octubre del 2017

Traductores: Elena García Barriuso, Alberto Delgado

ISBN: 978-84-08-16575-0
Impreso en China
Depósito legal: B. 21.735-2016

DE LA EDICIÓN EN INGLÉS
© Lonely Planet Global Limited, 2016
Lonely Planet Global Limited, Unit E,
Digital Court, The Digital Hub,
Rainsford Street, Dublín 8, Irlanda
(oficinas también en Reino Unido y Estados Unidos)
www.lonelyplanet.com – talk2us@lonelyplanet.com.au

© **Textos y mapas**
Lonely Planet Global Limited, 2016
© **Fotografías**
según se relaciona en cada imagen, 2016

Redactores: Isabel Albiston, Kate Armstrong, Mark Baker, Sarah Baxter, Andrew Bender, Sarah Bennett, Sara Benson, Joe Bindloss, Piera Chen, Janine Eberle, Bridget Gleeson, Anthony Ham, Paula Hardy, Virginia Jealous, Adam Karlin, Patrick Kinsella, Mariella Krause, Alex Leviton, Virginia Maxwell, Daniel McCrohan, Rebecca Milner, Kate Morgan, Karyn Noble, Becky Ohlsen, Stephanie Ong, Matt Phillips, Brandon Presser, Kevin Raub, Sarah Reid, Brendan Sainsbury, Andrea Schulte-Peevers, Lee Slater, Tom Spurling, Regis St. Louis, Phillip Tang, Caroline Veldhuis, Mara Vorhees, Tasmin Waby, Nicola Williams y Karla Zimmerman.
Prólogo: Tom Hall
Director editorial: Piers Pickard
Editor adjunto: Robin Barton
Directora de proyecto: Jessica Cole
Director de arte: Daniel Di Paolo
Diseño de maqueta: Hayley Warnham
Agradecimientos a Lucy Doncaster, Gabrielle Green, Nick Mee
Preimpresión: Nigel Longuet, Larissa Frost